孩子，
你慢慢长大（幼儿篇）

亲历华德福教育

吴蓓 著

生活·讀書·新知 三联书店

图书在版编目（CIP）数据

孩子，你慢慢长大：亲历华德福教育. 幼儿篇／吴蓓著. —北京：
生活·读书·新知三联书店，2017.11
ISBN 978-7-108-05945-1

Ⅰ.①孩…　Ⅱ.①吴…　Ⅲ.①学前教育-教学参考资料
Ⅳ.① G613

中国版本图书馆 CIP 数据核字（2017）第 123255 号

责任编辑　唐明星　胡群英
装帧设计　刘　洋
责任校对　安进平
责任印制　宋　家
出版发行　生活·讀書·新知 三联书店
　　　　　（北京市东城区美术馆东街 22 号　100010）
网　　址　www.sdxjpc.com
经　　销　新华书店
印　　刷　北京市松源印刷有限公司
版　　次　2017 年 11 月北京第 1 版
　　　　　2017 年 11 月北京第 1 次印刷
开　　本　880 毫米 × 1230 毫米　1/32　印张 11.75
字　　数　233 千字
印　　数　00,001-10,000 册
定　　价　45.00 元
（印装查询：01064002715；邮购查询：01084010542）

玩木马

种植

自然角 1

自然角 2

自然角 3

自然角 4

手工娃娃 1

手工娃娃 2

户外活动 1

户外活动 2

户外活动 3

户外活动 4

目　录

修订版序 我最愿意做一名普通的老师

2007 年 7 月我离开幼儿园后，经常有外地幼儿园的老师邀请我去做讲座或进行指导。几年下来，我已访问过三十多个实践华德福教育理念的家庭园。四处的走访和观园，让我接触到不少热心的家长和幼儿园的老师。我没有精力做到对每一个园都有求必应，但我可以通过写作，把看到的一些现象、自己的一些感想和思考呈献出来，供大家参考。

虽然从事幼儿教育多年，但我几乎没有当过带班老师。在办幼儿园的两年时间里，我作为助理老师，主要带新生或比较具有挑战性的孩子。

2011 年我和其他机构合作办起了夏令营和秋令营，亲自带领一群 4 岁至 12 岁年龄不等的孩子进行活动，这让我认识到幼儿阶段教育的重要性。孩子的成长具有不可逆性，早期教育一旦出错了，以后很难弥补。比如一开始家长并不管制孩子吃垃圾食品或大鱼大肉，也不对其看电视和玩电脑的时间加以控制，等到孩子长成胖墩儿或者开始迷恋电子产品时，再要往回纠正就很难了。有位 5 岁的小男孩，非常着迷于玩平板电脑。他父亲刚开始没太在意，后来意识到情况比较严重，便开始严格规定每天只能玩五分钟。孩子在这五分钟之内却格外紧张，以至于每次都会尿裤子。

类似这样的例子还有很多，这使我有一种迫切感，要尽我所能地告诉家长，应如何看待孩子，如何保护孩子的身心健康。经常有读者告诉我，他们是看了我的书才知道华德福教育的，还说我的书如何影响了他们。我分享的观点和做法不一定适合每一个孩子，但希望能促使家长去思考并选择有益于自己孩子的方式。

此次出版，我按主题将之前的书稿拆分成两本，一本专讲幼儿教育，一本着力于小学教育，但两本书都增添了许多新的内容。我本来想对内容做些删减，可是重读的时候，不知该删去哪些部分为好，干脆交由编辑去决定了。回想当初写作的时候，自己多是如实道来，平铺直叙，力图真实呈现。

还需要说明的是，初版时书名为《请让我慢慢长大》，此次出版，接受编辑的建议改为《孩子，你慢慢长大》。这样的书名更能体现此书入笔的视角。

我最愿意做一名普通的老师，整天和一群孩子在一起，就像老母鸡守护着一群小鸡。2013年9月，我做了小学一年级的老师，班上有二十多个精力旺盛的孩子，给我的生命注入了活力。

曾经在网上看过一篇文章，说一个人临终前最为后悔的一件事就是，没有去做自己想做的事情。我做了自己想做的事情，人生就没有遗憾了。

吴蓓

2017年1月11日

初版序　听从召唤

我在英国爱默生学院待了 17 个月，专心学习华德福教育，之后回到北京。一晃，五年过去了，回首自己走过的道路，内心既有酸楚也有快乐！

在英国期间忙于上课、打工，没有时间认真读书，于是回国后我想先读书，等基础更扎实、了解更深入之后，再结合自己的体会，把华德福教育介绍给国内的家长和老师。我边阅读边翻译，一段时间后，开始寻找可以帮忙出书的出版社。编辑们普遍认为这种教育是美好的，但和中国目前的现实相差太远，出版这样的书没有市场。迟迟找不到出版社，意志一直很坚定的我开始在心里问自己：我还能坚持多久？所幸我后来遇到了人民文学出版社的编辑桑海，心里的一块石头才算落了地。

我于 2002 年辞去了大学的工作，从英国回来后成了无业人员。为了维持生计，我一面从事翻译，一面做起了家教。有一份刊物要刊登我的文章，需要我提供个人介绍，这时我才意识到自己没有了身份。我不再是大学教师了，也没有工作单位，怎么介绍自己？我是谁？不过，没有了任何头衔，反倒让我直面赤裸裸的自己。我用废纸自制了名片，涂上好看的颜色，只写上姓名和联系方式。有稳定的工作和社会地位固然重要，成为自己也让我喜悦。

在几位家长的鼓动和支持下，2005年9月我办起了华德福家庭园。园里一开始只有两个孩子，经过10个月的努力，慢慢增加到12个孩子。然而，由于合作基础不牢固，最终我不得不辞去工作。2006年8月，我开始在一个幼儿园实践华德福教育，先从只有5个孩子的一个班开始，最后推广至整个园三个班46个孩子。然而又是10个月过去了，这个幼儿园不想继续实践华德福教育了，我只能离开。两次的尝试均告失败，我真是身心疲惫。

这其中当然有客观的原因，但最主要的恐怕还是我自身能力不足。可以说，我是在对幼儿园几乎一无所知的情况下，盲目而冲动地开办了家庭园。我坚信只要办起来了，就会有国外的老师来指导。事实证明的确如此。然而，办一个园，仅是做好孩子的保育工作，处理好老师和家长的相关事务还不够，还会涉及一些其他方面，而这些方面是我不能很好解决的。一位印度朋友曾对我说，人生的体验比获得的成就更重要，我十分赞赏他的话。

和幼儿园的孩子在一起，每天都会遇到新的挑战，这个孩子不肯洗手，那个孩子不肯睡觉；每天都会有许多的开心时刻，一会儿我是"猪妈妈"，一会儿我又是"大灰狼"。有一天，一个孩子不愿睡觉，我在他的脚底做手指游戏，没想到过一会儿他就睡意蒙眬，安静地躺在我的怀里睡着了。抱着他就像抱着自己的孩子，我深切地感到，和孩子们在一起，我就是天底下最幸福的人！

人到中年才踏上一条充满风险的道路，后悔吗？每一种选择都是要付出代价的，我选择了做自己喜欢的事情，就必然要承担由此带来的后果。选择自由，即便不可避免会面对挫折、痛苦甚至是危险，但内心体会到的是快乐和美好。于自由中展现出来的美好，是无与伦比的。面临一个又一个困境的同时，我感受到了生命的活力和坚韧。鸟儿在蓝天自由飞翔时，可能面临狂风暴雨，遭遇猎人的枪击，但它们也不愿被囚禁在笼子里。一首地中海的民歌这样唱道："生命是一首歌，要好好唱它，要让它充满欢乐！"

其实，欢乐和痛苦是分不开的。纪伯伦曾说："悲哀的创痕在你身上刻得越深，你越能容受更多的欢乐。你的盛酒的杯，不就是那曾在陶工的窑中燃烧的坯子吗？那感悦你心神的笛子，不就是曾受尖刀挖刻的木管吗？"一个人感受到的痛苦有多深，他能体验到的欢乐也就有多深。

自从走上华德福教育的道路，我体会到了挫折和心酸，也得到过许许多多人的帮助和支持，我被这些人温暖着、鼓舞着。没有他们的关怀，也不会有这本书，不会有现在的我。他们中有的人出现在这本书里，有的人保留在我的心底。任何时候，我都不是孤单的一个人，无论他们是近在咫尺，还是远在天涯，他们无私的爱一直伴我左右。我尽力所做的一切，也是在传递他们的梦想。对于那些有意或无意设置障碍的人，我也真诚地表示感谢，他们激发了我跨越障碍的决心和勇气，让我看到了自身的不足和局限。

我生性内向，不善与人打交道。这两年由于从事幼儿教育工作，却和孩子、家长、老师、相关人士有了频繁的交往，我深感人情世故的微妙和复杂。也许我有意或无意中伤害过别人，希望这些人能够原谅我。

2003年，在我苦于找不到出版社的时候，日本同学横山来信鼓励我。她提到，因日本教育片面追求考试分数，学生心理变态、行为异常、自杀事件增加，不少日本人已开始反思以往教育方式的弊病，寻求另外的教育途径，相信中国将来也会尝到片面追求分数的严重后果。她希望我坚持五年，到那时会有一批家长需要华德福教育。当时我想不出五年后会是什么样子，只觉得五年很漫长。

如今，五年过去了，我发现的确有许多家长不满于应试教育，正在探索另类教育的可能性。市面上翻译出版的华德福教育相关书籍，不到两年，已经销售一空。我是物理学专业出身的，坚信任何理论都应接受实践的检验，不能轻易怀疑，也不要轻易相信，应让事实来说话。在现代化浪潮的裹挟下，华德福教育提醒我们保持独立的思考，警惕现代化带来的弊端，重视传统文化中的宝贵遗产。

教育不仅关乎孩子，也关乎我们自身。随着对华德福教育的深入理解，随着与老师、孩子的不断沟通，我也不断地得到了磨炼。这本书呈现的不仅是我的幼儿教育实践，也是我个人的成长。面对从事十几年，甚至几十年幼儿教育的专家，我深感自己的浅薄和无知。我一向做事情都比较慢，头脑反应迟钝，只是不敢停下来。在阅读中，读者会发现我们工作中的许多欠缺和失误，也会看到我们不懈的努力。我愿听取大家宝贵的意见，也期待着更多的人来关心孩子的身心健康。华德福教育坚信，健康的个体是成就健康社会的先决条件，儿童教育事关未来社会的发展。

第一次办园失败的时候，朋友送给我一段美国神学家尼布尔博士写的祈祷文："祈求上天赐予我平静的心，接受不可改变的事。给我勇气改变可以改变的事，并赐予我分辨这两者的智慧。"有时我在想，不是我要如何，而是上天要我如何，与其抗拒命运，不如接受命运，听从召唤。

我感谢王丽、吴茵、张彤、屠明珊、邱建生、贺学军、王树人、武文生和台湾地区的陈启明老师，以及日本同学本间晃一夫妇（Koichi and Aki）、南非同学彼得夫妇（Peter and Hannah），感谢长江平民教育基金会、德国华德福教育之友基金会（Freunde der Erziehungskunst）、荷兰 Iona Stichting 基金会。

感谢我的家人容忍了我的冒险，感谢我的女儿让我成为一名母亲。

吴蓓

2008 年清明节

前言　0—7岁幼儿的发展

　　华德福教育思想在西方已经有九十多年的历史，第一所华德福学校创立于1919年，如今华德福学校遍布于世界不同文化背景和社会价值观的众多国家。

　　2001—2003年，我在英国的爱默生学院学习华德福教育。当我即将结束留学生涯时，有一个问题始终萦绕心中：究竟怎样的幼儿园或学校才能算作华德福学校，有没有一个统一的标准？我抓紧机会，遇到老师就问，但学院里没有一位老师的回答让我释然，也许是我的英语不够好，没能透彻地领会他们的意思。

　　令我高兴的是，我遇到了英国华德福协会的负责人马丁·洛森（Martyn Rawson）。他告诉我，华德福教育诞生在西方国家，当它传播到其他文化背景的国家时，基于对孩子发展规律的共同理解，一定要和当地的实际情况、文化传统相结合，每个地方都应该有自己的鲜明特色，每个学校、每位老师都可以尽情发挥想象力和创造力。他的话给我留下很深的印象，原来华德福教育没有硬性的条条框框。

　　华德福教育的创始人鲁道夫·斯坦纳发现，人的意识是阶段性发展的，七年为一个周期；人有身（body）、心（soul）、灵（spirit），心灵有思考（thinking）、情感（feeling）及意志（willing）三种功能；思考包含着理性思维和形象思维，情感包括了感官知觉和七情六欲，意志可以是动物式的本能反应，也可以是舍己救人的高尚行为；这三种功能与人体的三个系统相对应：思考与大脑和神经系统对应，情感与心脏和循环系统对应，意志与肢体和新陈代谢系统对应。

下面我参考与华德福教育有关的书籍，介绍0—7岁孩子身心成长的大体特征。0—7岁是人的一生中最重要的发展时期，做父母的如果能够顺应孩子的生长需要，了解其发育规律，小心地呵护娇嫩的身心，就能为孩子未来的幸福奠定基础。这一年龄段孩子的发展可细分为三个阶段：0—3岁阶段，3—5岁阶段，5—7岁阶段。

（一）0—3岁的幼儿喜欢模仿大人的动作。妈妈在厨房做饭，他（她）会跟着模仿。妈妈切菜，他（她）也要切菜。他（她）不问你在做什么，也不问能帮忙吗，或你能教我切菜吗，而是直接就想动手做。这时妈妈最好给孩子一把钝刀，这样既不会割破手指，又能满足孩子动手的愿望。孩子的走路和说话也是通过模仿学来的。如果一个孩子从小和狼一起生活，他（她）就不会直立行走，也不会开口说话。

（二）3—5岁的幼儿开始发展想象力和记忆力。他们经常是看到什么，就对其进行联想，把一些日常用品想象为其他东西，如把筷子想象成魔术棍，把一块石头当成小船、饼干、小床等。他们有什么样的想象具有偶然性，但想象的东西都是生活中见到过的。由于想象随时受到外界的影响，因此幼儿的游戏具有多变性，表现得比较无序。这样天马行空的想象期基本持续两年，渐渐进入思考期——孩子开始思考每件事的意义，如做饭是为了吃。

（三）5—7岁的孩子在做和玩中开始思考，游戏更有计划性。比如，他们会先有一个"我要开救护车"的想法，然后去找能假装当救护车的玩具，去找小朋友当病人，由自己当司机。我的老师埃瑞卡的孩子，曾提出要做一台电视机。虽然这对于幼儿来说是件不可能的事，但埃瑞卡没有对孩子说"不可能"，而是帮助孩子去实现想法。实现想法的这个过程能激发孩子更多的想象力和创造力，这比真的做出一台电视机更重要。

总体而言，这一时期是孩子身体重要器官的发育阶段：从牙牙学语，到渐渐发出清晰、正确的语音；从手脚乱动、不受控制，到能够精细地抓握、爬行。到7岁左右，孩子各个器官基本发育完成，身体逐渐成为可以灵活运用的"工具"。

和成年人相比，孩子更活泼、好动。这主要源于身体成长的需要，如果身体不能充分地得到活动，呼吸系统、消化系统、免疫系统等的发育就会受到负面影响。在生命的最初七年，孩子的身体发育是头等重要的大事。当身体需要能量成长发育时，尽可能不要开发智力，不要干扰大脑。倘若大脑的生理发展还没有成熟就提前使用，会阻碍它的完善。这就好像是一间还在建造的房子，急急忙忙先把家具搬进去，只会弄得乱七八糟。所以，华德福教育提倡给予孩子充分地去做、去体验的空间和时间，借此发展孩子的意志。如果我们把孩子成长的能量从手脚转移到大脑，本来应该动手做的年龄，却让其用脑，短期来看，孩子学到不少知识，但长期来看，他很可能成为一个消极的人，对生活缺乏热情，缺乏创造力和想象力。

这个阶段的孩子，学习不是通过成年人的说教，而是通过模仿。孩子的模仿能力与生俱来。马丁·洛森在《解放孩子的潜能》一书中写道："通过感觉，孩子在接触外界的同时，也把外界吸收了，形成他们对外界的印象。对于幼小的孩子来说，知觉活动和动手做实际上是一致的。他们学做他们看见的，他们成为他们所体验的。"7岁前的孩子，听见任何声音或看到任何动作，都有一种在模仿中去感受的渴望。他们不仅模仿成人的语言和动作，甚至体会成人的潜意识，从而形成自我。如果父母尊重他人、富有同情心，孩子也会成为这样的人。如果父母长期焦虑，孩子也会不由自主地受到影响。正如荣格所言，若想教育好你的孩子，首先要教育好你自己。

儿童是一个完全的感官体，对于人们留在他内心的任何印象都会有所反应。因此，最基本的教育原则是：不要通过说教让孩子来分辨是非与好坏，而是要以身作则，了解我们在孩子四周的所作所为，都会深入他的身、心、灵，内化成他自己的一部分。你不希望孩子做的事情或动作，自己首先不能做；你不希望孩子有的念头，自己首先不能有。而对于学校教育而言，最重要的就是老师是一个什么样的人。

第一部分

办园伊始·每周回顾

和平的象征

经过三个月的认真准备，在家长的邀请和支持下，我创办了北京第一个华德福家庭园。2005年9月12日，试开园的时候，我们明知道自身还有许多的不足，教室的布置还很欠缺，但开头才是最重要的。虽然我们只有两个孩子，其中一位还是园内老师的孩子，毕竟这也是一个尝试的机会！

我们用自己的双手一铲一铲地挖出了沙坑，一针一线地缝制了玩具，一板一眼地锯木头、钉钉子。值得炫耀的是，我们买来一个巨大的二手柜子放在户外，一位路人看见了，说"四个男人也别想把它搬进房间"，但我们四位妈妈却赤手空拳把它搬进了卧室。我们坚信只要心中有爱，就会想出锦囊妙计，就能实现梦想。

远在美国的华德福中文老师郁宁远特地翻译了一首诗庆贺我们开园：

　　　　这一天，清晨的阳光照临万物，
　　　　在她的触摸下，鸟的合唱带来第一声问候，
　　　　随着她们快乐的歌声，

所有环绕的树木和朋友都在复苏。

谁还没有得到快乐和自由的歌声，
依然可以得到充满旋律的礼物，
请用自己的方式加入歌声，
和这个恢宏壮观的清晨。

嘹亮的歌声，最终像火焰一样升腾，
从树林、田野、小溪、池塘，
从所有创世的土地，
请听那赞颂的歌唱在天地间回荡。

开园后，陆陆续续有家长来参观，然而我们左盼右盼，到了 9 月 30 日下午，没有一位家长决定要把孩子送到我们园。难道 10 月我们还是只有两个孩子吗？我坐卧不安，急得像热锅上的蚂蚁团团转。10 月 1 日，国庆节假期的第一天，我记得自己打了四个半小时的电话，想尽一切办法招生。

假期结束后的第一天，我们在园内举办了首次华德福亲子活动。出乎我们意料的是，竟然有二十多位家长带着孩子前来参加。李玲老师事前做了充分的准备工作，王莉老师也给予了积极的配合。虽然个别孩子注意力分散，但李玲老师点燃蜡烛给孩子们讲故事的时候，大家都围在她身边。李玲一边讲故事，一边捏蜂蜡，孩子们则全神贯注地听着，这样的场景令周围站着观看的家长深深感动。

无论对于幼儿园还是我们个人,这都是第一次经历亲子活动。家长们表示"我们很喜欢你们幼儿园的气氛","虽然你们幼儿园的玩具不是很多,但正因为你们简单,我们才喜欢","希望你们以后多举办这样的亲子活动"。还有家长迫不及待地想把刚1岁5个月的孩子送来。家长们的反应坚定了我们的信心。

知道我们开园的消息后,资深的华德福老师天明(Tammy)利用中秋节的三天假期,专程从香港赶来北京帮助我们。我在英国留学时遇到的加藤训子——她六十多岁了还在不停地学习——也专程赶来看望我们。加藤训子当过20年的幼儿园老师,又自己创办了20年的私立小学。她最早的记忆是1945年3岁的时候,美国人扔的炸弹炸毁了她家的房子。那时她脑海中浮现一个问题:"为什么会发生这种事情?"她说她的一生都在寻找答案。虽然身为日本人,但她强烈谴责日本发动的侵略战争。她说如果再次发生类似的事情,她一定会公开疾呼停止战争的,即使被关进监狱也绝不退缩。她在花甲之年遇到了华德福教育,她觉得华德福教育能为世界带来和平的希望。于是,她积极参加华德福教育的活动,热心帮助年轻一代。这次她来北京,就是来助我们一臂之力的。她的经历和追求深深打动了我,让我感到华德福教育不仅是办个幼儿园,它还是和平、友爱、希望的象征。

加藤训子连续三天都来我们幼儿园,带着我们唱日本儿歌、弹五音琴，为我们包饺子、剪窗花，还陪孩子们玩儿。有一次她看翔翔跑得太快，老师没有跟上，便急得连鞋子也没有穿，就冲出去把翔翔叫回来。她还喂年龄最小的菁菁吃饭，哄她睡觉。她说菁菁能听懂她说的日语。每天孩子午睡后，她坚持给我们上人际交流课。她认为老师和员工之间的交流，老师和孩子之间的交流实在是太重要了。的确，自办园以来，我对此深有体会，做事仅仅有理想、有热情还远远不够，还得有一定的方法。每个人都有一扇通往内心世界的门，如果我们不能了解对方，不是对方有问题，而是我们没有找到那扇门。

加藤训子有两天在外参观，晚上回来仍为我们缝布娃娃、做花边等。她慷慨地给幼儿园捐赠了500美元，还买了丝绸送给幼儿园。临走时，她还惦记着有一本很好的日文手工书，说如果能找到合适的人翻译为中文供我们参考，她愿意出翻译费。

除了天明老师和加藤训子，李玲老师、王莉老师的辛勤付出也特别令人感动。这一周，她俩每天工作10个小时以上。王莉很年轻，还没有当妈妈，我常常困惑她对孩子的无限耐心是从哪里来的。午饭后，菁菁吵着要找妈妈，王莉老师每次都顺从她的心意，带她出去找，半个多小时后，又把睡意蒙眬的小家伙抱回来。李玲老师的孩子也在园内，但她对待任何孩子就像对待自己的孩子一样。午睡时间，我们在另一个房间开会，常常是我还没有听到任何动静，她就已经站起来，去卧室查看孩子们的情况了。出去玩时，菁菁年龄小，走不动时，都是李老师帮忙抱着。她还事先准备好水和苹果，隔一段时间就招呼孩子们喝水、吃苹果。看到她一口一口地喂孩子们吃苹果，我觉得她是所有这些孩子的妈妈。的确，菁菁就常喊她"妈妈"。

在与人交往的过程中，我们都知晓某些法则、某些常识，但运用时一定要灵活，因为每个人是不同的，不能把人际交往的法则变成物理规律，将之套用于任何情况。比书本知识更重要的是实践，这恰恰说明教育是一门艺术。最令教育工作者着迷的是，我们面对的是千差万别的个体，是不断变化、成长着的孩子。

像家一样温暖

目前，我们幼儿园的重点是做好保育工作，保证每个孩子吃好、睡好、玩好，让他们高高兴兴地来幼儿园，高高兴兴地回家。我们还要注意孩子交往过程中出现的冲突、争执，帮助他们学会与他人共同玩耍、友好相处，帮助他们养成良好的生活习惯，并提升他们的生活自理能力。

上周的伙食有些混乱，家长给我们提了意见，我也发现设计的食谱不适合两岁左右的孩子。为了进一步改善伙食，我买了两本关于营养学的书和三本食谱，硬着头皮趴在桌子上，一边查阅，一边安排幼儿园的一日三餐两点。两个小时过去了，我只写出了四天的食谱，难度还真是超出想象。上周的食谱，我加进了带鱼，但老师和厨师担心鱼刺弄不干净，只得取消了。这周我买了罐头鱼，骨头又酥又软，吃到嘴里既不会扎嗓子，又能补钙。没想到一位家长提意见，说她的孩子吃了罐头鱼会上火，另外罐头鱼里有各种添加剂、防腐剂（庆幸的是我买的金枪鱼罐头不含防腐剂），吃了对孩子不好。看来，要让每个菜都绝对有益无害，还得加倍努力。

刚入园时，老师要求孩子们进教室前先脱鞋并摆放好，再穿上室内鞋进屋。但在孩子们还没有完全养成习惯之前，老师有时候比较疏忽，放松了要求，于是孩子们的行为又变得有些随意。一天，我发现有个孩子没有换上室内鞋就进教室了。我把他喊住，要求他把脱下的鞋放好，穿上室内鞋再进去。孩子午休时，我们就此展开了讨论：怎样培养孩子良好的行为习惯？王莉老师建议每周重点培养一个习惯，比如本周的重点就是孩子从户外进教室之前要换鞋。这个建议立即得到采纳。后面的几天，一开始，还是有孩子不能自觉地遵守，但老师们不再放松要求，而是一遍一遍地劝说孩子，直到他们做好为止。

周一，为了哄菁菁睡觉，我差点失去耐心。王莉老师已经陪她在外面溜达半个小时了，换我抱着她，可是无论怎么哄，她都吵着要找妈妈。当时，我急得真想发脾气，可是转念一想，她是别人的孩子，我怎么能对别人的孩子发脾气呢？当她终于在我的怀里睡着时，我意识到幼儿园的老师必须比妈妈还要有耐心。妈妈可以对孩子发脾气，但老师不可以。妈妈把这么小的孩子托付给我们，我们就得让孩子感觉到幼儿园也像家一样温暖。令人欣慰的是，从周三开始，午饭后菁菁不再吵闹着找妈妈了。饭后玩耍一会儿，再躺在王莉老师的怀里听听故事，她慢慢就睡着了。

这周吃饭时，菁菁要自己动手，不肯让老师帮助她，经常把饭菜撒得一地都是。但我们尊重她的意愿，让她在尝试和失败中学习。有时，她会高兴得"啊！啊！"大叫，她的欢快感染了在场的每个人。有天早上喝牛奶，南南一口也不肯喝，我们怎么劝说也不见效。于是我把他的碗拿走，对他说："如果你不喝牛奶，就不能吃柚子。"我们僵持了好一阵子，最后他同意把牛奶喝了。事后，我了解到他早上已经在家里喝过牛奶了。由此，我想到，成人虽然是出于好心和孩子的健康考虑，要求孩子做某些事，但孩子坚决不愿意时，我们该怎么办。我想以后我应该先问问孩子拒绝的原因，而不是一味地坚持。

在每位老师的坚持不懈下，孩子们在幼儿园的生活习惯渐渐建立起来，知道什么时候该做什么。饭前，老师还没有坐下来，他们就把两只小手握住，准备说饭前的感恩词。周五，安排到游乐场玩，老师没有做晨圈活动，孩子们就问："晨圈活动呢？"每天在某个固定的时间做同样的事情，是华德福幼儿教育的特色之一。规律与重复给孩子们带来安全和秩序感。

相对于上周，老师们感觉轻松多了，各项工作也进展顺利。感谢德国华德福教育之友基金会资助了我们 1000 欧元。

这些天，幼儿园不断有家长来访。北师大的研究生也要来参观，我婉言谢绝了，让他们等到美国资深华德福老师卡洛琳（Caroline）来指导之后再来。我还特意强调，我们幼儿园距离华德福教育的理想还很遥远，千万别把眼前看到的当成华德福教育。其实，无论哪种教育理论或模式，其出发点都是孩子的身心健康，只是采取的方式有所不同而已。究竟哪种教育模式最适合孩子，只能通过实践来观察。

把母爱给予每个孩子

厨师因家里有急事离职了，厨房的所有工作落到了我们三个老师的身上。王莉负责早餐，我负责午餐，李玲负责晚餐。我因为不带班情况还好，但王莉和李玲既要负责教学，还要考虑做饭，压力和负担都大为增加。有人建议，为了减轻每天买菜的工作量，最好一次多买一些，至少第二天不用再买了，可我仍然坚持每天买新鲜的绿色蔬菜、肉类和豆制品，即使多费些时间和精力。令人高兴的是，我们最终还是克服了重重困难，熬过了这难忘的一周。

我在英国的华德福幼儿园见到，只要条件容许，厨房就设在教室里。每天，助教做上午的点心时，总会有一两个孩子愿意和老师一起揉面团。我的英国老师说："对于两三岁的幼儿，他们尤其喜欢模仿大人的动作。"我们的厨房是一个专门的房间，原来的厨师担心孩子发生意外，经常在做饭时把厨房的门关上，因此忽视了厨房在幼儿教育中的功能。这周做饭时我发现，厨房的确应该是教室的延伸，也应是教室的一部分。因此，每次炒菜前，我都把厨房门敞开着，孩子们可以自由地进进出出。有一次我还搬进一把椅子，让孩子站在上面，帮我切菜。我决定，从今以后，除了炒菜用火时，厨房向所有孩子们开放。

我觉得厨师一定要和孩子们一起吃饭。这周，我观察到孩子们特别喜欢吃西红柿炒鸡蛋、豆角炒肉片、什锦炒饭、饺子、豆腐干炒肉丁。我把他们爱吃的菜保留到下周的食谱里。我归纳了一下：给孩子做饭一定要把菜切得小小的，煮得软软的、香香的。

孩子吃饭的时候，原则上成人不要来回走动，以免分散他们的注意力。个别先吃完的孩子，老师也尽量让他坐在椅子上，以减少对别的孩子的干扰。有一次，我先吃完了，可是身边的菁菁还没有吃完。陪了一会儿之后，考虑到厨房还有那么多的清洁工作，我实在有些坐不住，便起身去了厨房，结果菁菁也跟了进去。成人的一举一动都对孩子有影响，任何时候应该优先考虑孩子的需要。

还有一次，南南只吃了两口饭，就不肯吃了，我无论怎样耐心劝说都无济于事。最后，我对他说："好吧，我打电话给你的妈妈，说南南不好好吃饭，让她晚点来接。"南南立即回到座位，说："我吃饭了。"虽然效果达到了，但是我不知道这么说是否合适。

在幼儿园，我们最大的问题是怎样解决孩子之间发生的冲突。有种观点认为，孩子之间发生的事情，让他们自己去解决，他们从中会学到怎样与他人相处。然而，现实情况是我们必须考虑孩子在年龄、性格和性别上的差异，还有新老生的差异。比如男孩比较皮实，动作比较莽撞，而女孩比较敏感，行为相对温和，因此常常是男孩把女孩弄哭了，年龄大的把年龄小的弄哭了。这种时候，如果老师听之任之，顺其自然，就会给受伤害的孩子留下阴影，而伤害别人的孩子也不知道自己做错了。怎么办？怎样把公平、公正、平等的至高原则充分地体现出来？怎样引导孩子在交往中建立行为规范？

除了给予孩子如同母亲般的关爱之外，华德福教育强调老师的榜样作用，老师不必和孩子一起玩耍。但我们园目前就四个孩子，年龄分别为4岁、2岁7个月、2岁半、1岁10个月。人数少、孩子小，老师不陪他们玩耍似乎很难做到。我就此写信询问成都华德福幼儿园的园长张俐，她回答道："老师不陪孩子玩，并不表示老师不可以给予一定的引导。如老师可以当着孩子的面，轻轻地在地上铺一块布，摆上几块石头和木头、几个小偶人，自己编演一个小小的故事。这样孩子就会模仿并参与进来。当孩子进入并创作故事的时候，老师就可以悄悄地离开。同样，老师也可以当着孩子的面（不是刻意地招呼孩子来看，自己做就是了），把小宝宝用布裹起来摇一摇。当有孩子来看时，就轻轻地递给他们。这样，孩子的想象得到激发，而且也知道怎么使用和玩这些玩具了。"

华德福教育一方面主张给予孩子自由的时间和空间，另一方面却又强调给予孩子秩序和约束。每次自主游戏结束后，老师要带着孩子把玩具收拾好。但我发现仅靠老师的带动还不够，有的孩子就是不收拾。怎么办？张俐说："老师自己不要有太多的期待，为了教育孩子或带动孩子而收拾的想法是不可取的，老师应享受收拾的工作，孩子在熏陶下会参与的。在这个过程中，激发想象也是非常重要的，如可以请'妈妈'把宝宝送回家，请'搬运工'运木头回仓库等。"

思　念

这周没有新入园的孩子，而且翔翔还离开了，我们园内孩子的人数降到了三人。

老师们都很想念离开的翔翔，乐乐也好几次哭着问翔翔为什么还不来幼儿园。我们只得告诉她翔翔跟着妈妈去很远的地方办事去了，要过很长的时间才能回来。看到平时玩耍的沙坑里少了一个小小的身影，李玲老师十分难过，她说："我原想，当幼儿园的老师，就要毫无保留地把全部的爱给予孩子，把别人的孩子当作自己的孩子，可是现在我发现也许不能这么做。孩子们总有一天要离开我们园的，到那时，心里割舍不下怎么办？不知道翔翔是否会想念我们？"

虽然情绪比较低落，但老师们还是迅速重新调整自己的心态，照顾好三个孩子。这几天在幼儿园，乐乐常常会把别的孩子弄哭，老师坚持让他向同学道歉。但是有的家长认为，如果勉强孩子道歉，不会有效果，反而会加深孩子之间的不友好。虽然有时候不同的说法都看似有道理，但必须经过实践才能找到最佳的解决方式。事实上，乐乐道歉后，孩子们的哭声会很快减少，大家玩耍得更加开心了。现在看来，即使孩子是勉强或被迫说声"对不起"，也比什么也不说要好。一个孩子欺负了别的孩子，无论有意或无意，也无论出于什么原因，老师一定要有明确的态度，坚持让做错事情的孩子道歉，或让他感觉到这么做是不容许的。小孩子不知道社会行为的规范，需要成人的提醒和帮助。

美国心理学家班杜拉曾在 1965 年做过一项实验，他让幼儿看成人攻击不倒翁的电视短片。短片有三个不同的版本：第一个版本是攻击不倒翁后，成人得到奖赏；第二个版本是攻击不倒翁后，成人受到训斥和惩罚；第三个版本是攻击不倒翁后，成人既没有得到奖赏，也没有受到批评。幼儿分三组，每组看一个版本，然后将三组幼儿放在与电视短片情景很相似的放置有许多不倒翁的房间里。实验结果发现，观看第一个和第三个版本的幼儿，都模仿了短片中成年人的攻击行为，而观看第二个版本的幼儿没有表现出攻击行为。这说明幼儿能从观察别人的行为中进行学习。因此，老师对有攻击行为的孩子进行制止，也是给别的孩子树立正确的标准。如果老师不管不问或轻描淡写，只能助长孩子的不良行为，使整个班级难以管理。

批评孩子的时候，一定要注意只是针对他的某个行为，而不是针对他本人。比如一个孩子把鞋子放在餐桌上，老师就要严肃地告诉他"不能把鞋子放在吃饭用的桌子上"，千万不能说："你这个孩子怎么这么不懂事？谁像你这样把鞋子放到餐桌上？"小孩子做事通常不会有任何恶意或不良企图，他只是在试探和满足好奇心。成人制止他的某些行为，同时也是在保护他，比如禁止他攀爬有危险的栏杆以免发生意外，禁止随便乱扔垃圾，禁止随便推人，等等。

批评时，表情要严肃，声音要严厉、坚定。说话严厉的程度要看孩子的年龄。如果是一岁多的孩子把鞋子放在餐桌上，成人告诫的态度就要温和，毕竟孩子还太小，不懂规矩。批评过后，老师在适当的时候要给予孩子更多的爱，让他感觉到老师非常爱他。妈妈有时也会严厉地批评孩子，但孩子为什么还是依恋妈妈呢？因为孩子知道无论自己做错了什么，妈妈还是爱他的。老师也应该让孩子有这样的感觉，无论孩子做了什么错事，对他们的爱都要一如既往。

我在英国曾上过一个月的英语强化班。老师让我们用三种不同的语气说同一句话。当时我觉得挺好玩，像是在训练演员。现在我意识到了语气在传达意思过程中的重要性，教育工作者对此尤其要加以注意。当早上孩子来园时，老师要用热情饱满的声音问候："×××，早上好！"当孩子第一次没有换室内鞋就跑进教室时，老师要用温和的语气指出问题所在，并做示范或帮助他换鞋。当孩子打人或接近危险物时，老师要立即用严厉、坚定的声音加以制止。

培训华德福老师的必修课之一是怎样讲话。课堂上老师让每人写一个词描述曾打动过自己的声音，写一个词描述幼儿园老师应具备的声音。概括起来，这些词有平静、安宁、温暖、亲切、权威、愉快……孩子对我们语气背后的态度很敏感，还会关注我们说话时的表情和动作。成人内心是真诚的还是虚伪的，他们心里很明白，即使并不表达出来。如果真心爱孩子，成人对他们说话时必须注意自己的语气语调，确保说出的话反映出我们真实的内心。

幼儿园只剩三个孩子了，我们的处境为什么这么艰难？令我们振奋的是，一位住在幼儿园附近的马老师，愿意到我们园来做义工，帮我们做饭。她做过几十年的幼儿园老师，既有经验，又有爱心。一位从未见过面的朋友捐给我们800元人民币。一位志愿者也来帮忙，他曾在成都华德福幼儿园工作过半年。他的活力和耐心，给我们带来了一股清新的空气。郁宁远给我发来电子邮件："万事开头难，我相信会越来越好。我们还在校报上刊登卡洛琳将去中国帮助华德福幼儿园的消息，并请大家募捐钱物。我在教师会上及班级里也做了介绍。"

大家的帮助给予了我们战胜困难的勇气和信心。我们知道自身还有许多欠缺，但我们会不断改进和完善，并且不放弃希望。

美来自她的内心

著名教育家福禄培尔认为，孩子所处的每一个环境都应当是纯洁的、明朗的，应当有清新的空气、明亮的光线、清洁的房间，哪怕这房间中的设备通常可能是简陋的。因此，干净、整洁的环境和清新的空气是幼儿园教育不可分割的一部分，会给孩子带来长远的良好影响。如果孩子整日生活在脏、乱、差的环境中，他们也会变得脏、乱、差。

我们规定，从这周开始，每周五为清洁日，早上8点半到9点全体老师打扫卫生，主要清洁椅子、踢脚线和门。本周我们幼儿园也有了很大的变化：一是我们自己购买旧木材，并请木匠现场做的六个架子终于完工了；二是为小白兔买了一个铁笼子，把它从黑暗的砖头房里解放出来，还买了四条金鱼和一个玻璃缸；三是给所有窗户装上了铁护栏，通往院子的门也装上了铁门，院子的大门也修好了。一有时间，我就变身为清洁工，擦门窗和家具的灰尘、扫地、拖地、洗毛巾、消毒餐具、整理厨房、清洁厕所，还要打扫后面的院子。虽然不是每天都做所有的清洁工作，但只要有时间，我就会去做。这样既能保持幼儿园的干净、整洁，又可以减轻其他老师的负担。

老师是孩子模仿的榜样。德国资深华德福幼儿园老师弗蕾娅·捷夫卡（Freya Jaffka）写道："每个正常发展的儿童，会以充满工作的成人世界为榜样，从中受到刺激和启示。幼教老师在做任何一件工作时，都应该意识到孩子的存在。"

华德福幼儿园要求老师做事情时，要让过程一览无遗，以便孩子随时轻易地加入进来。在工作与活动之前，老师要事先做好计划与安排，井然有序地、按部就班地推进，直到把一切收拾完为止。老师要保持平和的心态愉快地进行工作，不匆忙，不急躁，不能显得无精打采。同时，老师还得留意各个角落发生的事情，让孩子觉得老师没有忘记他们。同一工作最好能连续重复几天，并且在一天中的固定时间进行，因为规律和重复会增加孩子的安全感和信任感，而且让孩子有足够的时间重复模仿与练习（参考弗蕾娅·捷夫卡著、邓丽君译《幼儿的工作与游戏》）。

园内老师每周都给孩子写观察报告，报告只能陈述孩子在幼儿园一周的基本情况，不能加上老师的主观判断。比如一个孩子经常有攻击行为，老师可以描述事情发生的经过，但不能下结论说这个孩子品德不好。又比如某个孩子做错了一件事情，老师绝对不能断定这个孩子缺乏是非判断能力。

福禄培尔认为从幼儿的外显现象直接推断他们的内在本质，这是教育常常犯错误的根本原因，因为外表看来和善的儿童，其内心也有可能并不善，同样地，性格粗暴、固执、任性，外表看来并不和善的儿童，往往在内心自发地对善抱有最热心的、最强烈的追求。幼儿正在成长，不能按照成人的标准去下结论。

我们幼儿园里，最辛苦的人当属王莉老师。她住在幼儿园，每天早上要做早餐，还要准备迎接孩子们入园。下午5点，她要等到每个孩子都被接走后，才能开始整理和打扫所有的房间，几乎每天都要忙到晚上7点多才能休息。她的任劳任怨和对幼儿事业的执着，让我感到和她一起工作非常幸运。

下周，两位老师会换个角色，王莉担任上午的主班老师，李玲担任下午的主班老师。这样既能使每位老师得到全面锻炼，又能使每人站在不同的位置体验、理解对方的工作。

我从来不会做广告宣传，但目前幼儿园的现状，迫使我不得不考虑如何让更多的人知道并逐渐了解我们幼儿园。我重写了华德福幼儿园的简介，决定每周五上午举办免费亲子活动，并且把招收幼儿的年龄从开始定的3岁以上降低到2岁以上，入园时间也更为灵活，可以待半天，也可待两个小时。

爱是永不止息

这周新来了四个孩子。人多了，幼儿园开始热闹起来，显得生机勃勃。老师们也振奋起来，投入到新的挑战中。一位新生的家长，看到孩子哭泣的时候说："再哭老师就不喜欢你了。"老师希望家长最好不要这么说，因为无论孩子是否哭泣，老师都会爱他、喜欢他。孩子刚到一个陌生环境，还不能适应，家长应该理解，并给予帮助。比如一开始不让孩子一整天待在幼儿园，随后慢慢增加在园的时间。孩子情绪波动时，应多转移孩子的注意力，如果用恐吓的方式来制止孩子的哭泣，只能加剧孩子的不安。

现在园里有七个孩子了，可以看到，没有一个孩子的性格、脾气完全一样。有的孩子活泼好动，有的安静胆小，有的生性敏感，有的大大咧咧。无论孩子是怎样的性格，幼儿园的老师都应该没有区别地爱每一个孩子。如果我们以母亲的胸怀爱每个孩子，就不会因为某个孩子不好好吃饭、某个孩子经常抢别人的玩具、某个孩子经常把裤子尿湿等等不好的状况而心生不满和排斥，也不会因为某个孩子讨人喜欢而对他有所偏爱。

每个孩子都不一样，同一个孩子每天也在变化，作为老师，每天都会遇到新的情况。有一天早上，南南来园的时候，不让妈妈离开，吵着要到外面去看空调。我当时正在厨房洗菜，其他老师劝说无效，家长也束手无策。我走到哭闹的孩子身边，说："来吧，我带你去看空调。"孩子很快平静了下来，跟着我到了厨房。当然，今天我用这种方式处理成功了，也许明天可能就不起作用了。所用的方法可以因人而异、因事而异，但不变的是对孩子的爱。当一个人对孩子的爱达到无我的境界，灵感就会出现。

在广西农村实践华德福教育的卢安克在书中写道，如果能对一个提要求的自私孩子不反感，也不好感，而是理解这个小孩心中自私的力量，我们就能一边严格地对付他心中自私的力量，一边去爱这个得了"自私病"的小孩。这样做的话，他就会获得心理健康。

一位来访的家长问："华德福教育提倡回归自然，你们的院子这么小，怎么回归自然？"事实上，回归自然有多层含义，而不仅仅是到大自然去。

第一，华德福教育提倡饮食回归自然。我当初留学的爱默生学院，以及我在英国参观过的华德福幼儿园、小学，他们所有的食品都来自生态农业，并且只要条件容许，一定会有个菜园，到地里种菜也是一门课程。1999年我随"自然之友"代表团访问德国时，一位经营生态农场的农场主告诉我们，在德国最早提倡并实践生态农业的人，就是华德福教育的创始人鲁道夫·斯坦纳。

第二，园内尽量使用天然材料做的玩具、家具等，并且厉行节约。华德福幼儿园或小学的有机垃圾全部用于做堆肥。这周我在马桶的水箱里放了一个装满水的瓶子，这样每次冲水时，可以节约一点水。我还尽量用洗菜水来洗拖布、冲马桶。

第三，华德福幼儿园大力提倡老师亲手给孩子做饭、做玩具甚至做衣服，让孩子们看到一件事情是怎样一步步完成的。现在许多家庭过于繁忙，没有时间自己动手做，都是用钱买现成品。

第四，我们尊重传统，重视节日庆典和活动，且每天保证孩子有足够的时间在户外活动。英国的华德福幼儿园，孩子每天在园时间 4 个小时，其中户外活动占 1 个小时。

第五，我们不给孩子看电视，不用录音机。我们园的亲子活动不放音乐，都是老师唱歌，不给孩子过度的感官刺激，整体气氛安详宁静，来参加的家长都表示很喜欢。

孩子多了，家长的意见也相应多起来。一位家长提出，天气冷了，幼儿园应用热水给孩子洗手。一位家长觉得晚餐只有一个炒菜太单调，不丰盛，并建议每顿主食要给孩子两种选择。在听取家长的意见和坚持自己的观点之间，我还在寻找平衡。我们幼儿园可以用热水给孩子洗手，但无微不至地为孩子提供舒适的生活条件，是否会降低孩子抵御疾病的能力？可以确定的是，用冷水洗手，肯定对身体无害，还能减少能源消耗，并培养孩子的意志力。饮食方面，我们只在一定的范围内给予孩子选择权。孩子还不知道什么是有益身心的饮食，他们只会凭着口感喜欢吃这个，不喜欢吃那个。我们尊重孩子有一定的食物偏好，但也必须兼顾营养和健康。福禄培尔在《人的教育》中写道："饮食始终只能是养料，不应多也不应少，不应为饮食而饮食，而唯一的目的是促进体力和智力活动；更不应该把饮食的特色，即口味和精美程度，作为目的本身……因而儿童的饮食应尽量简单，以能维持儿童生活所需，使他在体力和智力上达到同样程度的发展为限。"

我想引用圣经里的一段话以自勉："爱是恒久忍耐，爱是不嫉妒，爱是不自夸、不张狂，不做害羞的事，不求自己的益处，不轻易发怒，不计算人的恶，不喜欢不义，只喜欢真理，凡事包容，凡事相信，凡事盼望，凡事忍耐。爱是永不止息。"一粒种子埋在地里，我们看不见它，但我们相信只要耐心浇灌，总有一天小小的嫩芽会破土而出。我们用爱心滋养孩子，在某一天，美丽的鲜花一定会突然绽放。

心怀感恩

美国资深华德福幼儿园老师卡洛琳，这周终于抵达北京，来到我们幼儿园。她浑身上下散发出慈祥、平静、优雅的气质，我不由自主地喜欢上她。她担任华德福小学老师 5 年，幼儿园老师 17 年，她的一举一动体现着华德福教育理念的影响。

我曾问日本同学加藤训子，为什么她认为华德福教育可以为世界带来和平。她说因为无论她到哪里参观学习，从事华德福教育的人都给她留下极其美好的印象——善良、友爱、无私奉献。在新西兰，加藤训子遇到一位华德福老师。这位老师告诉加藤训子，她很少和家长谈论华德福教育是如何的，而是问家长："我能帮你做什么？"

华德福幼儿园的一个原则是少说多做。幼儿学习的主要方式是模仿周围的成人，老师就像演员站在舞台上，一举一动都受到孩子们的关注。在家里，你可以随随便便，想怎样就怎样，但在幼儿园里，就要时时刻刻意识到，孩子正在注视着你。鲁道夫·斯坦纳提出，孩子通过观察我们来学习，我们的为人处事帮助或阻碍他们成为他们自己。老师是孩子的榜样，老师的言谈举止和心态将给孩子带来长期的影响，不仅影响孩子的心理，也会影响孩子器官的发育。举例来说，一位脾气暴躁的父亲，他的怒火和处事方式肯定会无声地影响到孩子。"幼儿会将所见所闻吸收进他的整个'身体形成过程中'"，他对成人行为的好坏没有判断能力和选择能力，他跟随着成人的一举一动而生活。

因此，华德福教育尽量避免口头说教。孩子之间发生冲突时，老师尽量不去批评孩子，而是先把打人的孩子抱住，安抚他，让他平静下来。还有一种方式，当老师对孩子有了足够的了解后，能够预感到什么时候某个孩子要打人，便在孩子动手之前制止他。这就要求老师全神贯注地密切观察孩子，不能有丝毫的松懈。回想我的一些做法，还是对孩子说得太多了。卡洛琳认为说和听是在用脑，过于理智，对于幼小的孩子不适用，因为他们还不能像成人一样理解言语的含义。她还强调，在户内活动时，主班老师片刻不能离开孩子，即使有家长在旁边。如果主班老师需要去卫生间，一定要和配班老师打招呼。主班老师应经常清点人数，确保每个孩子在场。华德福教育要求老师亲手做玩具、清洁工作、一日三餐等，不能呆呆地站在一旁看孩子，但老师的心思始终要放在孩子身上。

我曾经为幼儿园有了金鱼和小兔子而感到高兴，可是卡洛琳看到后，对我说："你们真的想办华德福幼儿园吗？如果是，就不能'笼养动物'。"她说，鲁道夫·斯坦纳是反对让幼小的孩子去参观动物园的，因为让孩子们过早看到被囚禁在笼子里的动物不好；应该多让孩子们看到在自然界里生活的动物，它们自由自在、无拘无束，即使只能看到蚂蚁，也比看到笼子里的猴子、老虎要好。其实，我也十分反感把动物囚禁起来，但单纯地想到孩子们喜欢动物，就忘记了动物的痛苦，尤其没有注意到可能对孩子产生的负面影响。之后我赶紧做了安排，把兔子和金鱼都送走了。

关于孩子们玩具的摆放问题，卡洛琳也给了我们一些启示。开园一个月后，我们发现孩子们有时会把玩具到处搬，比如把娃娃家的玩具搬到客厅。一位来参观的幼儿园园长说，这在他们园是不容许的，每种玩具有一定的玩耍区域或范围。但卡洛琳老师提到，在她的幼儿园里，孩子可以把玩具搬来搬去，不限制在一定的区域，但自由活动结束后，老师一定要和孩子们一起把玩具放回原来的位置。

本周适逢感恩节，卡洛琳带领我们全体幼儿园的老师和一位家长表演了提线木偶戏。虽然感恩节是美国的传统节日，但中国传统文化也提倡感恩——不仅对帮助过我们的人心怀感恩，对于那些素不相识的人、对于其他所有的生命，都要心怀感恩。在这样的节日，我也对所有帮助过我的人深深感恩。

鲁道夫·斯坦纳再三强调，必须在 7 岁之前培养幼儿的感恩、敬畏之心。他说："幼小的时候，若能对比自己更高的存在合掌祈祷，并心怀敬畏，这样的孩子长大后，一定将拥有更大的魄力。"崇拜鲁道夫·斯坦纳的德国诗人克里斯蒂安·摩根斯特恩（Ch. Morgenstern）也曾写过这样的诗（选自高桥弘子《日本华德福幼稚园》）：

我感谢你们，不会说话的石头，
我屈身于你们的面前，
因为你们，我变成了植物。

我感谢你们，大地的花草，
我低身于你们的面前，
因为你们的帮助，我才能成为动物。

我感谢你们，石头呀，草呀，动物呀！
我在你们面前低头，
因为你们三者的存在才有我。

…………

在感谢之中，所有的存在都相互连接。

假如我的生命是一首歌

不可思议，本周我们有了 11 个孩子，其中还有一对双胞胎。3 个孩子上全天的班，8 个孩子上半天或两个小时的班。

卡洛琳开始教导一些我们平常会疏忽的问题，主要涉及孩子们的吃饭、玩耍和睡觉等。华德福教育主张在纠正孩子的不良行为时，不能说教或只是单纯地阻止，而要靠转化，用成人的想象力和创造力把孩子的注意力转移到别的事情上。

有时个别孩子在玩耍过程中，会变得异常兴奋、激动，东奔西跑。这时，老师不要训斥孩子，不应粗暴规定"不许喊""不许跑"，应在观察中找到孩子兴奋的原因。如果孩子正在假装一匹奔跑的马，老师可以把某处想象为马厩，请"马"休息一下，喝点水或吃点草料。有些孩子激动的时候，打了老师怎么办？卡洛琳说老师千万不能发怒，老师怒气冲冲的样子会被孩子模仿。老师可以接受孩子的攻击，用安抚的方式来缓解孩子的冲动。

以前，在孩子玩耍时，我们会在一旁趁机谈论一些事情。卡洛琳说这是绝对不容许的，因为成人的言谈会干扰孩子的自主游戏。她要求在幼儿园工作的每个人学会保持安静，以免成年人的喋喋不休给孩子带来噪声，破坏孩子想象力的发挥。我们园内老师倒是很容易做到，最头痛的是怎样劝告陪同的家长不要说话，他们有时批评孩子，有时向孩子提出要求，有时向老师提问。我怎样才能既不伤害家长们的感情，又能让他们理解我们的工作呢？

幼儿园孩子的午睡也是个问题。午饭后半小时，孩子们就可以上床睡觉了，但由于年龄差别大，有的孩子午饭后一小时都不肯睡觉。有位家长曾向我们提出，孩子没有睡意，就让他到院子里玩玩沙子，晒晒太阳可能会促使孩子睡觉。我们一开始没有经验，就照这位家长的意见做了。后来发现，这样做一是工作量太大，任由每个孩子自己选择，老师根本照顾不过来；二是会造成孩子行为太散漫了，想怎样就怎样，白天睡觉不规律，晚上也很难做到按时入睡。卡洛琳说，在她的幼儿园，午饭后，每个孩子必须上床睡觉，即使睡不着也没有关系，但孩子们必须知道这是午睡时间。我们的厨师马老师也说，在她原来工作的公立幼儿园，午睡时间不能由孩子自己来决定是否上床。于是，从这周开始，我们也规定中午 12 点半所有孩子必须上床睡觉，至迟 14 点 45 分唤醒还在睡的孩子。如果有的孩子实在睡不着或醒得早，就让他先起床。

卡洛琳还主张吃饭的时候，老师尽量不要说话，以便孩子专心就餐。办幼儿园之前，我就曾提出吃饭时原则上不许说话，但遭到反对，理由是吃饭应该是轻松交谈的时间，如果不许说话，气氛太严肃了。我说服不了反对者，可惜他们没有去过河北的柏林禅寺，不知道吃饭时那种安静、肃穆、专注的气氛是多么重要。现在，卡洛琳每天和我们一起用餐，遇到有人说话时，她会"嘘！嘘！"地加以制止。

一位家长和我们共进晚餐后，觉得老师不应该成为食物的分配者，孩子喜欢吃哪个菜，应由孩子自由选择，而不能等到碗里其他菜吃完后才能要喜欢吃的菜。她觉得我们的做法把老师的地位抬得太高，老师和孩子应该是平等的。老师可以自由地夹菜，为什么孩子不行？我耐心给她解释：第一，我们用公共的勺子给孩子盛菜，如果容许孩子自己盛菜，他们往往会用自己的勺子来盛；第二，幼儿园要培养孩子不挑食的习惯，鼓励孩子把不喜欢的菜吃完再添菜，有益孩子的身体健康；第三，老师和孩子的平等在于人格的平等，孩子毕竟需要成人的帮助和引导，绝对、片面地追求平等，可能会毁了孩子。我不知道我的解释家长是否能接受。

卡洛琳反复强调，老师片刻不能离开孩子。孩子喝水或喝汤时，偶尔会把水或汤洒出来，老师就得起身去厨房拿抹布。卡洛琳告诉我们，老师要有先见之明，事先预料到需要抹布，应在喝水或吃饭前把抹布放在桌子上，不能等水洒了，才起身去厨房拿。一旦围着餐桌坐好，主班老师就不能离开孩子，如果真的需要什么东西，可以请配班老师帮忙。主班老师除了去洗手间外，一刻也不能离开孩子。外出活动时，主班老师可以带个背包，里面放干净的裤子、毛巾、急救药、手机等。不能等到事情发生了，才想到需要什么。对于第二天安排的课程和活动，老师头天晚上应该全面考虑。比如第二天是画湿水彩画，如果个别孩子先画完了，由哪位老师去照看他们？每一分钟的安排，老师都要先考虑到。卡洛琳说，在华德福幼儿园，甚至在一个学年开始之前，就要规划好一整年的活动，一旦决定了，就不能改来改去。

卡洛琳提示我们，凡是老师要求孩子做到的事情，老师必须先做到。天冷了，孩子外出要戴帽子，老师一定也得戴上帽子或用围巾把头包住。吃饭的时候，如果嘴里有饭，老师就不能说话，因为我们要求孩子做到嘴里有饭时不说话。

周六，在卡洛琳的帮助下，我们成功地举办了华德福幼儿教育培训班。卡洛琳主讲了所有的内容，到吃晚饭的时候，她连说话的力气都没有了。李玲和王莉两位老师为培训活动做了大量的准备工作。为了省些经费，英语不是很好的我生平第一次担任现场翻译。培训结束前，卡洛琳、莎拉（Sara）、杨玲珑合唱了一首著名的德国歌曲，她们美妙的和声把在场的每个人都融化了。我们中国同事则合唱了《茉莉花》和《小燕子》，将现场气氛推向高潮。

这让我想起回国前我于圣诞节前夕在华德福学校观看学生们演出的情景。四年级和四年级以上的学生全体站在舞台上，上身一律穿雪白的衬衫，下身穿深蓝色的裙子或长裤，他们一首接一首地唱着赞美诗、民歌，还唱了一首中文歌曲——《摇篮曲》。平日调皮捣蛋的孩子们此时就像是天使降临人间，他们纯净、优美的歌声，把我带到了另一个世界，感动得我热泪盈眶。我暗暗下定决心，不管将来我会遇到什么样的困难，一定要把华德福教育介绍给中国的家长和老师们。

这是华德福学校三年级的学生们唱的一首歌，也是我的心声：

假如我的生命是一首歌，

是一首来自光明的歌，

我就要唱，不停地唱，

直到星星围起圆圈，

在夜晚的天空上跳起舞。

自由与约束

上周末，天气突然降温，我们幼儿园有四个孩子因病不能来。只剩下一个孩子上全天的班，绝大部分家长选择让孩子上半天。我们老师便利用下午的时间，开会讨论存在的问题和工作安排。

一开始有人认为，园内所有的地方都应是孩子们自由活动的空间，把两个房间的门关上（其中一间是卧室），不许孩子进出（除了去卫生间），是对孩子的不尊重。当卡洛琳见到孩子们在三个房间（加上厨房是四个房间）和客厅自由进出时，对我们说："恕我直言，你们不能让孩子自由出入每个房间。卧室是睡觉的地方，不能让孩子随意进出。客厅是晨圈*、就餐和艺术活动的地方，不是玩耍的地方。你们要固定一个游戏的房间，上午自主游戏时间，孩子们集中在里面玩，主班老师则应寸步不离地守在孩子们身旁。"

明确每个房间的功能，有助于孩子建立秩序感和纪律感，

---

* 华德福晨圈，指通常在早晨做的活动，以围成圆圈的形式来做。晨圈是个聚合的仪式，让来自不同家庭、不同环境的孩子之间建立连接，感受彼此的存在，体会融入一个团体之中的感觉。

也便于老师时刻和孩子在一起。如果每个房间任孩子进出，三个房间和一个客厅就需要四个老师才能照顾到所有的孩子。卡洛琳强调，自由是在一定界限范围内的自由，不是无法无天、胡作非为的自由，是尊重与爱的自由，是对孩子深入理解后给予孩子的自由，这种自由才能滋养孩子的身体和心灵。如果缺少了成人的温柔保护和制约，孩子的成长会失去方向。

我在英国参观过华德福学校一至八年级的班级。个别班级上课时，学生吵闹得很厉害。有位老师告诉我，这种现象不仅和带班老师有关，也和父母的教养方式有关。20 世纪 60 年代，西方社会出现了一连串反对战争、核武器和破坏环境的抗议行动，进入了一个反权威主义的时代。目前这群小学生的父母就是在反权威思潮中长大的，他们从小就缺少约束，也就不知道该怎样约束自己的孩子。如何既能在自由与约束之间寻求平衡，又能顾及每个孩子的个体差异，是每个家长和老师要研究的课题。

我想到一位家长，她每天早上都为孩子的穿衣问题烦恼。孩子在好几件衣服中选来选去，一耽误就是半小时。我建议她只容许孩子在两件衣服中选一件，不要给予太多选择，或者头天晚上就把第二天早上要穿的衣服选好。随着社会的进步，现在人们的生活条件提升了，家长为孩子多买一双手套、一套衣服并不会在意花多少钱，只要孩子高兴就可以了。但是请想一下，世界上还有多少孩子连基本的温饱都没有解决。地球的资源是有限的，我们的子孙后代还要继续生活在地球上，我们在生活中就应尽量减少不必要的浪费，以身作则教育孩子珍惜每一粒米饭、每一滴水、每一件衣服。正因如此，我们成人在尊重孩子有一定选择权的基础上，也要教导他们珍惜所拥有的一切。

有一次吃点心时，有个孩子说自己不喜欢吃柚子，结果影响了其他孩子对柚子的喜爱，那天的柚子吃得比往常少。吃香蕉时再次遇到类似情况，我赶快说："我喜欢吃香蕉，吴老师喜欢吃香蕉，大象、长颈鹿都爱吃香蕉。"我想以此竭力消除一个孩子说不喜欢吃香蕉带来的影响。我还用这种方法，让从来不吃水果的朗朗吃起了香蕉。

华德福幼儿园重视每个孩子的生日，这一天老师会讲个生日故事，以及这个孩子出生后的一些事情（老师事先会向妈妈了解情况）。遗憾的是，菁菁在生日那天发烧了，菁菁妈妈和我们一起精心准备的生日聚会不得不取消。西方人特别重视生日，我们中国的传统说法是，孩子的生日就是妈妈的受难日。的确，妈妈是很伟大的，生孩子要忍受很大的痛苦。因此，如果在庆祝生日的同时，能够发自内心表达对母亲的感恩，那是最好的。

我从一本介绍华德福教育的书上，翻译了一个短小的生日故事：

> 绿茵茵的草地上有座金色的房子，一个孩子住在里面。草地周围是金色的围墙，墙上有个很小很小的洞。

孩子喜欢从洞里向外张望地球上的花园。孩子盼望能在花园里和小朋友一起玩耍，能在晚上回到有爸爸妈妈等候的温馨的家里。孩子的守护天使得知了她的愿望，拉着她的手，一路领着她来到地球上空，为她寻找合适的家庭。他们悄悄地对一位母亲说："一个小婴儿要诞生了！"爸爸和妈妈便为即将到来的婴儿做好各种准备。月亮渐渐变大了，月亮渐渐变小了，这样变化了十次，每个人都在等待婴儿的到来。为了孩子未来的发展，守护天使把一些非常特殊的种子放进了孩子的心田，她将在地球上完成特殊的使命，这是她带给人间的礼物。当一切准备就绪，天使打开了出生的大门，把孩子送到了爸爸妈妈的怀里。爸爸妈妈高兴极了，他们送给孩子的第一份礼物是她的名字。（译自 Joan Almon, *Toward Creativity and Humanity*）

坚守规则

卡洛琳再过几天就要回美国了，她迫切希望为我们多做点事情。最令她着急的是，我们园还没有建立起完善的规则，还没有明确的生活规律或节奏。

我们原定早上8点开饭，可是很少有孩子能准时到。随着天气转冷，有的孩子8点20分到，有的8点半到，有的8点40分到，不管他们多晚来园，只要还没有吃早饭，我们都为他们提供。这不仅给准备早餐的王莉老师增加了极大的工作量，还会影响原定的8点半开始的自主游戏时间。自主游戏就是自由游戏，在保证安全和不打闹的前提下，让孩子尽情发挥想象力和创造力，想怎么玩儿就怎么玩儿。孩子不按规定时间到园，迟到的孩子没有足够的游戏时间，正在游戏的孩子会被迟到的孩子干扰。卡洛琳认为这种情况必须改变。

考虑到家长很难一下子适应孩子的入园时间，周四我电话通知家长，8点15分准时开饭，如果8点半以后来园，我们不再提供早餐。卡洛琳得知我们给家长留下15分钟的余地，很不满意。她认为我们园必须有明确的规定和界限，不能太宽松了。特别重要的是，华德福幼儿园是建立在有规律或有节奏的生活基础上的，家长要配合幼儿园的工作，帮助孩子适应幼儿园的节奏，而不是幼儿园一味地迁就家长的随心所欲。

卡洛琳发现有的家庭任凭孩子想晚上几点睡觉，就几点睡觉。有时孩子8点半上床，有时9点，有时甚至10点才上床。我曾在英国一个家庭做小时工，他家有两个女孩，一个6岁，一个2岁半，每天晚上8点准时上床睡觉。为了说明有规律或有节奏生活的重要性，资深的华德福教育专家马丁·洛森在《解放孩子的潜能》一书中写道：

我们的身体有多种节奏。当我们身体健康时，所有的节奏和谐一致，成为一部大型的交响乐。如果节奏发生紊乱就是生病了（因此医生把脉搏看作是否健康的重要症状）。身体中每一个器官都有自己的节奏，大脑中的电荷运动，通过我们呼吸的节奏能测量出来，生命中的每个阶段都有自己的睡眠、苏醒、新陈代谢的节奏。

孩子需要健康的外部环境节奏，以保持他们内在的节奏。

⋯⋯⋯⋯⋯

现代人有一种不同于古代人的意识。我们想成为有个性的人，掌握自己的生活，摆脱传统社会的制约。在很大的程度上，我们已经不受外部自然节奏的制约，但我们的身体却为此付出了高昂的代价。

无论父母做出什么样的牺牲，给孩子的生活强加节奏是很重要的。孩子在节奏中茁壮成长。童年期，有节奏的家庭生活，以及学习过程的节奏，对孩子未来生活的影响不可估量。节奏使他们身体健壮、精神健康，并具有康复能力，就像给了孩子一个可再生的能量源，使他们有能力应付生活中的变化，甚至成人生活中的混乱。

从出生到长大，睡眠和吃饭是最基本的节奏，形成得越早越好。在没有对孩子产生危害的情况下，建立起节奏是很重要的。

于是我写了一份给家长的通知：

各位家长：你们好！

华德福幼儿园是建立在有规律生活基础之上的。我们希望你们的孩子生活在规律中，并参加所有的活动。我们恳请家长按时送孩子入园，按时接孩子离园。有规律的生活会让孩子受益终生。

我们原定早上8点开饭，鉴于目前情况，暂时改为8点15分准时开饭。如果你的孩子迟于8点20分到园，请原谅，我们不再提供早餐。

自主游戏时间非常重要，为了保证所有的孩子专注游戏，请家长们保持幼儿园室内的安静气氛。如果不得不说话，请尽量小声耳语。

　　谢谢你的合作。

　　我仍然保留了五分钟的余地。如果孩子真的晚来六分钟就不能吃早饭了吗？"是的，必须这样。"卡洛琳说，"孩子不懂规则，但家长知道。如果来晚了，家长应该在家里给孩子吃早餐。规矩一旦制定好了，绝对不能改来改去，必须执行。"

　　有天中午，一个孩子午餐后到厨房来送碗，问我："我可以在这里吃完吗？"见他碗里还有剩菜，我想都吃完也是件好事，就同意了。卡洛琳看见了，问我为什么让他在厨房用餐，并且批评我说："我一再强调食物不能离开餐桌，你们都同意了。既然规则确定了，就不能改变，绝对不能因为孩子想在厨房吃，就同意他这么做。孩子必须遵守幼儿园的规则。如果今天同意这个孩子打破规则，明天是那个孩子，你们制定的规则就形同虚设。"

　　还有一次，我也被卡洛琳老师严肃批评了。那天我站在门口，和一位送孩子来的妈妈谈论请她为幼儿园帮忙的事情。卡洛琳老师在卧室听见我们说话，她觉得我们的声音太大了，虽然我们已经很注意了。卡洛琳说，在华德福幼儿园里，成人应该尊重为幼儿创设的安静环境。看来，即使懂得规则的重要性，知道有哪些规则，但真正把它们落实到每一个环节中，落实到每一分钟，我还需要时刻警觉、不懈地努力。

　　在卡洛琳的帮助下，我发现规则建立得越早越好。孩子刚入园，还不太熟悉周围的人和环境，及时地、渐渐地让孩子明白幼儿园的规则，比一个月以后再去要求他们容易得多。

无论是吃正餐还是吃点心，卡洛琳要求每个人的座位要固定，尤其是老师的座位。我们认真讨论了老师应坐在什么位置，才能最为方便地照顾绝大多数的孩子；哪些孩子应该紧挨着哪位老师，哪些孩子吃饭时不需要太多的照顾，可以坐得离老师远一些。卡洛琳老师说，别以为花一个多小时讨论座位是浪费时间，华德福幼儿园所做的一切都是精心考虑过的，事先计划好的。

刚来园里帮忙的时候，卡洛琳常问的一句话是："下一步你们做什么？"她要求每一分钟都是安排好的，不能让孩子糊里糊涂，不知道该做什么。她说不能浪费一分钟。以前，有的孩子吃饭快，吃完后就去随意地玩，现在则不行。卡洛琳要求主班老师坐在餐桌旁不许离开，配班老师王莉必须赶去小房间组织孩子做游戏或讲故事，不能让孩子到处走动。

每一分钟都提前安排好，并不是说孩子就没有自由，而是老师应心里明白在这个时间段孩子该做什么。比如孩子从户外回班级，有的孩子动作快，先换完室内鞋，老师就要提醒他们去洗手，以至于养成自主习惯，不能让换完鞋的孩子四处走动，不知道下一步该做什么。

传统与现代

华德福教育不反对机器化，但是每种进步的背后都有某种牺牲和损失。机器很大程度上解放了人的双手，家务劳动如今多由洗衣机、洗碗机、扫地机器人、电饭煲等家用电器代劳。因此，现在很多孩子很少见到妈妈用手洗衣服，对于很多事情的完成过程不太了解。他们不了解要把脏衣服洗干净，需要经历放水、擦肥皂、搓衣服、拧衣服、晒衣服的一整个过程，也体会不到通过劳动带来整洁的快乐。

关于这一点，华德福教育有自己的坚持。卡洛琳告诉我们，华德福幼儿园的老师给小朋友唱的歌曲，内容可以是一个故事，也可以讲述日常的劳动和生活。老师应该边唱边做动作。比如唱农民在田野播种的歌，老师做的动作一定要像真正的农夫一样。我在英国学习华德福教育的时候，也学过一首关于洗衣服的歌：

瞧瞧我们的小脚，　　（伸出左脚）

瞧瞧我们的鞋，　　（伸出右脚）

瞧瞧我们的妈妈正在做什么，　　（手拉手围成圈走）

她们在洗衣服，洗呀洗衣服，　（停下来，模仿洗
衣服的动作）

她们整天都在洗呀洗衣服。

瞧瞧我们的小脚，　　（伸出左脚）

瞧瞧我们的鞋，　　（伸出右脚）

瞧瞧我们的妈妈正在做什么，　　（手拉手围成圈走）

她们在搓衣服，搓呀搓衣服，　（停下来，模仿搓
衣服的动作）

她们整天都在搓呀搓衣服。

··············

她们在拧衣服，拧呀拧衣服，　（停下来，模仿拧
衣服的动作）

她们整天都在拧呀拧衣服。

··············

她们在晾衣服，晾呀晾衣服，　（停下来，模仿晾
衣服的动作）

她们整天都在晾呀晾衣服。

··············

她们在叠衣服，叠呀叠衣服，　（停下来，模仿叠

衣服的动作）

她们整天都在叠呀叠衣服。

有人批评华德福教育是老掉牙的教育，现在城市里还能找到几位妈妈是用手洗衣服的？西方发达国家还能有几位农民不用机器耕作？卡洛琳说正是因为传统的生活方式渐渐远离我们，机器取代了我们的一双手，华德福教育才更加迫切地想把传统的生活方式，尽可能地在幼儿园和中小学学校再现。为什么孩子需要看到一件事情完成的过程？年幼的孩子是通过模仿来学习的。如果我们身边的一切事情都由机器来做，食物买现成的或到餐馆就餐，衣服由洗衣机来洗，大人在家里只是玩手机或者看电视、电脑，孩子们从中能学到些什么呢？

英国的埃瑞卡老师说，幼儿园的老师必须每天擦灰尘、扫地、拖地、收拾房间，让孩子看到老师的日常劳动，这样孩子才会模仿，才会有要做事情的动力。如果老师只会用嘴巴讲课，孩子观察不到怎样去做事情。如今很多幼儿园只注重让孩子学弹钢琴、学英语、学电脑、学认字、学算术，却几乎不让孩子学习做家务，或至少没有以培养孩子做家务为幼儿园特色。大部分幼儿园投资去购买最新玩具，跟踪最新"育儿潮流"，却忽略了最基本的生活教育。

卡洛琳说，由于居住在城市里，条件的限制使我们看不到许多事情是怎么做的，但老师要尽可能地通过歌曲和日常活动，把过程带给孩子们。除了反映真实生活的歌曲外，老师还可以利用结合季节的歌曲、故事、童谣等。她从事了几十年的华德福教育，仍然认为自己距离理想的华德福教育还有一段路程。她喜欢华德福教育，是因为听了一位小学三年级老师的课。那位老师讲的是旧约的故事，没有图片、教具，没有课本，故事却那么形象，那么生动，就像是从老师的心里流出来的。卡洛琳至今还记得那个故事，这促使她接纳并献身于华德福教育。

卡洛琳把她能够给予的一切都给予了我们。她从美国带来了她的幼儿园里最好的羊毛毡子，还捐出自己做两次华德福教育培训所得的费用，用来给幼儿园的小房间买一块圆形的羊毛地毯。虽然感冒非常严重，她仍坚持为我们唱歌录音。她告诉我们，孩子周围的人，尤其幼儿园的老师不能穿黑衣服，因此资助园内老师购买或编织粉红色的毛线帽子、围巾。这样老师能够保暖，孩子也感到温馨。她还仿照自己围裙的样式，买粉色布给我们加工了围裙。她说："围裙是你们幼儿园的标志之一，千万要爱惜。和孩子在一起时必须穿上，其他时候不能穿，比如洗碗时。围裙脏了，要尽快洗干净。"

短短的三周过去了，卡洛琳要离开了。她离开我们园的前一天，在留言本上写道：

> 在你们幼儿园里，我受到了热情的款待，你们每日的会议和培训班、你们的家长和祖母们正在努力带给孩子们最好的教育。华德福教育能够满足每一发展阶段孩

子的需要。当然，幼儿期更是非常重要的，想想你们怎样才能成为孩子们的榜样？幼儿接受来自环境中的一切，吸收并模仿，老师则要努力维持每日的和谐节奏。虽然这很不容易，但唯有这样，孩子才可以有安全感和自信，并富有创造力！

她还为我们幼儿园家长专门写了一封信，信中写道：

感谢你们有勇气为孩子寻求不同的教育。23 年前，当我们开始创办华德福幼儿园时，最早一批家长有许多的问题和困惑：我的孩子将怎样成长？如今，有些孩子已经有了自己的孩子。他们都具有独立的、个性的人格力量，每个人都以自己的方式努力建设一个更加美好的世界。

卡洛琳的无私帮助让我思考：怎样能够把她给予我们的爱给予周围所有的人？我们怎样才能更好地把华德福教育播种在中国的土壤里？

当孩子张开双臂

因为元旦放假的关系，这周工作日多了一天。周六我们正常开园，午餐后举行了一个小小的迎新年庆祝活动。王莉表演她自编的偶戏故事，她缓缓地移动着小偶人，模仿故事中人物的动作。听着她生动的叙述，我突然觉得卡洛琳老师还在我们园里。卡洛琳没离开的时候，几乎每天都为孩子们表演偶戏故事。临走前，她为我们买了用来做背景的各色丝绸，还送给我们一匹毛线做的马，叮嘱我们要继续下去。

通过故事给孩子讲明道理是一种教学方式。有一次，一个孩子哭闹着要吃糖，我告诉他："吴老师小时候有一位好朋友叫东东，每天我们都一起上学。他特别爱吃糖，见到叔叔、阿姨就想要糖吃，如果妈妈不给他吃糖，他就大哭大闹。等到小学毕业时，他因为吃糖太多，胖得连教室的门都进不去了。"孩子听了破涕为笑。还有一次，有个孩子用手抓饭吃，我对他说："吴老师小时候有个小朋友叫佳佳。他经常用手抓饭吃，怎么跟他讲道理，他都听不进去。后来，他肚子痛得好厉害，不停地哭啊哭，送到医院一查，原来他的肚子里长虫子了。医生给他打针、吃药，还动了手术。"

当成人的要求和孩子的意图相反时，尽可能不要和孩子针锋相对，要尽量找到合适的折中解决办法。有次外出活动，一个男孩一定要背着他的书包。我说："背书包就不能外出活动。你必须留在教室里。"他不肯，又吵又闹。僵持了一会儿，我又说："我帮你保管书包，不让任何人动你的书包可以吗？"他点点头同意了。还有一次，一个男孩不肯穿衣服出去玩，户外活动时间，原则上所有孩子必须出去，没有老师专门在教室看孩子。我对他说："就出去玩五分钟时间，如果你不想玩了就回来。"他同意了。结果，他玩高兴了，早忘记了五分钟时间的事了。我在英国的华德福幼儿园看到，一个孩子不肯缝圣诞袜子，老师说："再缝六针，你就可以玩了。"结果这孩子继续缝了足足半个小时。

当然，成人一定要注意，孩子有孩子的世界，绝不能按照自己的价值观来对待孩子心爱的东西，哪怕是一片树叶、一块石头、一根树枝。一个孩子从外面玩耍回来后，哭哭啼啼，他妈妈一个劲儿地要求他别哭，还流露出一些不耐烦。但后来经过沟通，妈妈才得知孩子只是想要一根树枝。这么一个小小的要求，家长没有满足他，还错怪了他的哭泣。同样是这个男孩，有次外出活动时，他让我帮忙拿一根树枝。在追赶别的孩子时，我把他的树枝弄丢了，主要原因是我没有把那根树枝当回事，结果他哭了。他妈妈只得带他原路返回把树枝找回来。我意识到了自己的问题，向这位男孩说"对不起"。

这周我们幼儿园迎来了第12个孩子莎莎，她还不到两岁半。从第一天起，她就没有哭着找妈妈。她的妈妈说从小就注重培养孩子的独立性，能做的事情让她自己做。不久，莎莎和我熟悉起来，她经常喜欢向我张开双臂。每每这个时候，我会毫不犹豫地抱起她。我无法拒绝孩子。乐乐是个活跃的孩子，他妈妈就是我们的李玲老师。他总是非常投入地玩耍，一开始，我觉得他很少注意到我。入园近三个月后的某一天，他竟主动跑过来笑眯眯地向我问好，或者告诉我他正在做什么。有一次我刚到园里，他张开双臂向我跑来，满脸笑容，我来不及脱去大衣，一下把他抱了起来。我觉得我被他接受了。

有种观点认为，家长给老师或幼儿园提意见，会影响学校对孩子的照顾。如果我们的园真的是这种样子，就不值得家长把孩子送来了。我们园成长至今，离不开家长的意见和建议。

这周有位家长提议，削苹果最好别当着孩子的面，以免刀子伤着孩子。可是又有家长不同意，认为当着孩子的面削苹果是多么重要的参与过程，毕竟刀子伤着孩子的可能性太小了。还有家长提议，干脆不削苹果皮，把苹果放在水里多泡一会儿，连皮吃下去更有营养。

当然，家长们除了提出自己的意见，也积极表示愿意为幼儿园做点什么。隽隽的妈妈看到我们的托盘太小，有些破旧，主动去市场买了两个大托盘送给我们。她还捐了 12 株水仙花作为送给孩子们的新年礼物。

目前困扰我们的一大难题是怎样保证户外活动的安全。我们的院子太小，冬天不适宜孩子玩耍。离我们最近的小区花园，四面八方都敞开着，没有家长的陪同，光靠3个老师看管12个孩子有点勉强。我们正在寻找附近更适合的、相对封闭的活动空间。

已经是2006年了，回想2005年，最大的事情是创办了这个幼儿园。一路经历的风风雨雨，会帮助我深入理解自我和人性，我会始终怀抱希望、信心和爱。华德福教育的创始人鲁道夫·斯坦纳说："我认为，我在58岁时才得到了领导华德福学校的机会算是一种好运。因为我以前不敢像这几年这样去培养一个了解小孩天性特点的老师群体。为了培养老师有这方面的了解所需要的认识，虽然我在35年前已经得到了，可是这种精神活力的认识不同于智力的理解。用智力去理解的，只要逻辑上通了，马上就是一个完整的东西。精神的东西是一个人在成长过程中慢慢地才能使用的。"

最高的目标

与 2005 年第一次试图召开家长会却无人到场相比，这次家长会来了八位家长。我简单介绍了幼儿园的情况，尤其特别提出是否削苹果皮的细节问题供大家讨论。其中一个环节是请每位家长说说刚刚过去的 2005 年最难忘并愿意和大家分享的事情。通过每个人的发言，我们彼此增进了了解。我希望幼儿园不仅是孩子们的家园，也是把父母们联系起来的纽带。

现代化的城市生活，把我们带离了故土、乡亲，也使得人与人之间变得疏远。邻居之间很少互通往来，朋友之间也难得联络，可是生活需要我们放慢脚步，和亲朋好友坐下来喝喝茶、唱唱歌、聊聊天。在英国，每逢节日庆典，华德福学校就成为当地社区的中心，校园里有聚餐、讲故事、表演等丰富多彩的活动，到处喜气洋洋的。但愿我们的幼儿园也成为家长联谊活动的中心。

家长会上，我有幸请来了田达生老师。他是重庆大学退休的德语教授，自从接触到华德福教育后，他把大量的时间和精力都放在了翻译华德福书籍上。说到华德福教育的最高目标，田达生老师认为是培养真正自由的人。鲁道夫·斯坦纳说过："我们最高的目标是，教育一个人能给予自己生命的意义和方向。因此，教育的中枢神经需要有三股力量，即想象力、真理感和责任感。"斯坦纳还说过："我们不应问一个人生活在当今的社会应具备哪些知识和能力，而是问这个人的内在潜能是什么，以及他的发展方向是什么。如此，我们才能为社会不断地注入成长中的年轻一代生发出来的新力量，也只有这样的社会，才是一个有活力的新社会，而不是一个以固有的社会组织形态，要求并改造年轻一代的保守社会。"我国著名教育家蔡元培也说过："教育是帮助被教育的人，给他能发展的机会，完成他的人格，于人类文化上能尽一分子的责任，不是把教育的人造成一种物品器具，给抱有他种目的的人应用。"

华德福教育所倡导和实践的一切，正是基于这个最高的目标，让每个受教育者找到自己生命的意义和方向；不能用父母、老师、社会的要求来扼杀孩子的天性，相反要顺应并引导孩子的天性，帮助孩子健康愉快地成长。

几年前，我听过一场某幼儿园的钢琴演奏会。这样的才艺展示是这个幼儿园所认定的"成功"。当然，还有许多幼儿园炫耀幼儿能背多少首唐诗，能认多少个汉字，能做多少位的加减运算，学了多少英语单词，把"成功"数量化。这迎合了一部分家长和社会的需求，他们眼中的"成功"就是考上北大、清华，考上哈佛、剑桥，或者能够当经理，挣大钱。如果一个孩子只想当厨师或农夫，就是失败。事实上，一个社会中所谓

"成功"的人毕竟占少数，为什么要用少数人的标准压制大多数人呢？难道孩子的"成功"比他的身心健康更重要吗？这样的成功，不是华德福教育定义的成功。华德福幼儿园是根据孩子的需要帮助他们成长，而不是根据家长、社会的需要来改造孩子。也许从华德福幼儿园出来的孩子可能没有一项可以量化的"成功"，但他们更快乐，更健康，更自然。

选择与限制

我曾在《自由与约束》一篇中提到给予孩子的选择不能过多，但阐述得不够透彻和完整。美国的芭芭拉·帕特森与帕梅拉·布莱德著的《我从彩虹那边来》一书中对此也有部分阐述：

我们和孩子的交流要一清二楚，如果我们以提问的方式要求他们，会造成混乱。"把你的衣服挂起来怎么样？""现在，你能把衣服穿上吗？""你愿意把鞋子穿上吗？"这样的说话方式暗示他们可以选择服从我们的要求或不服从。当我的儿子大约6岁的时候，我体验到这种不明确的说话方式的后果。一天，我对他说："难道你不愿意打扫你的房间吗？"他变得非常烦躁："如果我说不，你会对我生气。"

多年前，在接女儿放学的时候，我听到了另一种类型的含糊问话。一位妈妈对两岁的女儿说："你想在这里吃饭呢，还是回家吃饭？"小女孩没有回答。妈妈再问了一遍，小女孩仍然没有回答。父亲得知情况后，接着问："你想在这里吃饭呢，还是回家吃饭？"小女孩开始哭泣。很明显，成人要求孩子为全家做出决定，使她感到负担太重。

长远来看，给予孩子多样化的选择会孕育自我主义：他们容易变得以自我为中心，对别人的需要不太敏感。询问孩子想穿什么或想做什么，会过早地呼唤出孩子身上的"我要"的个性。他们越来越意识到自己喜欢什么，不喜欢什么。于是，在吃穿住行等各个方面，"我要……"变成了他们常说的话。在超市，我们常常看到这样的场面，孩子对着大人命令式地说，"我要"巧克力，"我要"糖果，或"我要"某某玩具。随着孩子慢慢成长，他们需要做很多他们不喜欢的事情，接受很多他们不喜欢的事物，承担很多他们不愿意承担的责任，比如学校的作业、家务劳动或花园里的杂活。面对这些无法选择的选择，以孩子为中心的养育模式会逐渐加剧成人和孩子之间的冲突。

有一次，我参加了有经验的华德福老师尤金·施瓦茨（Eugene Schwartz）给家长举办的讲座。他幽默地阐述了孩子从起床那一刻起，就要面对家长所给予的数不清的选择所带来的窘境。

早上好，亲爱的。

你想穿什么衣服？

无袖的运动衫、短袖衣服，或长袖衣服？

喇叭裙、粗斜纹棉布裙，或有花的裙子？

超短裤、中裤、徒步旅行短裤，或休闲短裤？

短裤和一件衬衫？

好的。哪一件？

红的、蓝的、绿的、条纹的、格子花纹的，或格子花呢的短裤？

套领衬衫、短袖衬衫或长袖衬衫？

有卡通人物的衬衫，或无图案的衬衫？

百分之百纯棉的、棉和聚酯混纺的、棉加上合成弹力纤维或斯潘德克斯弹性纤维的？

让我们来吃早饭。今天你喜欢吃什么？

橘子汁、草莓汁、葡萄汁或芒果橘子番石榴汁？

含有果仁或蜂蜜或红糖或有机水果的格兰诺拉麦片？

掺有豆浆的牛奶、乳酪或低脂肪酸奶？

普通的或焦黄的英式松饼，还是百吉饼？

…………

供选择的品种还可以罗列得更多。当听讲座的家长意识到他们自己正是如此时，爆发出来的笑声几乎淹没了尤金的声音，他才说到一半呢！

这样的情况是怎样造成的呢？我们中有些人，从小是在父母的严厉管教下长大的，因此不想再让孩子接受这种管教。但钟摆可能又摆向了另一个极端，以至于将名目繁多的选择加在孩子身上，要么造成孩子沉重的心理负担，要么使之渐渐变得以自我为中心。

卡洛琳认为小孩子不能有太多的自我意识，最好生活在集体意识中。这也是为什么华德福幼儿园强调规则的原因之一。卡洛琳的话使我想到有些人从小娇生惯养，只知道"我要这个，我要那个"，一旦得不到满足，就又哭又闹，家长只得让步。长此以往，这样的孩子越来越自我、自私，他们不会考虑别人的需要和痛苦，他们整天想的是要得到什么，而不是付出什么。给太多的选择和太少的约束，会造成太多的问题，许多孩子正遭受缺乏限制带来的折磨。

中西方育儿方式

在英国学习华德福幼儿教育时，专门有节课讨论婴儿的爬。老师肯（Ken）说爬对正常发育的婴儿来说是件自然而然的事，而现在的英国，有些幼儿却没有经历爬的阶段，直接开始站立、行走。他们的父母迫不及待地想让幼儿练习站立，发育的必经阶段被人为地干预，孩子长大后有可能会出现计算、书写等方面的困难。肯认识一位 8 岁男孩，因淘气，小时候常被父母绑在桌椅上，现在他的学习比同龄孩子落后。因此在幼儿园任教时，肯每天都组织一些活动让幼儿在地上爬来爬去。

六十多岁的南非同学彼得告诉我，十七八世纪的英国，由于受宗教影响，人们认为爬是动物行为，而人是高于动物的，所以不应该让婴儿在地上爬，于是人为制造障碍阻止婴儿学爬。我很惊讶，这样的一套理论不仅没有帮助婴幼儿健康发展，反而会妨害他们的正常发育。彼得还认为，让幼儿提前认字、写字、算数，易把孩子引入一个狭窄的智力领域，抑制其想象力和创造力的发展。

中西方育儿方式有很大的差异。其中一个不同是，中国人习惯让孩子与父母或老人睡在一张床上；西方人则从婴儿开始，就让孩子拥有自己的房间、自己的床。这两种方式究竟哪一种更科学合理，很难说。有人主张，孩子从小需要与母亲有更多的肌肤接触，有助培养安全感和亲近感。也有人主张，孩子从婴儿期就在自己的房间自己的床上睡，有助培养独立性。但有一点我确信无疑，婴幼儿需要父母的肌肤相触，需要被拥抱被爱，需要听到父母的声音（不是吵架声），需要闻到父母的气味，总之他们需要温暖。鲁道夫·斯坦纳也认为，在婴幼儿期，孩子是用感觉器官来认识周围世界的，母亲的拥抱是婴儿成长阶段不可或缺的一个重要部分，婴儿用整个身心感受母爱的温暖。

　　现在是冬天，孩子来幼儿园穿的衣服多。中间出去玩的时候，换鞋子、穿外套、戴围巾和帽子，就要花去好长一段时间。大家挤在鞋柜附近，推推搡搡，时常出现哭哭啼啼的现象。我想起德国老师弗蕾娅也遇到过类似的情况，她用一首童谣来引导孩子："先脱大衣，再脱帽子，穿上鞋子，洗洗小手，静静坐到椅子上。"于是，结合孩子们穿戴的具体情况，我们也编了两首童谣。外出前唱的是："换上鞋子穿衣服，戴上帽子系围巾；戴上你的小手套，大家都来拉绳子。"回来进大门时唱："松开绳子上楼梯，一个跟着一个走；脱下手套解围巾，摘下帽子脱衣服，再把鞋子换一换。"考虑到换鞋子时造成的拥挤，是因为孩子们事先没有摆放好，每次找起来费时间，我们给每个孩子的鞋子画了一个"家"，固定了位置。

　　周三，我从家里拿了一个抽屉做的小拉车，是邻居王荣亭伯伯送给我们园的。孩子们玩得乐此不疲。一个孩子坐在车里，两个孩子拉绳。现在，孩子们已经慢慢学会等待，一个接一个地轮流坐小车。起先，我们拿某个玩具到户外，几个孩子都来抢，没有抢到的孩子就生气。于是我们索性把玩具收起来，谁都不能玩。后来想想，这样也不是办法，永远不可能每个孩子都有一样的玩具，唯一的办法是教会孩子学会等待，等别人玩好了，再轮到自己。这也是学习人际交往的机会。

过 年

要过年了，我们事先做了大量的准备，尤其是在晨圈时间唱有关过春节的儿歌：

小孩儿小孩儿你别馋，过了腊八就是年；

腊八粥，喝几天，哩哩啦啦二十三；

二十三，糖瓜粘；

二十四，扫房子；

二十五，磨豆腐；

二十六，去买肉；

二十七，宰公鸡；

二十八，把面发；

二十九，蒸馒头；

三十晚上熬一宿；

大年初一扭一扭。

虽然这首儿歌有些长，但孩子们非常喜欢。我们 1 月 23 日开始放寒假，2 月 13 日开园，不可能和孩子们一起欢度春节了，但这首儿歌可以让他们体验中国人传统的过年方式。

这周五，我们提前邀请家长来园参加迎接春节的联欢活动。王莉老师表演了偶戏，讲述了一个关于"过年"的故事。表演偶戏用的玩偶"年怪"和黄色小鸭子是李玲老师利用业余时间做的，"年怪"形象是全凭想象设计的。她的心灵手巧，令我们惊叹不已。李玲说在接触华德福教育之前，她不知道玩具是可以自己做的。而现在，她做起玩具来可谓得心应手。

我在英国学习的时候，学校专门请了一位珍妮（Janni Nichol）老师为我们讲解庆祝节日的意义。珍妮在剑桥华德福幼儿园当老师，她班上的 18 名幼儿来自 16 个国家，她问家长们是否还过自己国家的节日，绝大多数都摇头。按照传统，圣诞节是英国最重要的节日，但现在过节大家就是吃吃喝喝、看看电视，完全没有传统过节的氛围。问及孩子们对圣诞节的印象，孩子们会说："收到许许多多礼物。"

在古代，庆祝节日是家庭、社区生活中最重要、最快乐的事。节日前的各项准备，体现了人与人之间的相互合作。珍妮认为应该庆祝传统的节日，通过节日让孩子们有一种归属感，这也是一种传统文化的教育。的确，节日是保留民族文化传统的一种方式。我年幼的时候，每逢春节才能穿上新衣服，吃到糖果和丰盛的年夜饭。现在生活条件好了，任何时候都能买新衣服穿，任何时候都能吃到丰盛的饭菜，那种到了一定的时间才能做某件事的期盼感没有了，年味正在离我们远去。记得 2000 年，我在日本参加了富士山附近一个小镇庆祝秋天的节日，镇上的大人、小孩一律穿上日本传统服装载歌载舞，喜气洋洋，那一刻我感觉到这才是独一无二的日本。

节日表达了迎接新生活的热情。在幼儿园营造出一种节日气氛非常重要，比如对教室进行装饰、举行一定的活动等。但如果老师不能深入理解节日的意义，最好还是别庆祝。珍妮在她的幼儿园举办了一个秋天苹果节，为此他们常常会花一个星期来准备。届时小朋友到果园采摘苹果，然后一起榨苹果汁、唱苹果歌、讲苹果故事，共同品尝苹果的美味，陶醉在苹果甜甜的香气中。教室则布置成秋天和苹果的颜色。节日当天，幼儿园还会请来一位苹果阿姨，穿上象征大苹果的外套。通过这个节日，珍妮调动了孩子的各种感觉能力，让孩子亲身体会到苹果和我们生活以及大自然的关系。

这周，第一位鼓励并资助我出国的吉姆（Jim）表示，看到我把华德福教育带到中国的决心和勇气，他要捐助 500 美元帮助幼儿园进一步发展。一位在北京工作的德国朋友给我打电话，说她在德国华德福教师培训学院学习的女儿及其同学毕业前需要实习并写一篇论文，想到我们园来实践。她们会从德国带来必需的乐器和玩具，她的女儿准备的论文主题是"如何不用语言和孩子们交流"。我当然表示热烈的欢迎。

寒假将至，我不用一大早去等公共汽车了，可以在家里尽情享受自由的时光，也陪家人好好过个年。

自己动手做玩具

华德福幼儿园要求老师自己动手为孩子做玩具。天明老师说，之所以这样，是因为老师在做玩具的过程中，孩子能看到一件玩具是怎样一步步完成的，而且对老师亲手做的玩具会感到特别亲切。此外，孩子从中还能学到如何使用自己的双手去创造所需要的东西，而不是依赖金钱或向父母索要。弗蕾娅说，在幼儿园里，老师做玩具还能给孩子树立榜样：无论一件事情是难是易，是喜欢做还是不喜欢做，都必须坚持下去，直到完成。为了孩子们有更好的未来，我们必须培养他们做事情的意志力。

华德福幼儿园手工做的娃娃非常简单、朴素，采用天然材料，而且造型极其简单，就像还没有完工似的。娃娃的脸上通常没有具体的眼睛、鼻子、嘴巴，没有任何表情。可正是这样的娃娃才能给孩子们的想象留下充分的空间。孩子们可以充分发挥想象，让手工娃娃在不同的游戏中扮演不同的角色，拥有不同的性格和不同的表情。相反，如果给孩子一个逼真的娃娃，眼睛、鼻子、嘴巴、眉毛，以至表情都被精心设计好了，永远只是这个样子，那会极大限制孩子的想象力。精美的、机器制造的娃娃是僵硬的、固化的娃娃，所谓最"漂亮"，其实最丑陋，最没有艺术性，它窒息了孩子的想象力。

斯坦纳早在九十多年前在《童年的王国》一书中就说过："大家今日经常买给孩子玩的所谓'美丽的洋娃娃'，他们有着极完美的脸庞、粉红的双颊、躺下来会自动闭上的眼睛、真的头发，真是老天爷讲也讲不完！但这些都伤害了儿童的想象力，因为这些产品已经没有留下任何想象的空间了，儿童完全无法享受想象的快乐。而如果你的洋娃娃是用手帕或毛巾做的，只点两个黑点表示眼睛，再点一点儿表示嘴巴，有两条也许似是而非的手臂，则儿童便可大大地将他的想象力加之于这个洋娃娃。对儿童而言，玩具最好能给他们机会尽量发挥想象力。这会让儿童发展表达象征的能力，儿童的玩具最好不是一般人所谓'漂亮的'、已经完成的玩具。像我前面讲的那种，有真头发的娃娃只是表面漂亮，事实上可以说很丑，因为那完全没有艺术气息可言。"

华德福幼儿园常见的玩具还有石头、核桃、一小截树干、树枝、海边的贝壳、用于做服装或盖房子的长条丝绸或棉布、毛线织的长条带子、小竹筐或小篮子等。

华德福学校的老师必须具备的基本功之一是做针线。在英国，埃瑞卡老师就教我们缝针线包。她要求我们每人用的线长度不超过手臂，以免失去控制扎到孩子；还要求我们做针线活时不要站立，不要弓背低头，应全身放松地坐着，上身保持微微挺直，好让孩子们能看见老师在做什么。老师在帮助和带领孩子做手工时，还要注意观察每个孩子的特点，他们的个性会从动作和作品中流露出来。

寒假期间，天明老师于大年三十凌晨到达北京，在我家住了四个晚上。2月2日和3日，天明老师连着两天举办"做手工活动"。第一天是为幼儿园做布口袋和娃娃用的小被子，第二天是用毛线做娃娃。最多时，有25位家长带着孩子来参加，最小的孩子刚过1岁。还有一对美国夫妇带着两个可爱的女儿，乘坐了长达45分钟的出租车特意前来参加。他们很喜欢华德福教育，可惜住的地方离我们园实在太远了，否则一定会把孩子送过来。

参加手工活动的一位家长说，竟然由一位外国人来教我们怎样做手工，真是脸上蒙羞。中国有着那么多优秀的传统手工，可惜的是我们竟然不会做了，我们甚至没有想到自己可以为孩子做玩具。

我在英国时读到一篇文章《玩具的暴政》，作者萨达尔（Ziauddin Sardar）对商业化的玩具进行了猛烈抨击。我复印了一份珍藏至今。文中也有一段文字，明确提倡玩具最好出自手工制作：

玩耍是一种创造的机会，当玩具为富有想象的创造留下最大空间的时候，玩具才能在玩耍中发挥最好的作用。创造力会使人们对于未来持开放的心态。当玩具出自手工制作，来自人手的造型和劳动，自然这样的玩具具有人性。用简单的材料做玩具，如木头、泥土和纸张，会给孩子们的想象力提供最大的灵活性，孩子能在游戏中尽情发挥玩具的各种用途。它们是抵制机械世界观的一种方式。手工制作玩具要求孩子的参与，很自然地鼓励人际交往与合作。这不仅以创造性的和灵活性的方式帮助孩子成为社会成员，也帮助孩子以无数种想象的方式思考未来。孩子眼中的未来充满着各种可能：这个世界不必像成人塑造的那样。世界可以改善，可以成为一个更好的地方。

"教"还是"不教"？

开园不久，一位老人来参观我们的幼儿园，他有一个 3 岁的小孙女。他问我："你们教些什么？"我告诉他我们每天有晨圈活动和讲故事，还有各种不同的艺术活动。听完后他说："原来你们什么也不教。"他转身走了，再也没有来过。

的确，华德福幼儿园反对我们通常所理解的"教"。留学英国期间，我在一所华德福幼儿园观摩实习了三周，印象最深的就是老师从来不教孩子。我的老师埃瑞卡举例说：一种教学方式为，"来！大家听好了，老师教你们弹琴"；另一种教学方式为，老师在一旁弹琴，孩子们在一旁玩，如果个别孩子有兴趣，自己走过来想主动学，老师会提供帮助和引导。华德福幼儿园采用的就是后一种方式。

应该说，华德福教育不是禁止"教"，而是在意怎样"教"。孩子身上有着最为宝贵的天赋，如果老师自以为聪明地去教孩子，往往会破坏孩子内心的直觉和冲动。

华德福幼儿园从来不教孩子怎样绘画，甚至也不要求孩子去画一所房子或一棵树。老师只给孩子提供纸和笔，任他们自由发挥。注意观察孩子的画，我们就会发现，绘画是孩子内心的一种表达方式，不同年龄段的孩子有不同的绘画风格，体现出不同的心理发展。

曾经有人以画苹果为例，说明各国教学方式的不同。美国人教孩子画苹果，老师会发给每个孩子一个苹果。日本人教孩子画苹果，老师会放一个苹果在讲台上。中国人教孩子画苹果，老师会在黑板上画苹果，全体学生则照着老师的标准画。在我看来，如果华德福老师教孩子画苹果，可能会先讲一个和苹果有关的故事，然后让孩子根据自己对苹果的感受，画出每个人心目中的苹果。这样画出的画，无法比较谁画得逼真，或谁画得好，每幅画都很特别。

华德福教育还认为，幼儿阶段应着重让孩子感受音乐，不必讲解节奏的强弱、音的高低。讲解的东西要靠孩子的大脑来理解，而孩子对音乐的感受却能通达全身心。重要的是让孩子去感受事物的整体性，而不是把事物分解成局部或碎片。

现代的教育就像化学农业。在社会和一些家长的眼里，孩子也能像某些作物一样，在施加各种化肥、化工产品（杀虫剂、除草剂等）、激素类和调节类催长剂等之后提前成熟。成人在意的是孩子学习了哪些知识，却从不去思考：这些知识是否是他们成长的养分？他们是否活得快乐？揠苗助长，到底是赢在了起跑线上，还是提前透支了孩子的能量？梭罗说："我惊叹于这样一个事实，树在开始的时候长得越慢，它的核心就长得越强壮！我想同样的情况也适用于人类。我们不希望孩子过早成熟，在幼儿期就催促发芽生长，就像迅速长成的木材，质地松软、易坏。我们宁愿孩子开始的时候长得慢点，好像在艰难地挣扎着，因此才会长得结实和完美。这样的树，即使到了老年，仍然以几乎同样的速度在伸展。"

许多人有个固定的认识，觉得孩子上幼儿园肯定要学些什么东西，比如认字、拼音、英语、唱歌、跳舞等。所以，有的家长喜欢问孩子："今天老师教什么啦？""今天你在幼儿园学到什么啦？"有的家长会问我们："你们怎么还不教拼音？别的幼儿园早就教了。"有位家长还告诉我，目前不少重点小学要求学龄前儿童必须认识两三百字，会做20以内的加减法，还要会英语。我在想，现在我们是否过分地强调了幼儿园的教育功能。

鲁道夫·斯坦纳认为，别人告诉你在幼儿园该教孩子的事情，都是一些完全没有用的事情。与其设想如何去教育孩子，给予他哪些知识，还不如首先成为一名自我教育者。他写道："目前的幼儿园教育内容通常都十分的'聪明'，你也许会认为在这19世纪为幼儿园小朋友设计的课程真是太聪明，小朋友们确实学到不少东西，甚至已经学到阅读，他们的教材中有英文字母字形拼图。这些看起来都非常的聪明，你会很容易地去相信这些教材与教法都很适合幼儿园的小朋友。但这些其实完全没有用，完全没有价值，而且损害了幼童的灵魂，甚至会伤到他们的身体，直接影响他们的身体健康。这种幼儿教育法埋下了儿童在未来身体与灵魂怯懦的隐患。换一种方法，如果让小孩到幼儿园来，由你谨言慎行地让他们模仿你的一切，如果你所做的一切都可以让孩子以他们灵魂深处的脉动来模仿……则这些小孩一定会变得和你一样，这时你就得好好看看自己是否值得别人模仿。这就是你在儿童7岁以前应该注意的，光用嘴说教、说一些道德观念是没有用的。"

有人问我：如果老师不教孩子知识，老师在幼儿园的作用是什么呢？我想了想，回答说："像妈妈。"华德福幼儿园的老师更像慈祥的妈妈，都是边做家务边照顾孩子。她们的一举一动都是孩子模仿的榜样。

我在留英日记里写过："假期我给各个教室里的植物浇水，浇着浇着，我突然感到植物很高兴。它们需要我的关照。凝视着房间里的一株株植物，新长出的茎叶娇嫩得像婴儿的小手，能透出一些光来，我甚至不敢触摸它，生怕伤着它。植物生长得十分精巧和优美，我们应细心地呵护它，让它内在的生命力充分展现。"同理，对孩子的教育是不是也该这样？孩子的成长有内在的规律和节奏，允许孩子自然地发育成长，而不是人为地修枝剪叶或强加外在的力量，就是最好的教育。这并不是说不要给予儿童知识，而是要让知识像阳光和雨露一样，成为他们成长不可或缺的养分。做教师不易，在言行上要慎之又慎，几句话、几个动作就可能毁了孩子的一生。水浇太多或太少都会导致植物死亡。对孩子的培养一定要有分寸感，要适度。

德国教育家福禄培尔在所著《人的教育》中说："按上帝精神的作用和从人的完美性和本来的健全性来看，一切专断的、绝对的和干预性的训练、教育和教学必然地起着毁灭的、阻碍的、破坏的作用。"他以园丁修剪葡萄藤为例进行说明：不管园丁出自多么良好的意图，如果园丁在工作中不是十分耐心地、小心地顺应植物本性的话，葡萄藤可能由于修剪而被彻底毁灭；一切专断的、绝对的和干预性的训练不仅毁灭人的天性，而且还会阻碍人类的完美发展、稳步和持久的前进。

我曾翻译过芭芭拉·希尔（Barbara Shell）写的《华德福和蒙台梭利的比较》一文，文章是这样结尾的：

蒙台梭利把孩子的大脑看得像海绵一样可以吸收知识和经验，从孩子很小的时候就给他挑战智力的任务，结果你就得到一个受过教育的孩子。

华德福教育中没有唯智力的推动。我们活跃和丰富孩子健康的想象力和创造思维，孩子自身拥有这种能力。当孩子从一个阶段发展到另一个阶段，他的潜能就像一朵花的花瓣渐渐开放。

在华德福幼儿园，我们不追求早熟的"学习之花"，这种"花"也许被许多人赏识。我们宁可放弃这种快速的满足，而关注孩子最大的利益，保护他的童年。我们期待孩子们将来成长为健康完整的人。

相信孩子

　　集体生活中，不同个性的孩子一起学习、玩耍，难免会相互影响、相互模仿，因此有的家长担心自己的孩子会学到一些不良行为。我想任何孩子都会有个别的行为或语言不那么符合"标准"。还有对于什么是不良行为，不同人看法上也存在一定的差异。我们不可能让孩子生活在一个真空世界里，其中每个成人、孩子都是好的"模范"。在现实社会中，孩子不可避免会看到、接触到周围人的不良言行。老师和家长一方面是要以身作则，尽量做好榜样和模范；另一方面也要相信孩子，帮助孩子建立正确的是非观，帮助其纠正错误，增强孩子对不良影响的抵抗力。

　　比如菁菁刚来园时才1岁10个月，吃饭的时候需要用手来帮忙。别的孩子看到了，也学她的样子。有个孩子已经到了用勺子吃饭的年龄，却动不动就用手抓饭吃，甚至伸手到菜盆抓菜。但是这些行为，都在老师的帮助和引导下改正了。现在园内用手抓饭的现象消失了，每个孩子都养成了用勺子吃饭的习惯。此外，每个幼儿园可能都有个别孩子打同学甚至打老师的情况，但我从来没有听说某个班级的孩子因此个个都变成

"好斗分子"。

孩子出现不良行为，大人或老师需要耐心引导，而且要讲究方式。我们园的冰糖放在冰箱里，孩子发现了，有时会趁大人不注意，自己打开冰箱拿来吃。我们是该把冰糖藏起来让孩子找不到，还是告诉他们不能擅自拿？儿童心理学家陈鹤琴认为不应该把食物藏起来，而应该告诉孩子未经老师或父母的许可，不许拿食物吃。大人以防贼的方法对待孩子，孩子会渐渐失去自尊心，还会产生对成人的怨恨。

幼儿园客厅悬挂了一幅羊毛做的画，是远在美国的郁宁远为庆贺我们开园，特地航空邮寄过来的，对我们来说非常的珍贵。画的下面正好是把大木椅，老师担心孩子会不会爬到椅子上，把画弄坏。我们讨论到底是应该把椅子搬走还是把画取走。天明老师说，我们应该告诉孩子不许爬上椅子，而不是一味回避问题。同样，我们也必须事先明确告诉孩子，教室里有些地方不能爬，有些东西不能乱动。

我还遇到好几位家长，他们很烦恼孩子早上起来不肯自己穿衣服。对此，陈鹤琴在《家庭教育》一书中也有提及。他建议的方法如下：第一，家长应当诱导孩子穿衣服；第二，诱导他而不肯，那么应当强迫他；第三，孩子早上起来高兴，而不肯穿衣服，父母尤其应当劝告他，不宜去责骂他；第四，孩子不肯穿衣服，父母绝对不宜用食物来引诱他。

其实，孩子的一些行为在有的家长眼里是"不良的"，但未必真的就是不良行为。比如我们园的个别孩子，在户外玩得高兴起来，有时候会情不自禁地躺在地上。下雪天，孩子们兴奋地在雪地里打滚。有的家长会认为，地面很脏、不干净，孩子躺在地上会满身是土，会马上受凉。可是，如果你把自己想象成和他们一样大的孩子，你就会品尝到他们的乐趣，就会体验到他们对土地的感受。我的看法是在保证安全和不伤害他人的前提下，让孩子们尽情尽兴地玩耍吧！

　　无论刮风、下雪，只要条件允许，我们每日的户外活动都尽量不取消。我认为，照顾儿童，不仅需要照顾他们的衣食住行，还需要为之提供阳光、清新的空气和接触自然、土地的机会。日益现代化的生活，使我们远离了大自然，甚至步行的能力都有所退化。教育家洛克也提议小孩子要多过露天生活，即使在冬天，也尽量少烤火。如果老是不让他受到风吹、日晒、雨淋，"也许可以把他养成一个美貌的男子，可是不能把他教成一位有用的人才"。

　　在丹麦的一所华德福幼儿园里，孩子每天在园六个小时，其中四个小时是在户外活动。对于幼儿来说，户外空气清新、视野开阔，有利于孩子们玩耍、嬉戏，感受大自然的季节变迁和每一天的变化。他们可以用手去触摸石头、树叶、木头、泥土，用眼睛观看昆虫、小动物，用鼻子闻到鲜花的芬芳，用耳朵聆听自然界美妙的声音。

　　这周五的上午阳光灿烂，但四五级的大风呼呼吹个不停，最高气温为零上五摄氏度。我们带着孩子们毫不迟疑地走进了早春的寒冷中。虽然大家都被风吹得冷飕飕的，但回到屋里，感觉精神抖擞，孩子午睡也比平日容易。

　　有人注意到我们幼儿园的老师都穿着裙子，这是华德福老师必穿的服装。埃瑞卡老师有四个孩子，孩子小的时候，她领孩子去商店时总是告诫他们："别乱跑，抓住我的裙子，我的裙子是你们的生命线。"她说："华德福幼儿园要求女士一律穿裙子，男士一律穿宽松罩衫，便于孩子手抓。"作为父母和幼儿园的老师，我们的衣着打扮会潜移默化影响孩子，在幼儿心中，衣服是母亲的一部分，抓住衣服就像抓住了妈妈的手，安全又可靠。如果妈妈穿紧身衣，孩子就失去了这种感觉。年轻的妈妈也要学会从孩子出发，而不是仅按自己的喜好来穿衣打扮。

童　年

幼儿常常充满好奇，不停地问："为什么？""这是什么？"我女儿两岁时，我带她去取牛奶，五分钟的路程，我俩得走半小时。一路上她总是不断地停下来，看地上的东西，问这是什么那是什么。埃瑞卡认为，对于幼儿的问题既不要说谎也不要告诉科学真相，只是陈述即可，不要过多解释，如告诉孩子这是月亮即可，但没有必要说明发亮是反射太阳光所致。这样能让幼儿保持新奇感和困惑感，他们会想办法去寻找答案，寻找过程可能是几年，也可能是十几年。

成都华德福幼儿园的园长张俐在参观了一家幼儿园后写道："我一走进教室，闯进我眼睛的是一具人体模型，颅骨和胸腹腔都打开着，白白的头骨、黑洞洞的眼窝和内脏器官赫然醒目。而墙上那些人体消化器官、肌肉骨骼等大张的图片更是让人感觉进入了一个生物试验室或医生的办公室。走廊的墙上还贴着一些'我们的肚子里有什么？'之类的问题。这种'恐怖'的事实有必要让年幼的孩子知道吗？"

我在英国时，有人问：华德福幼儿园创造出如同梦境般的氛围，是不是脱离了现实？埃瑞卡回答说，华德福幼儿园并不是完美无缺的，孩子们一样顽皮好动，互相打闹，推来搡去，但华德福老师都是理想主义者，的确想营造一个与现实不同的环境，一个充满诗意、童话、想象与美的环境。其实孩子一出生就是一个现实主义者，要吃，要喝，要睡，要排泄。幼儿园和小学营造的梦境般的氛围可以给孩子留下美好的记忆，长大成人后，无论现实如何丑陋、肮脏、卑鄙，他们心中都有一个美的世界。我在爱默生学院的同学，来自南非的索妮亚就是从华德福学校毕业的，她说自己和同学们看到马路上有垃圾就想去捡走，有一种对美好世界的向往，虽然也会努力找一份好工作挣钱，但如果生活的全部意义就是挣钱，他们会感到失落。我的另一位同学赛姆也是在华德福幼儿园和学校长大的，她说她并不觉得华德福教育脱离了现实，她毕业后适应社会没有任何困难。

正如我在学习华德福教育时翻译的下面这首诗《童年》，我们应该在孩子幼小的心灵里种下真善美，应该细心呵护孩子的童年。

童年是学习神圣世界
和世俗世界本质的时候，
是学习善、美、真本质的时候。

童年是爱与被爱、
表达恐惧并学会信任的时候，

是容许他们严肃、平静、
欢快、放声大笑的时候。

儿童有梦想的权利，
他们需要时间按照自己的步伐成长。
他们有犯错误的权利，
有被原谅的权利。

儿童需要帮助去发展自我控制力，
去转化他们自己，并发挥最佳能力。
儿童有权利免于暴力和饥饿，
有一个家并得到保护。
他们需要帮助才能健康成长，
需要有良好的习惯和合理的营养。

儿童需要人们的尊重，
他们追随成人的榜样和爱的权威，
他们需要不同的体验，
温柔和亲切，大胆和勇气，
甚至调皮捣蛋和举止不当。

儿童需要时间学习接受和给予，
学习归属和参与，

他们需要成为群体中的一员，

他们需要成为独立的个体，

他们需要独处，也需要与人交往，

他们需要休息和玩耍的时间，

也需要无所事事和工作的时间。

他们需要虔诚的时刻，

需要有满足好奇心的地方，

他们需要受到保护的边界和创造的自由，

他们需要被生活的准则引导，

并给予他们自我发现的自由。

他们需要和土地、动物、自然界相处，

他们需要在群体中展现自己的个性。

童年的灵性是每个人的本质部分，

它需要得到爱护和滋养，

需要保持蓬勃的朝气。

　　最后我想说，如果孩子没有一个稳定、和谐的家庭环境，再好的教育所能起的作用也是有限的。我自己是个单亲妈妈，没能让女儿生活在一个完整的家庭里，我深深感到遗憾。20年前我曾幼稚地认为离婚率高是社会进步的表现，是人的自我意识的觉醒，是个性解放的标志。现在我则认为，既然结婚有了孩子，就要千方百计地为孩子创造美好的家庭氛围，而不能只考虑到"我"或"他"怎样。西方文明认为社会的最小单元是个体，我们则认为社会的最小单元是家庭，家庭不稳定，就会造成社会的动荡。

第二部分

幼儿生活观察

儿童观察

卡洛琳老师临走前说有件很遗憾的事，是没有时间指导我们的老师做儿童观察。这是培训华德福老师的必修课。

我在英国学习时，老师让我到幼儿园观察过一个孩子三周，且每天要做观察笔记。笔记包括十个方面的内容：当天气候；外观（孩子所穿的衣服，所带的东西）；身体状况（肤色、嗓音等）；运动情况；说话的习惯和词组的搭配运用；语言的运用；和小朋友以及成人的关系；画一幅这个孩子的画；收集一幅孩子的绘画；室内外的行为举止。观察时，老师要求我们不能有任何的主观偏见，不能有任何的评判、推测，只能记录孩子呈现的真实面目。

当初办园时，我了解到一些幼儿园每天会发给家长一份生活记录，记录孩子当天的喝水量、是否大便、睡眠时间、饭量大小等。我想这么做，给老师增加工作负担倒是次要的，关键是这么细节的报告没有保存的价值。当年我的女儿上幼儿园时，我最想知道的是孩子怎样和老师、小朋友相处，怎样玩耍。因此，我们园没有采用每天写一份生活记录的方式，而是每周写一份观察报告，后来改为每两周写一份观察报告。一个孩子的父亲看到我们写的观察报告，十分感动和感慨。好几位妈妈都说她们会替孩子保管好每一份观察报告。

短短 4 个月的时间，李玲共写了 38 份观察报告，王莉写了 24 份观察报告。李玲的观察报告写得非常生动：

菁菁最近比以前爱说话了，而且说出来的是较长的句子。有一天早上用餐时，别的小朋友和姥姥一起进园，菁菁看了一眼说："菁菁的四娘在哪里？"（以前经常说的是："四娘呢？"）游戏时，孩子能完全参与其中，而且非常高兴。有小朋友抢她玩具时，菁菁会说："这是菁菁的。"晨圈与艺术活动，她都很喜欢参加。户外活动时，她最近喜欢沿着小花园喷水池的边，一圈一圈地开"火车"。有时嘴里还高兴地叫着，非常开心。

孩子能憋住尿了，一般到中午才尿一次，上午把尿她坚持不尿。尿床的情况也减少了。

孩子喜欢吃水果，喝水量适中，饭量适中，挑食情况有了改善：开始喜欢喝牛奶、豆浆了，菜也能吃一些。

王莉的观察报告也同样出色：

朗朗最近两周状态很好，能够参与到幼儿园每日安排的活动中，例如和老师一起唱歌、做手指游戏，和小朋友画画，等等，并且都很积极。由于孩子处于模仿期，所以他会时时刻刻模仿身边的动作或语言。例如：有一个孩子经常会在吃饭时跟老师说："我不这样了。"所以最近也常会听到朗朗在吃饭时说："我不这样了。"一个孩子生气时，会大声喊叫，朗朗也会跟着一起大叫。午饭后，姥姥帮助清理桌面、地面，他会抢姥姥手中的抹布、扫帚。后来他知道厨房门后还有一把扫帚，就会自己去拿，和姥姥一起清理。

孩子最明显的变化，就是不再时刻要求姥姥陪在身边了，可以自己去玩，并且能持续一段时间。当需要姥姥时，他会跑到厨房看看，不一会儿，又会从厨房出来。

孩子基本没有挑食习惯，饭量适中，但不喜欢吃水果，如厕能够自理。

因为时间和精力的关系，我实在无法继续像以往那样每周写上几千字，但我可以写幼儿园的动态简报，记录已发生的事情和将要发生的事情。

本周三，两位德国学生来到我们园实习，她们是卡提雅和卡特林娜。菁菁看到有陌生的外国人在餐厅，吓得不敢去吃早饭。从下周一开始，德国学生将在晨圈时间带孩子们唱德国儿童歌曲。

郁宁远从美国打来电话，告知卡洛琳的中国之行使她成了当地的名人，当地报纸两次用整版的篇幅对她加以报道。他还督促我把周记写下去。他说，在北京，你们也许只是个小小的家庭园，可是在普林斯顿的老百姓眼里，你们却是一个重要的家庭园，任何变动都受到关注。郁宁远还希望借助华德福教育，把中国文化介绍到普林斯顿去。

给孩子的爱

这周凯瑟琳·扬（Kathleen Young）来我园参观指导，并举办第三次华德福教育培训活动。

凯瑟琳让大家体验了湿水彩画。她说在幼儿阶段，应让孩子尽情体验色彩的美丽，不要求他们画出具体的形状，也不去评价画作的优劣。虽然每个人都是用三原色红黄蓝开始画，但画完后，没有一幅画是一样的，无法评价谁画得好，谁画得差。

凯瑟琳还说，一旦做了父母，就不能只想到自己喜欢什么，而要想想这会给孩子带来什么影响。有的妈妈自己喜欢听音乐，就把声音开得很大，却没有想到声音过大会伤害孩子的耳膜。有的爸爸吸烟，已经养成多年的习惯难改，但烟雾弥漫在空气中，幼小的孩子会吸到肺里。

凯瑟琳认为重复很重要。比如唱歌，现在有些孩子刚唱一遍，就嚷嚷"我会了，换一首"，她认为这样做对歌曲的感受只能停留在表面，至少唱了三遍后，才会感到这首歌是自己的了。有些做父母的经常催促孩子一会儿做（学）这，一会儿做（学）那，使得他们不能安静、专注地玩耍，或坚持做完一件事情。

一位家长问：孩子发脾气时，家长也容易失去控制而向孩子发脾气，怎么办？我的建议是，尽量转移孩子的注意力，不要和孩子僵持下去，等他平静下来，再跟他讲明道理。有的时候，可以抱着孩子，抚摸他，使他安静下来。凯瑟琳的建议是，妈妈不需要把所有的时间都给孩子，有时自己也需要放松一下。如果觉得自己心情烦躁，可以请别人照看孩子，自己外出看电影、喝下午茶等。

此外，给孩子建立的规则不能太苛刻，也不能太宽松。爱是有界限的，这个界限不是为了束缚孩子的成长，而是让他感到被爱、被关心、被保护。没有界限的爱是溺爱，是纵容。有时必须对孩子说"不"，即使孩子会因此不高兴或哭闹。

一位妈妈回复说，现在各种各样的育儿理念令人无所适从，有时家长也不知道界限应在哪儿。凯瑟琳举例说，网上可以得到你想知道的一切事情，但如果没有自己的主见，你就会被大量的信息淹没。人应该是电脑的主人，利用电脑为自己服务，而不是被电脑控制，失去自我。当我们面对各种理论、价值观时，自己要有判断力，不能迷失方向。

隔天，我发现菁菁从晨圈活动开始，一直闷闷不乐，户外活动时，也总是拉着老师的手不放，没有了往常的欢快和活跃。我十分担心她会不会生病了，但摸摸她的额头，不像是发烧。我问她哪里不舒服，她不说。饭菜放在她跟前，她也不吃。我们百思不得其解。等到大部分的孩子和成人吃完饭，菁菁让王莉老师把餐厅的门关上，竟然吃了两碗饭。在卧室准备睡觉前，我逗她，她也像往常一样开心地笑了。我松了一口气，她没有生病。我们推测可能是因为凯瑟琳来到我们幼儿园，菁菁不适应。

我想菁菁有如此反应，不仅仅是陌生的面孔使她不适，更因为她能感受到陌生人带来的某种陌生的"气氛"或"气场"。华德福教育认为，成人尤其是主班老师的举动会影响整个团体的气氛，影响孩子情绪的稳定。影响孩子的不仅仅是显露出来的东西，还有潜藏内心深处的意识和看不见的"气场"。

卡洛琳托凯瑟琳带来 200 美元捐款和手工玩具、水彩颜料。春节期间，加藤训子也寄来两万日元。一位爸爸帮我们交了煤气费，并修整了院子的围栏。一位妈妈帮忙洗了娃娃屋的"房顶"——一块长长的粉色灯芯绒布。有的家长还帮忙打印相关资料。厨师做饭后还主动帮我们扫地、洗小毛巾、擦窗户。点点滴滴的关爱汇聚成一条永不枯竭的爱的河流。

我实在忘不了胡华的信："您记录的每一个美好时刻都感动着我们，净化着我们。如果将来有可能，还是希望看到您在幼儿园的点滴记录，它是我的精神食粮。看到它，我就会觉得这世界还有美好和真诚，就会想到自己的孩子，他们还是能在这个世界上找到美好生活的。"这封信也是我的精神食粮，我看了一遍又一遍。

生日礼物

这周三我们成功地为翔翔举办了 3 岁生日庆祝会。吃过早饭后，老师和孩子们每人为翔翔画了一张画，然后把所有的画装订成册，作为送给翔翔的生日礼物。十天前，老师已经为翔翔亲手做了个娃娃，包在三层布里，一层象征一岁。卡特林娜的妈妈连夜烤制了香喷喷的美味蛋糕。

趁李老师带着孩子们在另一个房间时，王老师赶紧布置生日派对：餐桌铺上一块暖色布，再放上插着鲜花的花瓶、三支蜡烛，并把准备好的所有生日礼物放在一个篮子里。翔翔则在老师的帮助下，戴上生日王冠。一切准备就绪，王老师拉上窗帘，点燃彩色的蜡烛。此时，李老师轻轻唱着歌，把孩子们带了进来。孩子们被眼前的景象吸引住了，安静地找到自己的位置坐下。

王老师开始讲述翔翔的生日故事。讲到 1 岁时，点燃一支蜡烛；讲到 2 岁时，点燃第二支蜡烛；讲到 3 岁时，点燃第三支蜡烛。讲完故事后，大家给翔翔送礼物——画册和娃娃。翔翔把包裹娃娃的布一层层打开，抱起娃娃亲了亲，然后递给她身旁的小朋友。在场的每个孩子和每位成人都轮流抱抱娃娃，最后带着大家爱心的娃娃又回到翔翔的手中。在明亮的烛光中，卡提雅和卡特林娜还为翔翔唱起了德文的生日歌。

周四，在卡提雅和卡特林娜的帮助下，孩子们两人一组，在一张大大的水彩纸上画画。这是他们第一次合作绘画。观察孩子的绘画过程很有意思，有的孩子只在很小的范围画，有的孩子画完自己的部分，便把画笔伸到别人的"领地"乱涂乱画。

本周我还遇到这样一种情况。有一个孩子，由于年龄较小，经常要我抱。起初，我有求必应，后来我发现如果不抱她，她就说"我想妈妈了"，一副好像要哭的样子。我很困惑，感到如果每次都顺从她，是否太娇惯她了。此外，如果某个孩子占用我的时间太多，我就没有时间顾及别的孩子的需求。这种特殊的照顾，究竟应该持续多久呢？什么时候即使孩子哭闹着要找妈妈，也不能抱她或喂她？我想，这就需要老师具备敏锐的观察力：如果孩子的哭闹事出有因，老师可以满足她的需要；如果孩子仅仅为了表现自己的特殊，或已经对此养成习惯，老师可以适当拒绝，或转移她的注意力。

满树的小白花

我们的幼儿园越变越漂亮了。我们专门请清洁工把窗子擦得明亮亮的，房间里收拾得干净、整洁、温馨。

卡提雅和卡特林娜花了很多时间画了两幅长长的画。周四她们把从德国带来的三种植物颜料加水调成糊状，让每个孩子把小手伸进颜料中，再把手印按在画上，并在每个小手印旁边写上孩子的名字。最后我们也在画上留下了手印。然后，我们把这两幅巨画贴在了餐厅的墙上，餐厅的柜子和窗台上则摆放着春天里盛开的鲜花，以迎接德国华德福教育之友基金会的两位负责人娜娜（Nana Goebel）、本杰明（Benjamin Cherry）的来访。

来到我们幼儿园几天后，娜娜和本杰明认可了我们的工作，园内的老师给他们留下了良好的印象。他们高度赞赏我们所付出的努力，表示如果我们遇到困难，可以随时向他们寻求帮助。娜娜还答应资助我们的老师到香港华德福幼儿园观摩一周。

娜娜投身于华德福教育的推广已经几十年了。我问她为什么把华德福教育作为终身的追求，她说世界上有不少的儿童教育理论，但她觉得唯有华德福教育是让教育去适应孩子的成长，而不是让孩子去适应成人创造出来的理论。我们都期待孩子长大后心胸开阔，善于学习，富有责任感，能够快乐、自信、健康，具有良好的人际交往能力，能适应社会等，而这些也正是华德福教育所要培养的。

现在园里有 11 个孩子了，孩子们坐的"小火车"有 11 节"车厢"了！长长的一溜儿，无论走到哪里，都会吸引周围人的注目。我曾希望有更多的孩子入园，以便早日实现收支平衡，提高老师的工资待遇。但是我深知我们还有很多不足，缓慢地增加孩子人数又是件好事，容我们有时间学习成长。不过，我们的信心却越来越强，每一位来访的朋友、每一位家长都是我们的支持者，我们的老师也在迅速成长。并且，我见证了华德福教育对孩子产生的影响，我了解孩子刚来我们园的状况，经过短短的几个月，我看到他们脸上的笑容像花朵一样舒展开来。我在英国观摩华德福幼儿园三周，那时我不知道孩子们原来是什么样的，不清楚实践中的华德福教育对孩子究竟会有什么影响。现在，我可以肯定地说，华德福教育能够帮助孩子健康、快乐、自信地成长，是一种适合孩子并能滋养孩子的教育模式。

周五上午，我们幼儿园组织了第一次远足活动。我们共有 16 个大人、11 个孩子，动用了 4 辆小汽车浩浩荡荡前往目的地。活动非常成功，随行的家长和孩子都很高兴。为了这次春游，周四晚上我打了两个多小时的联络电话。直到春游结束，我才终于肯定自己所做的决定是正确的。

因为参与了本杰明的一天培训，我晚上将近8点才回到家。走到离家不远处，突然闻到一股香味，抬头一看，满树的小白花竞相开放着。在树下驻足，心中突然涌起感激之情，感激大自然生生不息的力量，感激大自然无与伦比的神奇与美丽。春天到了！

"再见！"

本周卡提雅和卡特林娜的实习即将结束。短短的六个星期过去了，平时我们都忙于照顾孩子，双方的交流并不多，但正像她们做的课题"如何不用语言和孩子交流"，彼此心与心的交流早已超越了语言。

周一上午，她俩带孩子去户外活动，在孩子们脸上画了不同的图案。周二，她俩为每个孩子缝制了一个小布袋，里面装上她们从德国带来的薰衣草，再用绳子扎紧。我们把小布袋放在孩子们的枕头旁边，薰衣草的香味可以起到安神的作用。周三，她俩带着孩子们烤制面包，然后在面包上涂奶油，再放上孩子们种的绿绿的豆苗，又好看又好吃。

周四是她们在我们园的最后一天。上午，她俩带着孩子们用两种颜料画湿水彩画。中午，孩子们午睡后，她们谈了对我们园的看法。她们认为我们幼儿园的确是在实践华德福教育，刚来的几天，她们对我们的某些做法感到困惑，时间长了，觉得我们做的是正确的。我们的求知欲和不断的自我完善，给她们留下了深深的印象。她们说，在德国，个别的幼儿园虽然成立时间比我们长，但坐享其成，不思改进，慢慢就退步了。而我们保持着蓬勃的朝气，抓住任何机会请教、学习，她们相信我们一定会越办越好。

卡提雅和卡特林娜为我们准备了一份特殊的礼物，把她们平时拍的孩子的、老师的和厨师的照片加上漂亮的相框。她们还用自己染的粉色纱布精心装扮我们做晨圈活动的房间，并买了一盆吊篮挂在餐厅。在幼儿园期间，她们不仅组织了多种丰富的活动，还帮我们做清洁、照顾孩子。她们的年轻、美丽和朝气为我们幼儿园增光添彩。

临别时，卡提雅坐在地板上，说她不想离开我们幼儿园了。卡特林娜说她真想把所有的孩子都带到德国去，因为她太喜欢他们了。当她们将要坐上等候已久的汽车离开时，正在不远处散步的孩子们看见了。在两位老师的带领下，他们朝车子走来，一路上一边不停地挥舞着小手，一边大声喊："再见！再见！"孩子们越走越近，声音越来越响亮，在场的家长和老师再次被浓浓的惜别之情感动得热泪盈眶。

语言与绘画

本杰明在上周的讲座中提到：年幼的孩子发音器官具有很大的可塑性，因此学习语言很快；年纪越大学外语越困难，因为发音器官会越来越僵硬，不易改变。一位听众问：既然孩子越小，学语言越快，那么应该在幼儿阶段教外语吗？华德福教育反对教学，但是否可以教英语呢？

本杰明回答：不同的语言会带来不同的理解方式和思考方式。如果年幼的孩子跟随父母到了美国，他一定比父母更快地学会英语。但在中国的环境里，孩子从小应该有一种归属感，当然要先学好中文。如果一开始就让孩子学英语，他会困惑自己究竟是中国人、英国人还是美国人，会想知道自己到底是从哪里来的。本杰明举例说，印度人从小就学本地语和英语，长大后两种语言都说不地道。语言是心灵的声音、思想的载体，只有孩子已了解一门语言并建立认同感后，才适合开始学习另一门语言。

华德福幼儿园可以让孩子感受另一种语言，但目的不是教孩子外语，而是让孩子对不同的语言有所感受。比如我在英国华德福幼儿园给孩子唱中国童谣，德国学生在我们幼儿园唱德文歌、英文歌、法文歌，每天大约十分钟时间。华德福小学从一年级开始教两门外语，但以唱歌、念童谣、游戏的方式进行，而不是靠大脑记忆。

本杰明认为，年幼的孩子还不能用语言充分地表达自己，但他们能够借助绘画等方式把内心的感受表达出来。比如孩子画了一棵树、一座房子，在大人的眼里那是树或房子，但在孩子的心目中他画的却是自己。当孩子画出交叉的两根线时，往往是他有了自我意识，开始说"我"的时候。有孤独症的孩子就不会说"我"。如果成人过早地教孩子画画，就会破坏孩子表达内心的愿望和途径，成人所教的技巧会掩盖孩子想表达的真实世界。

作为一名有经验的华德福老师，本杰明假想所有听众是一群小学生，他让我们画一棵树，然后他根据每张画来分析绘画者需要哪些帮助。比如某张画看上去有些零散，本杰明说老师要想办法让画这张画的孩子找到"中心"。

跳跳的爸爸是艺术学院的老师，他非常认同我们不教孩子绘画的做法。他一再说自作聪明地教年幼孩子绘画，是在毁灭孩子的灵性。

故事好像是一根魔杖

做幼儿园的老师得会随机应变编故事。有一次，王莉老师准备讲三只蝴蝶的故事。但故事刚开头，就有孩子说："我在原来的幼儿园听过了。"王老师灵机一动，把故事改编了。

刚开始编故事的时候，我也不知道讲些什么，只是觉得故事最好有情节、有冲突性强的人物。我想到平时孩子们游戏时常说"有怪兽"或"怪兽来了"，就把怪兽编进故事。可是午睡前讲的故事不能让他们太激动、兴奋，于是，我又让怪兽变成了小王子。

故事好像是一根魔杖，老师一拿起这根魔杖，孩子们个个都安静下来，全神贯注地把老师讲的接收进脑子里。通过编故事，我们可以教育孩子。故事具有疗效，比如有助于急躁的孩子做事平稳些，让自卑的孩子变得自信些。之前卡洛琳在培训讲座上提到，如果班上有两个孩子不友好，她就会编这样一个故事：

很久以前，有一对兄妹，他们天天都在一起玩耍，从早到晚从不分离。有一天，他们去森林采草莓，遇到了一位很老很老的奶奶。老奶奶的腿受伤了，兄妹两个看见了，赶紧上前去帮忙。"奶奶，我们给你找草药。"他们把老奶奶的伤口清洗干净，再敷上草药，用自己的手绢把伤口包扎起来。老奶奶非常感激，送给他们一粒珍贵的种子："请你们把这粒种子种在花盆里，只要你们相互友爱，不吵架，这株植物就会开出美丽的花朵，并且永远不会凋谢。"兄妹两人回到家，按照老奶奶的吩咐，把种子种下了。过了不久，种子发芽了。这株植物不断长大，并开了花。兄妹俩从没有见过这么美丽的鲜花，他们高兴极了。有一天，他们因为一点小事发生争吵，互不相让，最后谁也不理睬谁了。就在那天晚上，美丽的鲜花凋谢了。兄妹俩想起了老奶奶的叮嘱，万分后悔，望着枯萎的花朵，他们难过得流下了眼泪。眼泪落进花盆里，溅到了花瓣上，突然花朵又恢复了生机。兄妹俩发誓以后再也不争吵了，让美丽的鲜花永久开放。

曾有家长问：孩子因为听故事，总觉得周围有妖怪，变得非常胆小，怎么办？凯瑟琳说，有三种办法可以试试。一是家长把故事中的妖怪转化成好人，或可爱的动物。二是告诉孩子妈妈小时候也怕妖怪，后来就不怕了，让孩子觉得他被理解，并且有和妈妈一样的经历。三是想象中的妖怪总是和黑夜有关联，孩子睡觉前，应用热水给孩子洗脚，换上睡衣，拉上窗帘，点上蜡烛，唱首摇篮曲，营造温馨的气氛；还可以在孩子的身上搽点精油，按摩他的身体，让他感到放松，不再害怕黑夜。

本杰明告诉我们，华德福学校所讲的故事有三个来源。一是本民族的童话、民间故事、传说；二是世界各地的经典童话、民间故事和传说；三是老师针对自己班级或某个特别的学生讲的故事。

李玲老师十分注重从中国的民间传说中寻找合适的故事。但至今，我们还没有系统研究什么样的中国传统故事适合我们幼儿园的孩子。本杰明认为经典童话或流传已久的民间故事，比现代人创编的故事，对孩子来说往往更有营养。古老的故事往往包含有特别的智慧，有些连成人都无法理解，却能被孩子很好地吸收。华德福教育认为孩子的意识更接近于古人。和古人一样，孩子觉得万物都有灵，坚信小白兔会说话、怪兽会变成小王子。在成人听来是无稽之谈的种种故事，却能令孩子听得津津有味。

本杰明告诫我们，故事一旦被分析，被当作说教的工具，它就失去了生命。因此老师讲完故事后，千万别来这样的问句："你们听懂了吗？""这个故事告诉我们什么道理？""你们应该做什么，不应该做什么？"

我觉得，一个好故事就像一粒种子播在孩子的心田里，有一天，它会自己发芽、生长。

处理孩子之间的冲突

华德福幼儿园规定主班老师负责班级的一切事务。刚开始办园时，有人对此感到困惑。比如说两个孩子发生了冲突，难道配班老师不能处理吗？为什么一定只能向主班老师反映，让主班老师来处理呢？在我看来，这样的规定一是有利于确定主班老师在孩子心目中的核心地位；二是因为主班老师最了解孩子，最有经验，能够更适当地处理。

孩子的某些举动实在太过突然，即使老师时刻保持警觉，也很难加以干预。一次户外活动时，两个年龄偏小的孩子拉着我的手不放，都想让我跟他们玩。我不知该先让谁松手，正犹豫着呢，一个孩子突然伸手打了另一个孩子，将其两眉之间抓出两个小血点。我很懊悔，这件事就发生在我的眼皮底下，却未能阻止。还有一次，一个男孩坐在房间门口的地板上，突然伸出脚，把另一个正走出房间的孩子绊倒了，我也是眼睁睁地看着，来不及做出反应。

我总觉得孩子打架往往是受本能的驱使，这么小的孩子不会有什么恶意的想法。有的孩子刚入园时经常打人，但两三个月后，和别的孩子相互熟悉了，或找到了适合自己的游戏和宣泄精力的渠道，也就基本不再打了。也许在孩子看来，他并不是在打人，而只是在试探对方。他对其他孩子产生了兴趣，想与其他孩子玩，却不知道什么是合适的方式。因此，我特别赞赏台湾一位华德福老师的观点："孩子犯错、不守规矩，一方面因为孩子毕竟是孩子，他正在成长，他的身体、情感与思想都尚未成熟，他无法自控，无法分辨是非。"（摘自《幼儿生活规范：亲师约法十章》）

孩子之间发生争吵是正常现象。他们并非天生就具有与人分享或合作的社会能力，这些社会技能通常需要向周围人学习，或累积经验而得之。因此，孩子不能与人分享不是自私，也不是小气，我们千万不能因此责怪他。3岁的幼儿，"我"的概念才初形成，还没有反思的能力，所以对他而言，有理也是说不清的。而5岁的孩子已有足够的记忆能力和时间距离感，他能通过模仿而学习，也更能掌握规范，开始有是非对错感，因此简单、明白的语言就能与他进行沟通了。不过，我们不能期待孩子一两次就能记住规矩，有时甚至十次、二十次地重复强调，他们可能还是会忘记，我们只能耐心。

华德福教育认为，对年幼的孩子讲道理收效甚微，老师可以通过故事或肢体动作来表达态度。园里有个孩子，别人轻轻碰她一下，她反应特别强烈，甚至喊叫起来。别的老师和我经常告诉她："不要喊叫，有什么事情可以自己想办法解决，或告诉老师。"后来我觉得这就是她的性格，我们不能强行让她改变行事方式，只能安慰她，让她尽快平静下来。

跋山涉水找旗子

这周，李玲老师和王莉老师将前往香港华德福幼儿园观摩一周。

当我开始写这周回顾时，李玲和王莉两位正在通过深圳海关。这是她俩第一次到南方远行，心里充满着喜悦和期待。幼儿园的家长和孩子们也为她俩感到高兴。

回想当初办园时，多亏李玲愿意接受华德福教育培训，出任幼儿园的老师。每当想起李玲，我就不由得佩服她敢于面对挑战的勇气。特别在刚开始没有经验、没有资金的情况下，作为老师，她肩负着极其重大的责任。由于她的孩子也在我们园，不少同行觉得当自己孩子的老师太难了，很难解决妈妈和老师两个不同角色的冲突，甚至还有家长质疑她是否会偏心自己的孩子。如今，李玲老师说她愿意把华德福教育作为一项长期追求的事业。她不仅对孩子体贴入微，而且常常为他人着想。虽然不善于用言辞表达自己，她却用实际行动向孩子和其他人倾注爱心。

王莉老师具有艺术天赋。通过两三次的学习，她就能把握华德福幼儿绘画课的特质。我在英国学习华德福教育一年多，画起画来仍然十分笨拙。我们有一本华德福幼儿绘画课的书，王莉老师利用业余时间，把其中的每一幅画都临摹了一遍。她的勤奋好学令人感动。这学期她主持孩子的生日活动，她精心布置的餐厅美丽而温馨。她为晨圈活动选择的儿歌和创编的相应动作，不仅赢得孩子们的喜爱，也受到家长的好评。

当然，世上不存在完美的人，李玲、王莉和我都是普通人，我们既有各自的长处，也有各自的不足。见到卡洛琳后，李玲曾一度丧失当老师的信心，她觉得自己离华德福老师的标准太远了，不知什么时候才能成为卡洛琳那样的资深老师。后来，她转变了想法，谁也不可能一下子就成为出色的老师，好老师也是一步步成长起来的，只要自己不停地努力，会趋近理想标准的。

这周二王莉老师带着孩子们每人做了一面小旗子。户外活动时，孩子们拿着自己做的旗子，爱不释手。可是，大多数孩子玩着玩着，就顾不上旗子了，王老师回幼儿园拿东西时，把他们的旗子带回了教室。过了一会儿，翔翔发现旗子没有了，老师向她解释旗子在教室里，可是无效，她不停地哭着要旗子。我见状，对她说："翔翔，我带你去找旗子。"我拉着她的小手，在场地上奔跑。每跑一阵，我就停下来望望四周，问："小旗子在这里吗？"然后我们异口同声地回答："不在！"如此几次，翔翔不但不哭了，还高兴起来。"我们爬山了。""我们过河了。""我们爬树了。"在想象中，我们正跋山涉水去找旗子。通过游戏，孩子不再伤心，变得欢快起来。

　　还有一次，南南捡到一张包装纸，问我上面写的是什么字。"香酥糖。""可以吃吗？""可以。""我想吃香酥糖。"他一遍遍对我说想吃香酥糖，手里拿着包装纸不肯扔掉。我想了一个主意，对他说："南南，我带你去买香酥糖。"我们走到楼的一端，有树和草的地方，把这里假想为商店。"我要买香酥糖。多少钱？""5块钱。""好的，给你钱。"我们假装一片树叶或一片草是香酥糖，将之拿在手里。"南南，我们买到香酥糖了，回家吃吧！"我带着南南和其他孩子，跑到楼房另一端的一棵大树下，假装吃起来。假装吃完后，我们又出发去"商店"买。楼房两端距离大约有60米，我们这样来来回回跑了三四趟。南南兴致很高，张嘴假装吃着树叶"香酥糖"，早已忘记了真正的香酥糖。

意志的特点

这周，德国人卢安克要在我们幼儿园住四五天。他是第一位在中国尝试实践华德福教育的先行者。我们很高兴有机会和他交流。利用这个机会，我请他帮忙把院子里遮阳的架子挪到沙坑上面，还请他为我们老师讲解了华德福教育对于意志的看法。这也是我学习华德福教育以来一直没有弄清楚的地方。下面的内容来自卢安克的讲座，经过了他的校对和同意。

思考是有意识的，但意志是无意识的。意志行动不经过思考，直接发生在肌肉里，并不是在大脑里。思考才发生在大脑里。意志是行动，行动本身是无意识的，比如把手臂抬起来的过程中，肌肉、骨头、能量消耗等的变化是无意识的。

生活中第一次做某件事情很难，随着重复次数的增多，会觉得越来越容易。这是因为重复做某件事情能提高意志。

重复分两种，有意识的重复和无意识的重复。有意识的重复能培养意志，无意识的重复可以培养情感。所谓有意识，不是说让孩子理解为什么要重复做，而是让孩子清楚地知道他每天必须去做。比如我每天想着要喂兔子，因为我知道如果忘记了的话，兔子会挨饿。任务感让我有必要每天去做。记住每天要完成的事情，可以培养意志力。另外，养成的习惯属于无意识的重复，比如穿衣、刷牙等。在幼儿园，老师做某件事，孩子也常常无意识地跟着模仿。

中国古代有这样一个故事。一位年轻人到山里拜一位武林高手为师。师傅每天让他把一个水缸里的水运到另一个水缸里。年轻人很崇拜师傅，师傅让他做什么他就做什么。可是两年过去了，眼见师傅一直在教别人武功，却没有教他，终于有一天，他忍无可忍，向师傅发火。无意中他的手打到缸中的水面，突然水缸就爆炸了，这时他才明白原来师傅教他武功了。不知道为什么做一件事情，却坚持去做，这样培养出来的意志力就很厉害。

意志是四肢的行动，所以我们不可能通过说话或理解来培养意志。唯一的培养方法是行动。如果老师说要做某件事情，或要求孩子做某件事，就必须做到，否则会削弱孩子的意志。如果老师不能保证做到，最好就别说。

如今，电子媒体等各种刺激都在影响、破坏意志。载有信息的电磁波对发挥意志的器官产生影响，如四肢、新陈代谢系统、子宫、血液等。一个意志薄弱的人，任其发展下去，先是精神涣散，后是身体瘫痪。

太多的选择也影响意志。给予孩子太多的信息，会让他们一会儿追求这，一会儿追求那，没有稳定和坚持，最终变得无力和瘫痪。

意志的特点是：

1. 富有创造性。

2. 与想象形成对比：想象活跃时，意志薄弱；意志强大时，想象薄弱。

3. 意志处于睡眠状态，不清醒，与认识形成对比。

4. 和意志有关的身体器官是肌肉、血、新陈代谢系统等，它们都处于睡眠状态。

5. 意志靠同感。同感和反感有时可以理解为吸引和排斥，有时可以理解为主观化和客观化。一个人对所做的事情有同感，就有力量去做；对所做的事情反感，就会停止下来。老师与孩子之间需要具备这两感：反感使得老师和孩子保持一定的距离，这样才能认识孩子；同感使得老师和孩子一起做事情，这样才能融为一体。老师要把反感转化为对孩子的认识，把同感转化为一起做事的动力。

6. 意志富有活力，它不断想变得精神化。

小孩的意志比大人的强，动物的意志比人的还要强。小孩的意志虽然很强，但远远不完善。意志有高级意志和低级意志之分，小孩的和动物的意志是低级意志。一个人想吃好东西的欲望是低级意志，而认识到有做某件事情的必要就去做，这是高级意志。

人由几个层次组成，身体、生命体、自我等，一个层次控制一种意志，比如身体控制的意志是本能，自我控制的意志是动机。老师的工作是帮助孩子发挥高级意志，但老师不要给孩子下结论。

小孩还没有独立的自我，所以老师要代替他做决定。老师的动机和愿望要代替孩子的本能和欲望，老师要有权威，通过这种方式小孩的意志才能得到培养和完善。

智力醒来越晚，意志睡眠时间越长，意志力越强。成人不能让孩子自己决定是否去做，如果小孩理解做的理由才去做，就培养不了意志。不理解一件事情，但坚持去做，才能培养意志。如果孩子坚持问为什么，可以从情感等方面回答。比如一位父亲给儿子讲了一个巫婆把小孩放进烤箱的故事，儿子追问为什么巫婆要把小孩放进烤箱，父亲试图找到心理上的原因，但怎么解释儿子就是不明白。这时一位过路的奶奶听见了他们的谈话，就说"因为巫婆很坏"，儿子听了很满足。老师对于孩子的问题，回答时不必过于遵从逻辑。

小孩的行为都是跟着感觉在走，比如晨圈活动时，老师把对歌曲的感受通过动作表现出来，孩子在模仿动作的同时，也在感受老师对歌曲的理解。年幼的孩子是否可以学习舞蹈、武术？舞蹈、武术都是标准动作，孩子学习老师的规范动作需要先有意识，而年幼孩子的意识还没有被唤醒。要求使用还不存在的东西，孩子会感觉痛苦。需要再次强调，应先有动作，后唤醒意识。

老师要让孩子做有道理的事情。内含道理也就是内含精神，这样孩子可以把精神能量吸收到身体里去，这样得来的能力才是自己的。成人无法直接给予孩子思考的才能。如果还是用提升智力的方式去教育孩子，长大后，他们虽然知道许多知识，但这些知识无法与他们的身体和感受结合在一起，不能内化成自己的，因此他们也无法把知识和行动联系起来。如果想真正培养一个人的思考能力，就不能通过灌输的方式。

有道理的动作分两类：一是做件有用的东西；二是艺术活动，因为艺术表达精神。

行动的自由和思想的自由

这周一我们迎来了第 12 位小朋友——两岁两个月的淘淘。妈妈陪园半天就离开了，但淘淘对新环境的适应让我们感到十分吃惊。她会想妈妈，会哭着找妈妈，但老师哄哄她，她就不哭了。现在，她是我们园年龄最小的孩子，小脸小手胖嘟嘟的，非常可爱。不过，她只认王莉老师，有时王莉在忙其他的事情，我想照看她，她会拒绝。

周二上午，一对日本夫妇带着他们两岁多的儿子来参观，男士能说一口流利的中文。他在日本就读过华德福教育的书，和妻子很想把孩子送进中国的幼儿园，可是又不喜欢一般幼儿园上课的方式，于是就从网上找到了我们。他们来的时候，正是自由游戏时间，游戏室里到处都是玩具，孩子们玩得正起劲。我和两三个孩子在一旁剥豌豆，王莉在做针线，李玲在做手工，胡老师在擦灰尘。他们准备下周把孩子送来。

昨天晚上在家看了电影《看上去很美》。我深刻地感到，行动上没有自由，思想就不会有自由。相比电影中的幼儿园，我们幼儿园从来不发放小红花，不需要集体上厕所，也没有哪个孩子因为不会穿衣而被当众羞辱……幼儿阶段，正是孩子精力旺盛、四处活动的时候，是发展天马行空想象力的时候，如果我们让孩子规规矩矩地坐着听老师讲课，无论老师讲得怎样精彩和生动，都是违背了孩子的天性。

有人觉得，两三岁的孩子以游戏的方式学习认字，边玩边学，孩子高兴，家长也高兴，不是两全其美吗？在我看来，表面上孩子没有动脑筋，可是文字本身就很抽象，相比鲜活真实的实物，这对于孩子的想象力是一种约束。对于孩子来讲，他根本无法理解爸爸、妈妈、你、我、他都是"人"，是写在纸片上的那个字。我曾听说，一位妈妈从孩子几个月开始就教孩子认识图片上的东西，以至于孩子看到真实的金鱼却不认识，只认识图片上的金鱼。

文字是在漫长的历史中逐步发展的。人类是先认识具体的事物，再用图像表示，最后才慢慢创造出抽象的文字。孩子的认识也应该符合这样的规律。如果我们提前把抽象的符号（如文字）教给孩子，他们的思维会过早地单一化、僵化。一幅画传递的信息是超过文字的，活生生的事物传递的信息又是超过一幅画的。让孩子接触真实、自然的事物，他们从中获得的感受远远超过认识抽象的文字。

有人问我：户外活动时，华德福幼儿园会教些什么？我在英国华德福幼儿园看到，户外活动就是户外活动，老师不组织、不干涉、不引导，只是一边注意孩子的安全，一边做着园艺劳动，比如秋天时收集树叶做堆肥。泰戈尔曾说："孩子和那些没有受过太多教育的人们，是住在一个人们可以不必每步都完全了解，就能获得知识的原始乐园里。只在这乐园失去了后，必须去了解每一件事物的不祥日子就来到了。""在意识最深处所发生的事情，住在外面的人并不是能够常常晓得的。"

比如春天带孩子到户外，需要老师教孩子认识春天吗？孩子对春天的感受不可言说，但一定比老师讲的内容鲜活得多。当老师告诉他们"春天来了，花开了，草绿了，天气暖和了"时，他们对春天的印象就窄化了。如果有的老师更进一步，趁机让孩子认识"春天"这两个字，孩子对春天的丰富感受就被压缩为两个抽象的汉字了。

同样道理，需要教孩子认识医生、邮递员、警察、工人、农民吗？医生不仅仅是穿白大褂、给人看病的人，他们还有一颗救死扶伤的仁爱之心。农民不仅仅是在大地上耕种的人，他们勤劳、朴素、善良，是我们的衣食父母。给孩子时间，让他们在生活中慢慢体验春天、体验不同的职业，不是更好吗？

最近我上班时常常遇到堵车，加上经常要买菜和水果，到了幼儿园时已经快9点了。在户外玩耍的孩子每每看见我，边跑边喊"吴老师！吴老师！"，然后一个个扑到我的怀里。我搂着他们，不知有多么的满足！

信任孩子

这周我们召开了第四次家长会，特别邀请了大学老师徐春艳参加。她以她教过的四个好学生为例，谈了谈对幼儿园早期教育的一些看法。这四个学生中，两个来自农村，两个来自大城市，无论在校学习期间，还是工作期间，他们一度都是同龄人中的佼佼者。但进入社会几年后，在城市里长大的两个学生失去了工作的动力和对专业的热情，而两个来自农村的孩子则一如既往地对生活和工作抱着希望，他们知道自己想做什么，并能努力地出色完成。虽然这只是个案，不具有普遍性，却也引起了徐春艳的思考。她想到，相比很可能没有上过正规幼儿园的农村孩子，城里的孩子往往从小就受到"良好"的教育，但过早的启蒙教育也有可能过早地唤醒了孩子的智力，破坏了孩子的童年，导致他们长大后出现一些反常情况。

本杰明在之前的讲座中也曾说：失去童年的人，很容易失去生活的动力；或者说，最快乐的成年人是有童年的人。徐春艳从怀孕开始就阅读各种育儿书籍，思考着怎样对孩子进行早期智力开发。现在她深深地意识到，孩子的童年这么短暂，为什么要牺牲宝贵的童年来学认字、算术、科学？5岁认识两千字和 8 岁认识两千字，到底有多大区别？

华德福教育主张等待孩子的智力慢慢苏醒过来，而不要人为地唤醒。过早地唤醒智力，就是让孩子过早地脱离童年。本杰明打了个比方：正像太阳出现了，夜晚的星空就消失了，智力出现了，童年也就消失了。当今社会的一个很大问题是，孩子过早地失去了童年，成人很难找回失去的童年。智力发育的特征之一，是将自己与外界分离。孩子本应生活在梦幻的世界中，我们应该信任孩子，让其自然发展，让智力渐渐醒来。

本杰明说，现在有许多幼儿教育理论，主张孩子学这学那，拿孩子做实验，却没有看到孩子是什么样子。如今，孩子对世界失去了惊奇感。如果一个人没有了惊奇感，再伟大的智慧，在他眼里，也只是知识。我认为让孩子晚点认字没有多大关系，一旦失去童年，就会失去探究未来的动力。

不久前我遇到一位推销幼儿识字书的人，他们设计的图书是从两岁开始认字。我心中暗想，这么做有多少成分是为了孩子考虑，有多少成分是为了利益。我还想到，在打着科学旗号的商业宣传攻势下，有多少父母能抗拒"不能输在起跑线上"的压力。如果父母抗拒不了，牺牲的就是孩子们的幸福童年。

可口的粽子

华德福教育认为内外有别，比如教室的布置要注意室内、室外光线的区别。户外活动时，孩子可以大声说话、喊叫，可以兴奋地奔跑，但在室内要保持适当的安静。李玲和王莉两位老师对香港华德福幼儿园的安静气氛印象深刻。

我们园自5月份起，老师不再引导孩子的自主游戏。但近来我们越发感觉，孩子在室内游戏的声音太大了，个别孩子极度兴奋和激动。如果孩子一天中大部分时间都处在亢奋状态，可想而知，回家后，孩子的情绪就容易烦躁、不安。我们讨论再三，决定之后的自主游戏还是由老师加以引导。

大约两周前，我们选择两栋楼之间的空地作为上午户外活动的场地，一是为了更加安全，二是孩子们很喜欢观察院子里的动植物。有一天，他们发现院子里有只小老鼠，高兴得又喊又叫。可是时间一长，有的居民提意见了，认为孩子们的声音影响了他们的生活。有的还提出，我们园的孩子有时踩草地，有时爬树，草地经不起孩子的踩踏，树皮经不起孩子的攀爬。他们的意见是正确的，我赶紧赔礼道歉，保证以后不带孩子去那里玩了。但我又悲伤地想到，现在的孩子能随心所欲地在哪里的草地上奔跑、玩耍呢，能在哪里自由地爬树、和树做朋友呢?

户外活动时，有个孩子不喜欢坐"小火车"（钻进绳圈）排队，每次都特立独行。有一次勉强让她坐进去，她大哭起来，我只得把她抱出来。但她一直闭着眼睛，紧紧地依偎着我，不肯下地走。我想第一步得让她睁开眼睛，便抱着她靠近粉红色的蔷薇花说："你看，好漂亮的花呀! 闻闻看，好香啊。"她终于不哭了，慢慢睁开了眼睛。"我们用手摸摸花瓣吧。"我一边提议，一边从地上捡起一片花瓣，趁机把她放在地上。看着已经走远的小朋友，我对她说："我们是小马，快快跑!"她的情绪好转起来，快活地追赶上去，好像刚才什么事也没有发生一样。

这周 5 月 31 日是传统的端午节，李玲从上周开始就带着孩子们缝香包、做五彩线。在她的带领下，孩子们基本都会朗诵端午节童谣："五月五，是端阳。插艾叶，戴香囊。五彩线，手腕绑。吃粽子，撒白糖。龙船下水喜洋洋。"端午节当天，李玲在每个孩子手腕上绑了五彩线，自主游戏时还为孩子们演了两个小小的偶戏。王莉则给孩子们讲了端午节的故事。当天的主课活动是老师带着孩子们一起包粽子。午餐时，孩子们吃到了可口的粽子。放学时，每个孩子带了一个香包、一个粽子回家。

除了端午节，这周令人开心的还有凯瑟琳老师和其丈夫再次来我们园指导。利用难得的机会，我们向她请教了许多问题。我们苦恼自身经验不足，以致经常犯错误，愧对家长的信任，比如一个孩子被抓伤了三次。凯瑟琳安慰我们，在她看来，虽然成立时间不长，但我们幼儿园发生了很多的变化：教室布置得更加美丽、温馨和安全了，老师们也变得更加成熟了。要知道，香港华德福幼儿园的一些老师已经有二十来年的教学经验了。她说，虽然发生了孩子被抓伤之类的事情，但是我们不应该灰心丧气，而要吸取经验教训，采取措施，争取做得更好。谁又不会犯错误呢？

只顾耕耘

最近园里一下少了四个孩子。有两位妈妈认为我们安排的内容对于他们的孩子来说太简单，4岁的孩子需要学习知识。还有妈妈反映，由于园里孩子少，年龄大一些的孩子更少，大孩子往往找不到朋友。上个月我们招收了两岁两个月的淘淘，个别家长认为老师把精力放在小小孩身上，就会忽视大孩子的需求。

其实在开办幼儿园之前，我设想的是招收3岁以上的孩子。但开园之后，整整三周只有两个孩子，为了把幼儿园坚持下去，我不得不降低入园年龄。再说，我们租的是三室一厅的房子，只能办家庭式幼儿园，招收年龄偏小的孩子。开园至今，来参观的也极少有4岁以上孩子的家长。我们现在一共有4位老师，照顾12个孩子还是没问题的。

孩子减少了，肯定有我们自身的缺陷和不足，尽管我们努力在完善自己，但还没有满足所有家长的所有期待，我感到很抱歉。最近，我常常安慰自己：只顾耕耘，不问收获。

中央民族大学的教育学硕士谭志国来我们园参观了一整天。他有两个很深的印象：一是老师不给孩子上课，这点和他参观过的其他幼儿园非常不同；二是午睡后，有的孩子在唱歌，他看了很感动——孩子一定是心情愉快才唱歌。

我们没有像大多数幼儿园那样给孩子上课，讲授知识，是因为我们办的是华德福幼儿园。不上课的原因，在以往的周记中，我已尽量阐述了。当然，结合中国的实际情况，我们会在孩子上小学前的半年或一年给他们开课，为上小学做准备。

台湾前教育事务主管部门负责人吴京在一篇讲演中提到："小孩子要'大玩'，长大一点就少玩一点，到大学更要少玩一点，到研究院就一点也不要玩了。孩子的成长就像一个火箭发射台，开始的轨迹是最重要的，决定了以后的发展。"他同意"不要让孩子输在起跑线上"的说法，但他认为，孩子在起跑线上最不能输的是身体。华德福教育也认为，对于0—7岁的孩子，最重要的是身体健康。

重新开始

从 2005 年 7 月筹划这个幼儿园至今，正好一年的时间。在这一年中，我们积累了一些经验，加深了对华德福教育理念的理解，和世界各地热心实践华德福教育的人士建立了联系，我们的实践也得到了华德福教育专家的认可。最最重要的是，我们园里的孩子都很健康、快乐。

但我们园至今还没有合法登记，因为按照相关规定，居民楼内不允许办园。在目前的情况下，万一有邻居举报我们扰民，我们恐怕就得马上搬走。我想找到另外适合办园的地方重新开始。这么做实在迫不得已，我舍不得离开已经相处几个月的孩子们，舍不得离开支持我们的家长。如果一切重新开始，那将又是一条艰巨的道路。可是我别无选择。

有些朋友劝我慎重考虑是否休息一段时间，不要急于重新开始。但我想，北京华德福教育实践的火苗经过这么一折腾，已变得更加微弱，如果不继续坚持，这点火苗就会熄灭了。

据了解，有些华德福幼儿园的创办资金是家长们集资的，幼儿园正常运作后，再慢慢偿还家长们的投入。他们不会因为谁出资多，谁的决策权就大。对于一个华德福幼儿园来说，通常有三个重要的工作小组，一是教职员工组，二是家长组，三是顾问组（成员主要是专家、出资人和热心华德福教育的人士）。日常管理和教学中的问题主要由教职员工开会解决。重大问题则由三个小组共同商议决定。

经过一个月狂风暴雨式的洗礼，我最后决定在房山的一所幼儿园内设立华德福实验班，园长是李忱。李玲和王莉也将和我一起，继续战斗在华德福教育实践第一线。得知我们要离开，之前幼儿园的一位家长在博客中写道：

> 那里让我感受到了华德福教育的神圣。晨圈时看王老师带孩子们做动作，心底涌现一种美好、安详的感觉，甚至觉得她周身笼罩着淡淡的光晕。王老师是真心爱这里的孩子和华德福教育的，做出这个决定她大概需要很大的勇气。昨天，我看到王老师站在窗前看着孩子们玩耍，她大概是在和孩子们默默地说着离别的话。站在窗前的深深注视，是最深切的不舍，是最压抑的别情。

8月上旬，我和王莉、李玲参加了成都的华德福幼儿教师培训课程。在那里，我遇到了汤老师（Thanh）。她有着很好的艺术气质，是一位对华德福教育有着深刻理解并富有实践经验的老师。得知我有意开办华德福实验班，她鼓励我一定要把开班的日期尽快定下来，并且亲自到北京给予指导和帮助。

她到达幼儿园的第二天就忘我地投入到工作中，布置教室、采购物品、染布、和教职工沟通、与家长交流，每个环节都一<u>丝</u>不苟，令人肃然起敬。每天她都要工作到晚上 11 点多钟，她说老师们为孩子默默做的一切，孩子会感受到的，天使也会看见的。我和她一起上街采购，非天然材料的物品她不要，形状难看的她不要，颜色鲜艳的或上面有图案的她不要，太昂贵的她也不要。孩子的喝水杯，她拒绝买不锈钢材质的，要求必须是陶瓷的或者玻璃的。当然，孩子的饭碗也换成了陶瓷的。她说，虽然陶瓷的容易打碎，但这是培养孩子珍惜物品的机会。就这样，我们花了两个下午，跑了七家商店才算基本买齐。临行前一天，她叮嘱我们要继续做的事情有几十件。就在去飞机场的路上，她还在为我们设计围裙的样式。

虽然重新开始不可避免又要面临一大堆问题，但有这么多朋友的关心和支持，我们怎么能轻言退缩和放弃？每一句关切的问候、每一笔资助、每一份捐赠，已经融入我的生命里。

开班当天早上，我打开华德福实验班教室的门，粉色的窗帘、粉色的墙壁营造出梦幻般的意境，玩具和物品摆放得整整齐齐。我不敢走进去，生怕破坏了教室里的那份宁静和温馨。我仿佛看见许许多多的小天使在空中飞翔，在等待第一批孩子的到来。

父母的疑问

汤老师来我们幼儿园期间，耐心回答了老师和家长的很多问题。我凭记忆择重点记录在此。这里有的话并不是汤老师的原话，有些地方，我也增加了我的一点理解。

家长：可以给孩子买玩具小汽车吗?

汤老师：给孩子买了一辆玩具小汽车，玩够后，孩子会要求家长再买另一种式样的玩具车，比如卡车或更大号的小汽车。玩够后孩子又会提出要求，买一辆救护车或消防车，再以后又会要遥控汽车。孩子的要求会没完没了。

如果给孩子几块木头（把树干锯成一段一段的），孩子可以发挥想象力，把某截木头想象为小汽车，下次又可以想象为卡车、救护车、消防车⋯⋯如此一来，一方面家长节省了开支，另一方面是激发、丰富了孩子的想象力。

家长：可是玩具小汽车能够让孩子了解汽车的细节。

汤老师：是的，但是现成的玩具小汽车不能激发孩子的想象力，不能引发孩子内心的活动。现代社会给予孩子太多的完成品，孩子和完成品之间没有紧密的联系。玩具小汽车是工厂制造好的，孩子只是被动接受，他和小汽车之间的关系是疏远的。而把一段木头想象为小汽车，却是孩子努力的结果。

想象力和创造力是密不可分的，想象力丰富的孩子，创造力一定较强。

家长：我的孩子看见商店里的某个玩具，又吵又闹，一定要买怎么办？

汤老师：商店里的玩具大多来自工厂，工厂生产商品的目的是为了赚钱，他们会请来心理学家和设计家一起工作，以使产品具有诱惑性，让孩子看到就想买。美国已经有好几起家长起诉玩具工厂的案例。

孩子还小，不明白什么对他有益，什么对他有害，做父母的要有权威，如果明知一件事情是错误的，内心就要坚定，不能因为孩子哭闹就妥协。这时父母可以转移孩子的注意力："鸭子饿了，我带你去池塘喂鸭子。我们去买个馒头，走，鸭子在等我们呢。"妈妈的态度一定要温柔而又明确，是出于爱才不让孩子买玩具的。

家长：我的孩子1岁8个月，我带她出门，给她穿白鞋子，她不肯，一定要穿红鞋子，可以让孩子选择吗？

汤老师：小事情或不重要的事情，可以让孩子选择，但要让孩子感觉到决定权还是在家长。大事情，比如晚上8点必须上床睡觉，就不能顺从孩子。

目前家长对孩子的管制，往往会从一个极端走向另一个极端。其实，极度压制孩子的天性和对孩子完全没有约束，两种都不好。孩子不能缺少规矩，孩子需要的是在一定范围内的自由。

家长不能给予孩子太多的选择。想象一下我们成人做选择时的感受。"我是保留目前的工作，还是做全职妈妈？或者另找一份轻松的工作？"面临多种可能性，我们成人也经常左思右想，甚至会焦虑得病倒。小小孩应该由父母替他做出选择，比如吃什么、穿什么等；4—5岁的孩子可以做些简单的选择，比如是吃苹果还是香蕉。

家长：我的孩子5岁了，从小到大，每次睡醒都要伤心地哭，要我抱她，我不明白这是为什么。是否我和丈夫做错了什么？我担心这么下去，孩子缺乏独立性。

汤老师：孩子是个秘密。她睡觉的时候，可能她的魂（我用"魂"翻译"I"不一定正确）去了某处，或遇到了什么。我们不知道。我没有看到你的孩子，但我认为这种情况和父母做错事情没有关系，也不会影响孩子长大后的独立性。她哭，你就抱她，抚摸她，给她唱唱歌。你也可以带她去看中医，我想会有治疗这种症状的中药。

家长：我们平时工作很忙，是否一定要陪孩子玩耍？

汤老师：对于一两岁的孩子，父母到哪儿去，他就跟到哪儿，父母做什么，他就模仿做什么。对于大一点的孩子，父母不需要总是陪着玩，但父母要为孩子准备一个适合的环境，提供适合的玩具。父母可以边做家务，边留心孩子的安全，如果父母要和孩子一起玩，就全身心地投入，不能惦记着一会儿要去买菜或工作上的事情。孩子是很敏感的，他能感觉到你是付出真心还是三心二意。如果父母总是陪孩子玩很长时间，孩子会产生依赖。父母可以引导孩子，等孩子玩起来了就离开。

家长：自从上次听了您的讲座，我在考虑怎样装修我的家，是否也要把墙壁刷成粉红色？

汤老师：家庭环境和幼儿园不同，家里有父母、爷爷、奶奶，可能还有兄弟姐妹，不同的房间有不同的功能。幼儿园的房间是专门为孩子设计的，旨在营造出梦幻般的气氛，如果把成人的房间也设计成这样，会削弱思考力。父母的卧室可以用一种颜色，孩子的卧室或玩耍的区域可以用粉红色。我家的墙壁是淡蓝色的，在意大利许多人家的墙壁都是白色的，白色也很美。家里的墙刷什么颜色，和当地的传统、气候也有关系。

在华德福幼儿园里，墙壁是粉红色的，但上小学后，每个年级教室的颜色不同。华德福教育很重视色彩对人的影响，尤其是对人心灵的影响。

家长：我看到中国孩子常在餐馆里跑来跑去，闹哄哄的，而外国孩子却能和家长一起坐在椅子上用餐，为什么？

汤老师：我想这是因为你看到的这些中国家长给予孩子的规范太少。孩子需要自由，但同样也需要规矩。3岁以下的孩子，父母尽量用动作来表示对孩子的要求，比如吃饭时，孩子离开餐桌，父母就要把他抱回来，一次、两次、三次，坚持不懈地反复做下去，孩子就会养成坐在餐桌旁吃饭的习惯。对于大一些的孩子，小时候没有养成良好的习惯，这时可以用语言来辅助说明。

对于年幼的孩子，父母不要去解释为什么不能这么做。孩子太小，理解语言是困难的，用动作表示你想说的话，会更加有效。

家长：如果我的孩子是按照华德福教育的方式来培养的，比如不看电视，但我的孩子是否能和其他的孩子友好相处？

汤老师：没有问题。华德福教育虽已有九十多年历史，遍及五十多个国家，但还是少数人的教育。按照华德福教育的方式培养的孩子，一般来说，交往能力反而更出色。

如果你的孩子到别的孩子家玩，别人家里不禁止孩子看电视，你的孩子可能会被电视吸引住，但电视就像毒品，最好别让孩子染上看电视的瘾。明智的办法是，你可以邀请别人的孩子到你家来玩。

家长：我担心我的孩子如果上了华德福幼儿园，毕业后无法适应目前的小学。

汤老师：这种担心到处都有，我经常到亚洲国家帮助实践华德福教育，几乎每个地方的家长都会提出类似的问题。华德福教育不赞成提前进行智力开发，不等于不重视孩子的智力发育。我们认为合适的时间才能做合适的事情，提前开发智力，就像揠苗助长一样，对孩子今后的智力发育反倒可能产生负面影响。我们在幼儿园里所做的一切都是奠定基础，包括身体健康的基础、情感的基础、智力的基础。我们培养的是如何去学习的能力，而不是早早给孩子灌输知识。

我认识一个越南女孩，她3岁上华德福幼儿园，6岁上小学，因幼儿园期间没有上过读书、写字、算术课，上小学后，开始两个月，她比别的孩子落后，不明白老师说的是什么，但两个月后，她突飞猛进，成为班级最优秀的学生。

在中国，我们可以在孩子上小学前的三个多月给他们开设学前班，为适应小学生活做准备。

园内老师：为什么幼儿园过道上的装饰、墙报要拿走？

汤老师：首先，墙报上的文字内容是给成人看的，不是为了孩子设置的。幼儿园的一切布置应为孩子考虑。其次，孩子的感觉器官正在发育阶段，需要保护。比如过大的声音会损坏孩子的听力，过分强烈的色彩有损孩子的视觉，花花绿绿的环境会破坏孩子内心的安静、平和。现代社会出现了许多过分好动的孩子，他们一刻也停不下来，不能安静地做一件事情，这样的孩子很可能小的时候受到的刺激太多。

园内老师：为什么反对幼儿园有卡通画？

汤老师：对于成人来说，卡通可以是一种娱乐形式。但幼小的孩子吸收环境中的一切，卡通人物是对人的扭曲、变形、嘲笑，孩子把这种形象吸收进去，就会变成他的一部分，或使之努力要往这方面发展。我们应该给年幼的孩子提供真实的、具有艺术品位的图画。

给予孩子美好的东西，孩子就会对美好心生向往，他的心灵也会变得更加美好。

园内老师：华德福幼儿园是怎么进行音乐教学的？

汤老师：华德福教育非常重视音乐，但音乐教育要根据孩子的年龄来进行。幼儿园阶段，不用录音机播放音乐，老师唱歌给孩子听，人的器官是最美妙的乐器，人的声音丰富、亲切、自然，充满感情。每天的晨圈活动，老师唱歌，孩子跟着模仿。孩子要从一个活动转入下一个活动时，老师也唱歌。比如收拾玩具时间到了，老师可以唱："玩具要回家，宝宝要睡觉。"饭前老师唱感恩歌："大地给我们美味的食物，太阳使它成熟可口。亲爱的大地，亲爱的太阳，我们感谢您的无私给予。"幼儿园里用的乐器也应特别考虑，一般只用两种乐器。钢琴、小提琴一类的乐器不适合这个年龄段的孩子。当然，幼儿园也要考虑孩子的个体差别。

园内老师：如果两个孩子争抢玩具怎么办？

汤老师：两个孩子发生争执，老师不要立即介入，尽量让孩子自己解决。如果争执严重，老师就可以走过去把玩具拿走，谁都不能玩。一个孩子可能会说："是我先拿到的。"另一个说："是我的！"老师不要去调查来龙去脉，其实也问不清，把玩具拿走即可。如果孩子说："老师，让我玩那个玩具。"老师可以说："过五分钟给你。"也许孩子一会儿就忘了玩具的事情，如果他还记得，五分钟后就给他，如果两个孩子再次发生冲突，老师再拿走。有时一件引起争抢的玩具，老师会收在柜子里长达一两周的时间。当然老师也要考虑是否同样玩具的件数太少了。

园内老师：如果一个孩子打了另一个孩子怎么办？

汤老师：通常人们的做法是训斥打人的孩子，忽视了被打的孩子。比如李四打了张三，华德福的方式是老师先去安慰张三，让李四坐在一旁，看老师怎么照顾张三，老师的动作、语言、神态流露出同情、关心，然后让李四也去轻轻抚摸张三。老师不要强迫李四说"对不起"，虽然口头道歉了，但李四可能还不服气，觉得明明张三有错在先。如果我们通过态度和行为来让李四感受到张三的痛苦，他会发自内心地感到对不起，请求原谅，即使没有用语言说出来，这种影响也是深刻的。而被打的孩子也会学会去原谅、宽恕别人。老师可以问："张三，你原谅李四了吗？"

小声说话

这周开始，我又得重新开始和一群陌生的孩子慢慢熟悉起来，目前班上人数还不太稳定。有些家长问我，什么样的孩子适合华德福教育？我想在幼儿阶段，主要是看家长对孩子的期待是什么。如果家长对孩子的期待是考上知名大学，选择华德福教育恐怕就不合适。这并不是说华德福学校出来的孩子就考不上知名大学，而是说华德福教育更加注重人的全面、和谐的发展，更加注重帮助孩子找到人生的道路，使之成为他自己。

周五，我们迎来了瑞典的两位客人，其中乌拉老师来自欧洲最大的人智学社区，专门从事特殊需要儿童的教育。20世纪60年代后期，正值青少年时期的他不满现实，但又找不到精神上更高的追求。70年代初他到印度漫游了两个月，发现仅仅沉浸在精神世界里也不行。回国后，他参观了人智学社区，看到大家积极在办幼儿园、学校、农场、医院等，既有精神追求，又脚踏实地做着一件又一件具体的事情。于是，他投身其中，至今已有35年了。

乌拉观看了我们班的晨圈、早点和自主游戏，对教室里安静、祥和的气氛印象极其深刻。他说他感到老师一点儿没有强制孩子做这做那，从一个活动转到下一个活动很流畅。他很高兴在北京能看到实践华德福教育的班级，看到出色的王莉老师怎样带班。

我一位朋友的女儿，暑假和一群同学到欧洲旅游，在宾馆住下的第一天晚上，他们就被严肃警告：如果再大声说话，就要报警了。前不久，我从报纸上看到，一位中国的孩子随父母到国外上幼儿园，老师说他样样都很好，唯独说话声音太大，几乎每次他一说话，墙上检测声音大小的红色信号灯都会亮。

在华德福幼儿园，无论室内还是户外，孩子说话的声音如果太大，老师会提醒小点声。孩子们做游戏时，某个孩子说话声或叫声太响的话，会影响其他孩子的。在公共场合，我们更要考虑自己的一言一行是否干扰到别人。

我坚持把华德福班级的情况，以及学到的一切，尽可能毫无保留地写出来，和大家分享。每周的写作不仅仅是为我自己写，也为热爱幼儿教育事业的老师写，为关心孩子成长的家长写。我个人的失败、挫折已经不重要了，重要的是读者可以吸取我的经验教训，可以做得比我更好。

没有人感到孤单

9月5日是这所幼儿园成立一周年的日子，我们在歌声和烛光中举行了简单的庆祝活动。我们特地选择了汤老师和她的爱人本杰明创编的一首歌《在山谷里》：

> 在山谷里，
> 我们要建设一个家园。
> 为了整个广阔的世界，
> 我们要建设一个家园。
> 没有人感到孤单，
> 因为山谷就是家。

25年前，汤老师在澳大利亚接受了华德福教师培训后，就萌生了要办华德福幼儿园的想法。她在周围张贴广告，告知某日她的家里将举办华德福教育讲座。听了汤老师的讲座后，部分家长鼓动她办幼儿园，她说："我没有资金和场地，怎么办？"家长们说："我们来想办法。"在家长们的帮助下，幼儿园很快就办起来了。几年后，幼儿园的孩子要上小学了，家长们又劝说汤老师办小学。同样是靠着家长们的大力支持，她和丈夫本杰明办起了华德福小学。《在山谷里》这首歌就是他们夫妻俩为新办的学校写的。

唱起这首歌时，我觉得这首歌也是为我们而写的。汤老师有着丰富的华德福教学经验，在她的帮助下，我们班级也越来越走向正轨。我们班的教室里没有洗手池，汤老师要求孩子们在教室里洗碗。当时我觉得不可思议，没有水池、水龙头，怎么能洗碗？汤老师说可以在一张桌子上铺一块大毛巾，然后放上三盆水……我一边听她陈述，一边觉得按照这样的做法，肯定坚持不了多久：一天三顿饭，老师得来回奔波于教室和洗手间多少次？开园第一天，班里老师指导孩子们洗碗：先把碗放进第一盆水，用洗碗布清洁二至三遍，然后把碗放进第二盆水里清一下，再放进第三盆水里继续清洗，最后把碗放在旁边的一个大盘子摞起来。老师发现孩子们喜欢洗碗，每次餐后都会一个个地排好队，在老师的协助下，把自己的碗洗好、放好。虽然老师的工作负担增加了，但孩子学会了自己的事情自己做，并且一步步有顺序地去完成。学会生活也是幼儿教育的重要部分。

基本上，一位华德福老师的工作时间通常分为三部分。一部分用于孩子，一部分用于教师之间的协调，一部分用于家长工作。汤老师说每一分钟都必须事先计划好，一天的流程要环环相扣：孩子必须知道下一环节该做什么，老师当然也该这样来安排自己的工作。

若想带好一个班级，主班老师和配班老师必须通力合作：一方面大家为了共同的理想而努力，另一方面每个人的工作职责要明确。如果主班老师和配班老师之间不和睦，即使不当着孩子的面表现出来，孩子们也能感觉到，时间久了孩子们的攻击性行为会增加，班级无法营造良好的氛围。

下周我的女儿就要离开我去上大学了，回想我对她的教育，不免有失误之处。马丁·洛森说："我们尽量不犯错误，但避免不了。我们做过许多小错事，也犯过一些大错误，然而生活仍在进行，不会因为我们陷入困境而停滞。然而倾听者会听到内心的声音：'从错误中学习。'这才是关键。——从错误中学习，是我们教给孩子最重要的一课。"

我也曾接触到一些年轻的妈妈，她们生怕在教育孩子方面做错了什么。其实人无完人，做错事、说错话是难免的，孩子会原谅我们的缺点和错误。只要我们真诚地面对错误，努力把事情做好，就会释放出一股成长的新力量。

我发现了一只蜗牛

2005 年 9 月 12 日是华德福幼儿园的开办日，当时，我们十分高兴有了一个开端，万万没有想到此后的道路是那么弯弯曲曲。现在，一年过去了，北京的华德福幼儿教育事业仍然步履艰辛，但我的内心始终珍藏着朋友的美好祝福，不放弃希望。

这周我们班来了一位德国志愿者麦克（Michael），他刚高中毕业，愿意到中国做 11 个月的义工。在我收到他的信并答应他的申请之前，他曾前后联系了十个单位都被谢绝。他说只要能来中国，他就是全世界最幸福的男孩。当天晚上，全园老师为他举办了一场欢迎会。来自云南的黄艳老师跳起了民族舞蹈，她热情奔放的歌声和豪放的舞姿，把我们全都调动起来跟她一起载歌载舞。我仿佛又回到在英国跳苏格兰集体舞的情景，如痴如醉，快乐无比。欢迎会开始的时候，我感到非常疲劳，以为坚持不到最后，可是一跳起舞来，所有的疲劳全都消失了，跳完后神清气爽、意气风发。

华德福班级的外面有一块绿地，汤老师在的时候，让我们用栅栏把绿地围起来，孩子们只能在栅栏里面玩。我们挖了一个沙坑，上午和下午的户外活动，孩子们都在沙坑玩耍。比起之前，玩耍的空间更狭小了，内容也单调多了。可是孩子们却发现了另一个天地。"快来看啊！一只大蜘蛛！""我发现了一只蜗牛！""我找到了一只蚂蚱，它喜欢吃什么？我们去弄一点。"每天户外活动时，我都能听到孩子们欣喜的叫声。某个孩子的发现会吸引其他孩子围过来，有时孩子们还会把老师叫过去。

虽然孩子们可以静下心来专注周围的自然环境，但我们总觉得栅栏里还是缺少可以玩的内容。怎样既能节省开支，又能提供更适合玩耍的环境呢？我突然想到在地上挖个坑不用花钱。孩子们可以跳进爬出，也可以在坑上放块木板当作桥走来走去。在热心人士的帮助下，我们很快做好了娃娃屋用的架子，并搭好了沙坑上的独木桥。

这周我们召开了华德福班级的第一次家长会。王莉老师带着家长们做了晨圈活动和饭前的感恩，我们一起分享了麦克从德国带来的美味蛋糕。王莉老师还表演了关于中秋节兔儿爷传说的偶戏。最后，我们以下面这首童谣为家长会画上句号：

　　紫不紫，大海茄，
　　八月里供的是兔儿爷。
　　自来红，自来白，
　　月亮码儿供当中，
　　毛豆枝子乱哄哄。
　　鸡冠花，生个红，

圆月的西瓜皮儿青。

月亮也吃得哈哈笑，

今晚的光儿分外明。

　　我迈上华德福教育之路，是因为做了母亲后，我想把世上最美好的东西给予我的孩子。虽然女儿已经长大成人，离家上大学了，不需要接受华德福教育了，但我愿意继续将华德福教育介绍给家长们，带给其他的孩子们。可以说，是女儿改变了我的一生。她离家后，我才意识到作为母亲，培养孩子的目的，是为了有一天她能用一双坚实的翅膀展翅高飞。

孩子的爱国教育

曾有家长建议我们开展爱国教育，我想"国家"这个概念对于幼儿来说太抽象，因此不主张进行口头的爱国教育。爱妈妈、爱爸爸、爱小朋友，孩子能够理解，爱花草、爱蝴蝶，她也能理解，因为爸爸、妈妈、小朋友、花草、蝴蝶，是孩子看得见、摸得着的。而"国家"，让他们如何理解呢？我认为，和孩子们一起包饺子、剪纸，给他们讲中国民间故事，带他们唱中国儿歌、过中国的传统节日，都是爱国教育。对越小的孩子，越应该通过行为来进行教育，而不是口头说教。应让孩子有所体验，而不是背口号。

我们给麦克起了一个中国名字——青山，这周开始，他每天都在我们班工作，孩子们非常喜欢他，主动扑到他的怀里，或拉着他的手。青山用粗绳子围绕树做了一张"蜘蛛网"，供孩子们攀登。

我给了青山一本英文儿歌集，请他挑一首唱给孩子听，可他觉得里面的歌都太难了，于是自己创编了一首简单的歌曲，并配上简单的动作。每次晨圈活动，他唱三遍，孩子们都非常喜欢。一位家长说："最近，孩子回到家，经常嘴里嘀嘀咕咕地唱英文歌，可是还没有记住，唱不好。"我告诉青山，孩子们想学会英文歌，唱三遍不够，能否唱五遍。青山说他可以再增加一首英文歌曲。

　　班里有个孩子叫王帅，他总说牛奶不好喝。给他倒的牛奶，他总是将杯子一推，一口都不喝。我想这样下去可不行。一天下午，绝大多数孩子已经出去玩了，王帅的牛奶还是没有动。我说："王帅，你知道牛奶是从哪里来的吗？有一次吴老师到乡下去，看到一头母牛，它身上有好多牛奶，一位阿姨给它挤呀挤。"我趁他听我说话，端起杯子给他喝牛奶。喝了两口，他又不肯喝了。"王帅，喝了牛奶跑得快，一会儿'大灰狼'还要追你呢！"他一口气就把牛奶喝完了。之后他一直念念不忘"大灰狼"，我一当"大灰狼"，他就兴奋地尖叫。我追他一阵就停步，担心他跑得太猛而摔跤，但他一见我停下就喊："大灰狼，你来追我呀！"

　　午睡起床后，王帅的衣服都是老师帮着穿。有一天该穿袜子了，我说："王帅，你是哥哥了。弟弟不会自己穿袜子，但哥哥会自己穿袜子。"他拿起袜子，很快就穿上了，还很得意地说："弟弟不会穿，我是哥哥了。"

　　天明老师10月份要回美国一趟，她发来邮件要我介绍目前的状况，问我还需要哪些帮助。每次天明给我写信，都会说："我常常在心里想着你们。"

国庆节，我回家看望了父母，他们年纪大了，身边没有子女照顾。有人说美国是孩子的天堂、老人的地狱，我觉得中国也渐渐有这方面的趋势。人的本能总是关照自己的孩子多于关照父母，我也是这样。随着社会的发展，家庭结构在发生变化，家庭越来越小，子女长大了，远走高飞，谁来照顾年迈的父母？人总有衰老的一天，老人和孩子都能得到适当的关心和照顾，才算是真正和谐的社会。

只要孩子高兴

国庆节后，宋志合老师担任我们班的配班老师，他是一位难得的热心幼儿教育的男老师。

这周，宋志合、青山把我们原来在户外挖的一个坑挖得更深、更大，在这个坑的旁边，又挖了一个坑，然后，在坑底把两个坑打通，形成一个洞。孩子们欣喜若狂，从一个坑"哧溜"滑下去，爬进洞里，再从另一个坑里出来。我们用木板搭了一个梯子，供孩子们爬上来。孩子们滑下爬上，不亦乐乎，就连腿脚不方便的丹丹，也毫不犹豫地一次次溜下坑去。每天的户外活动，孩子们都玩得一身是土，连头发上都是。我担心家长们会不满，但询问了几位家长后，她们都说："没关系，反正衣服每天都要洗，孩子高兴就好。小孩子总是喜欢玩土，家里还没有这个条件呢。"一位妈妈还说她的孩子这周睡觉特别沉，晚上入睡时间和以往一样，可是早上醒不来。我想，可能是孩子的运动量大了。

班上有了男老师就是不一样。青山力气大，能把孩子举得高高的，像坐飞机似的在空中转一圈再放下来，孩子们高兴极了，不断要求青山再重复一次。秋游的时候，若有孩子走不动了，青山就把孩子放在自己的肩上或抱起来。他几乎有求必应，以至于其他老师劝他不要太宠孩子了。青山和宋志合都是能工巧匠，他们锯木头的时候，一些孩子围在他们身边，帮忙拉锯子。宋老师用木头做了几个小车、小飞机模型，孩子们见了，也拿个榔头"叮叮当当"地往木头上敲钉子。我生怕榔头砸到孩子的手，总是密切注视，或不停地提醒他们小心。可是，我发现孩子们有自我保护的意识，轻易不会砸到自己的手。

周三烹饪课，王莉老师带着孩子们做点心。孩子们将面团捏成各种形状，厨房的师傅帮我们蒸熟。端上来的时候，孩子们迫不及待地要找到自己做的那一个，找不到的孩子还急得直哭。一位妈妈把家里的烤箱拿到幼儿园来了，下周三我们准备尝试做饼干。

很喜欢华德福教育的蓓蓓老师，放弃了原来令人羡慕的学业，决心投身于幼儿教育。但一个班级成人不能太多，因此我在华德福班的时候，她就到托儿班去帮忙。目前国内的老师越来越多了，德国的华德福教育之友基金会也再次援助我们。在此，我表示深深的感谢。我相信，只要有信心并坚持下去，任何困难都能迎刃而解。

四个孩子的故事

月末，我们要给每个孩子写观察报告。以下是我给四个孩子写的观察报告的片段。

小杰的观察报告：

有一次，他嚷嚷不吃晚饭。起初我说："你明天还想来幼儿园挖坑、钻洞吗？你不吃，就不能来了。"他说："可以。"我一看这个方法不灵，又说："要经过你妈妈同意，你才可以不吃晚饭。今天晚上你回家和妈妈商量一下，如果她同意了就给老师打电话，你明天就可以不吃晚饭。"他没有吭声，坐下来，一口气吃了三个小包子。

在卧室睡觉，他能保持安静，不用费很长时间就睡着了。

前天我看到丽丽抬木头时不小心碰到小杰的腿，小杰用手捂着疼痛的地方，对着丽丽大声喊叫："你碰到我的腿了。"丽丽说："我不是故意的。""不行。"他边说边走了过去，气势汹汹的样子。丽丽又说："对不起。"小杰说："给我揉揉！"丽丽给他揉揉腿后，他们两个又一起玩了。

　　有一天上午室内自主游戏时，小杰喜欢用一根绳子不停地打结。我在一旁钩毛线，他走过来坐在我的身上，坐了很长时间。有的时候他还要我抱抱，我很高兴地把他抱起来，可惜没有力气把他举得高高的，像青山那样让他在空中飞起来。

丹丹的观察报告：

　　那几天，丹丹看到我在一旁做针线就靠过来："老师，我也来做好吗？"记得第一次我是在缝一件衣服，我把针线给她，随便她怎么缝。第二次，我见她喜欢做针线，就给她一块黄色的羊毛毡布。虽然她缝不好，但她愿意尝试，我就放手让她试试。她很想长大后当妈妈，我乘机说："妈妈都会做针线活，你可以从现在开始学。"

　　我教她用一根毛线编带子，她大致可以自己编。我又想教她用三根绳子编辫子，这对她有点难了。我钩小包的时候，她也想钩，我就把她抱在身上，手把手地和她一起钩。

　　有一段时间，丹丹每天早上带一个煎饼来幼儿园，不肯吃幼儿园的早餐。有时吃不完，中午接着吃。这么做，一些孩子受她的影响也不愿吃早饭，而且中午吃剩下的煎饼又冷又硬，吃到肚子里也不舒服。那几天自主游戏时，丹丹总和我一起做针线。我自信她对我有了足够的信任后，便对她说："丹丹，请你看着老师，答应我，明天不要带煎饼来幼儿园了。"我反复说了三遍，她点头了。第二天果然她没有再带煎饼，并且从此以后我没有见她带过煎饼。

园园的观察报告：

园园刚来我们班，吃饭时她坐在椅子上，老把椅子后腿翘起来，我便坐在她的身后，用脚踩住椅子。吃饭过程中，她不时地要离开座位，我把她拦住，或一次次抱回来，她就生气，并烦躁地喊叫。我赶快给她讲故事："有个孩子叫东东，有一天在外面玩的时候，听到一个声音：'谁来帮帮我呀，我要出来！'咦，是谁在说话？原来地里有一个大白萝卜，它想从地里钻出来。东东跑回家，问妈妈怎么办。妈妈给了他一把铲子，他吭哧吭哧地把白萝卜挖出来并带回家，还给白萝卜洗澡、喂饭，哄它睡觉。……"一讲故事，园园安静了下来，专注地听。我乘机一口口喂她吃饭，看她已经没有离开的意思了，我就尽量让她自己吃。她胃口很好，只要能安静下来，吃饭也挺快的。她喜欢吃肉，基本上不挑食。

有一天，小朋友都洗完手了。宋老师让她洗手，她不知道为什么在闹情绪，一屁股坐在了地上。我走过去，一手拉她起来，一手给她看我手里刚刚捡到的半个核桃壳："圆圆，你知道是谁给吴老师这只小船的吗？""是谁啊？""是一只小鸟。我跟你讲啊……"她顺从地跟着我去了洗手间。

有一次她尿湿了裤子，却吵着不肯让老师换干净的，我说："我听见大灰狼在说'我要穿园园的裤子'。"她放弃了抗拒，问："大灰狼说什么？""大灰狼说它喜欢你的裤子。它想穿。"我赶快给她把裤子穿上了。

前些天，早饭前，小朋友都洗手准备吃饭了。奇怪，怎么看不见园园呢？原来她在电脑室，和乔老师一起，不肯出来。我想一定得让她参加集体活动。我一进电脑室，她就嚷嚷："我不洗手！我不走！""园园，你额头上怎么有颗美人痣？好漂亮啊！我抱你去照照镜子。""不，不去。"但她的口气缓和了许多。我抱起她说："今天早上有只小鸟和吴老师打招呼……"她不再反抗，和我一起到了洗手间洗手。

园园常常因为一点点不如意，就会哭哭啼啼。如果老师置之不理，她会越哭越大声，嗓门特别洪亮。只要我发现她有异常，总是会关注她的需求，抱抱她，必要时转移她的注意力。但我也有困惑：每次这么做，会不会让她养成一不如意就哭的习惯呢？

园园睡午觉是个老大难问题。老师常常要用一小时的时间哄她入眠。开始，我也是讲故事让她保持卧室的安静，否则她睡不着，经常会突然大声说话，影响别的孩子。王莉老师发现，午睡时给园园讲的故事不能太精彩，越简单越好，比如有个男孩在放羊，傍晚他要回家了，想看看大灰狼有没有吃他的羊，他数一数还有多少只。1、2、3、4……王老师一直这么数下去，可以把园园数睡着。有一次，无论我怎么编最单调的故事，她也睡不着。半个小时后，我什么也不讲了，给她按摩。慢慢地，她不乱动了，十分钟后，她终于睡着了。

最初一个月，几乎每次园园一说要尿尿，老师总是第一时间冲到她的身边，以最快的速度领她上厕所，唯恐慢一步，她就尿裤子了。的确有好几次，她因为玩得太投入，来不及去厕所，尿了一地。到了10月，她基本上没有再出现这种情况。

户外活动时，园园特别陶醉于玩沙子，她可以专心致志玩上一个小时。她的衣服和裤子常常是最脏的，沾满泥土，有时还被弄湿了。她还常常把自己想象成小兔子，要我去追她。一旦跑起来，她总是笑个不停。她的欢笑感染得我也兴高采烈，一次次地假装是大灰狼去追她。

一天下午，就剩园园一个还在吃点心了，我陪着她。她听见外面有孩子喊要把螳螂弄死，便大叫道："不行，你们不能把它弄死。"可惜，没有人听见她的话，她眼泪汪汪的，好像看到螳螂已经死了一样。还有一次，一个小孩也说要把一只螳螂弄死，她说："你要把它弄死，我就要发疯了。"

有一次洗完手，她向大厅跑去，我赶紧追她，一把抓住她的手臂，把她抓得有些疼了。她哭了，我向她道歉，哄了一会儿，以为这件事情就过去了。大约过了15分钟，她从我身边走过时，特意打了我一下。我一时没反应过来，后来想她一定是为刚才的事情打我。

欢欢的观察报告：

欢欢第一天来我们班上，出乎我的意料，他没有哭，也没要找妈妈。看到他只能说三个字组成的短句，我的心里升起一种强烈的怜爱之情。我很想帮助他，却又感到力不从心。他不爱听故事，可能句子太长他听不懂，也可能他听力不好。他把所有的老师称作"妈妈"。一有机会，我就大声对他说话："穿鞋，穿鞋。欢欢在穿鞋。""喝水，喝水，我要喝水。"他拿着纸折的飞机说："大飞机。"我接着说："大飞机，飞得高。"他跟着说："大飞机，飞得高。""飞到东。""飞到东。"

虽然欢欢不能像别的孩子那样表达自己的愿望，但他十分机灵、聪明，他的动作和表情足以让我们明白他的意思。有一次，他拉着我的手，眼睛看着我，流露出喜爱之情。当小朋友把他用沙子做的"饭菜"打翻时，他皱着眉头，非常苦恼，喊老师来看。餐前，大家都坐好了，只有青山还站着，他立即跑去搬来一把小椅子，挥动小手示意青山坐下。周五，我们秋游，他发现草地里有只蚂蚱，我抓住给他，他想拿，却又不敢。当他终于鼓足勇气拿起时，转身就向王老师和青山跑过去，要让他们也看看，可惜半路上蚂蚱逃跑了。

有一天，上班车前，他拉着我的手往某个方向指，并不停地说着什么。我听不懂，顺着手指的方向看到了柿子树。我以为他是让我看柿子树，他表示不是。我再仔细观看，终于看到柿子树高高的树枝上剩下最后一个柿子。"我看见了！"我们俩顿时都很高兴。他常常能发现别人注意不到的地方。班上的梳子找不到了，有一天他指着走廊门口的石头墙要我看。"啊，我们的梳子被欢欢发现了！"

欢欢有秩序感。每次换鞋，他都是坐在门口的椅子上，有时椅子拿到户外或搬到教室里，他就到处找，一定要把椅子找回来，放回原处，他才能换鞋。

每当欢欢很想告诉我什么，而我不明白的时候，我的心里很难过。

学会等待

瑞典资深的华德福老师爱迪特周一来到我们的幼儿园，这是她第一次来到中国，计划帮助我们三周。爱迪特已是 72 岁高龄的人，把毕生的精力都奉献给了幼儿事业。她余生的梦想是到各国去帮助传播和实践华德福教育的理念。

爱迪特谈到，在混龄班里，有些活动只能让大孩子参加，老师要告诉年龄小的孩子："等你长大了，你也可以做。"学会等待也是重要的一课。爱迪特批评西方有许多家长，孩子要什么就立即给什么，这种做法容易助长孩子的自我中心意识。在我们班，每次吃饭，必须所有的孩子都分到饭菜后，大家才能开吃。

来自台湾的妈妈孟利，热心华德福教育多年，将两个孩子都送进了华德福学校。利用探亲的机会，她专程来我们班级访问和指导，提出了宝贵的建议。她还带着老师们做了台湾的晨圈活动。台湾的华德福教育已经实践十几年了，他们的丰富经验值得我们借鉴。

在房山妇联的安排下，我和爱迪特到农村的一所幼儿园向家长们介绍幼儿教育。爱迪特做的手工玩具引起一片惊叹，她做的手指游戏博得了大家的喜爱。

11 月 5 日和 12 日，我们在幼儿园举办了两次华德福培训活动，爱迪特是主讲人。每次活动结束，尽管爱迪特很疲劳，但她非常高兴能将积累了几十年的华德福经验和理念与更多的人分享。看到她由衷的满足和喜悦，我到处打电话联系，为她创造更多的讲课机会。我们邀请一位北大学生为她做德语翻译，这位学生说："那晚回来以后，我的生活和观念都发生了很大变化。"她觉得爱迪特使用的德语和她平时上课接触到的德语不太一样。我感觉爱迪特是用火一样的热情、诗一样的语言在传达丰富的内心。

2005 年 8 月，《天涯》杂志社和"自然之友"联合举办"自然生活和思想写作"征文活动，最近得知，全国有三位获奖者，我是其中之一。11 月 22 日我被邀请到深圳参加颁奖仪式。我有三个梦想，一是实践华德福教育，二是推进环境保护，三是翻译和研究甘地著作。自从开办华德福家庭式幼儿园以来，我的全部精力几乎都放在幼儿教育上了。

柿子节和灯笼节

一个月前，幼儿园的柿子就已经红彤彤、金灿灿地挂满枝头。我每天看到它们，心生喜爱。有一天我突然想到，英国一位华德福老师曾经创办过苹果节，我们也可以创办一个柿子节。我把这个想法告诉了老师们。

一周后，黄艳就创编了关于柿子的儿歌和故事。李宏颖帮忙找到一首绕口令："树上有个涩柿子，树下有个石狮子，风吹柿树哗哗响，树上掉下了涩柿子，柿子打着石狮子，狮子碰坏了涩柿子。"谭志国帮忙找到了关于柿子来历的传说："柿子树是后羿射日的箭变成的，其果实是太阳的化身。由于太阳是天帝之子，后羿射杀了太阳，太阳化身的这种果实被称为"弑子"，且苦涩不能食用。后来，人们觉得'弑子'这个'弑'字太不雅致，就渐渐改成了同音的'柿'字。被后羿射落的太阳，纷纷落在华夏大地的四面八方，因水土各异，化身为不同品种的柿子。"

根据这个传说，我写下了这样一个故事：

有一年，天空出现了十个太阳，大地被烤得都快着火了。人们无法耕种，无法谋生，面临死亡的危险。有一个人名叫后羿，决心要射掉多余的九个太阳，拯救老百姓。他做了一把威力无比的弓箭，天天挥汗如雨，练习射箭。终于有一天，后羿练就了一身功夫。他花了九天九夜的时间，攀登上了一座高高的大山，射下了九个太阳。

后羿射掉九个太阳后，累得倒在地上睡着了。太阳的父亲天帝看见自己突然少了九个儿子，非常伤心。他到处查找究竟是谁射杀了他的儿子，并发现了怀抱弓箭正在睡觉的后羿。一气之下，他把弓箭夺走，将之摔成碎片，往大地上抛撒。没想到，过了100天，在弓箭碎片落地的地方，长出了一棵棵美丽的小树。天帝为了纪念自己的儿子们，让他们化身为树上的柿子。这样每年柿子成熟的时候，天帝就能看见儿子了。为了惩罚人类，天帝让柿子又苦又涩，不能吃。

有一年夏天，大雨不停地一连下了40天。河水冲到了麦田里，把麦子淹死了。河水漫进了菜地里，把青菜都冲跑了。到了秋天，人们颗粒无收。大家只得四处寻找吃的，把树上能吃的果子都吃了，把地上能吃的草也吃光了。孩子们饿得哇哇大哭："妈妈，我饿呀，我要吃饭。"妈妈的眼泪吧嗒吧嗒地落下来。

整个村子，以及附近的山坡，唯有柿子树上的果子不能吃，因为太苦太涩了。人们每天看着挂在枝头的红形彤、沉甸甸的柿子，心里十分焦虑。

有一个小男孩叫明玉，他想到了一个主意："妈妈，因为天帝生气了，才把柿子变得又苦又涩，我们请求天帝的原谅，也许天帝就可以把柿子变得甜甜的。"

妈妈带着明玉爬上了高高的天山，点燃一炷香，然后跪在地上祷告："天帝啊，请你原谅后羿射杀了九个太阳，我们知道你心里很难过，很想念失去的九个孩子。今年发洪水，庄稼全被大水淹了，我们没有吃的东西了，现在只有柿子能救我们的命，请你发发慈悲吧。"

天帝听到了妈妈的恳求，他从天上往下一看，孩子们一个个那么的瘦小、无力，再也听不见他们的笑声，看不见他们奔跑的身影。天帝很同情他们的遭遇，他说："我可以把柿子变得又甜又软，但为了纪念我的九个儿子，柿子采下来后，你们要好好地珍惜它们，每天把柿子放在太阳下晒晒，21天后，柿子就可以吃了。"

妈妈和明玉赶快道了谢。下山后，他们把好消息告诉了村里所有的人，大家把柿子从树上小心翼翼地采下来，恭恭敬敬地放在阳光下面晒着。过了21天，柿子渐渐地变软了，人们把皮剥开，咬上一口，太好吃了！

柿子拯救了村里人的生命，以后每年到柿子收获的时候，大家都会围在一起，讲故事、唱歌、跳舞，庆祝柿子的丰收，感谢天帝的慈悲，感谢太阳给予我们光明，感谢大地赐予我们食物。

一切准备就绪后，我们举办了柿子节活动，几乎班上所有孩子的家长都来参加了。老师用偶戏表演了柿子的故事。尽管语言不通，青山仍然满怀热情，克服重重困难，参加了偶戏表演。菲菲老师带大家唱了一首她自编的感谢歌："感谢阳光、雨水，感谢爸爸、妈妈，感谢所有爱我们的人。感谢甜美的柿子。"伴随着婵娟老师的歌声——"柿子树上结柿子，一个一个像灯笼。又大又甜真好吃，大家快来尝一口"，王莉老师送给每个孩子一个大柿子。

柿子节后，11月11日恰逢瑞典的灯笼节，爱迪特教我们做有星星和月亮的小灯笼。夜晚时分，孩子们提着小灯笼，和家长一起走在院子里，在菲菲老师的带领下，大家唱起了爱迪特教我们的小儿歌：

小灯笼，小灯笼，

你在夜晚行走，

星星亮晶晶，

灯笼明亮亮，

我喜欢小灯笼呀。

下周二，爱迪特老师就要回瑞典了。来北京之前，她发愁人生地不熟，语言又不通，连英语都不会说，怎么度过这三周漫长的时光。如今快要回国了，她突然觉得时间过得好快。她患有糖尿病，来到中国后，血糖反而下降了，她说可能是食物、气候的原因，也可能是大家亲如一家使她心情好的原因。

感谢爱迪特给予我们无私的帮助。她说她最大的心愿是在有生之年，把自己一生积累的经验和感悟传递给更多的人。她期待来年还来中国。

孩子的四种性情

孩子有四种不同的性情，到了六七岁时，其性情显现得比较明显。

第一种性情的孩子：性格活泼，身体比较柔软，身形清瘦，动作轻快。每天很开心，即使遇到不高兴的事情，也会很快将之抛诸脑后。对新东西很好奇，难以坚持做完一件事情。到处结交朋友，但都是泛泛之交。

第二种性情的孩子：天生是个领导者，全家或身边的人都要听他的。在一群人中，喜欢引起别人的注意，成为中心人物。热心帮助别人做事，积极参与游戏。通常长得肩宽体胖，身体强壮，关节也很结实。

第三种性情的孩子：性格忧郁，体态修长，动作不快，自我意识强烈，所有的事情都要做到位，总觉得自己做得还不够好，容易陷入痛苦的感情中。求知欲强。

第四种性情的孩子：性子慢，动作慢，喜欢享受、闲聊，找不到事情可做时，就吃东西。家长要注意别把他养得圆鼓鼓的，可以让他画画、做手工等。

每种孩子代表不同的颜色。第一种孩子像橙色，欢快活泼，急匆匆地来，急匆匆地走。第二种孩子像红色，热情奔放。第三种孩子像蓝色，有些忧郁，与现实产生距离感。第四种孩子像绿色，安静平和。

每种孩子的个性都不一样。第一种孩子看见花，会很高兴地摘下，然后很快扔掉。第二种孩子看见花，可能会将之连根拔起。第三种孩子看见花，忍不住蹲在花前赞叹一番。第四种孩子则会画下眼前的这朵花，享受画画的过程。

华德福老师要根据孩子的不同性情和反应因材施教。比如讲一个蜗牛的故事，不同性情的孩子反应会不同：第一种孩子会不喜欢；第二种孩子也不感兴趣，还和别的孩子窃窃私语；第三种孩子会听，并注意故事里的细节，比如蜗牛住在哪里，吃什么等；第四种孩子会喜欢这个故事，听得津津有味。为了让故事更有吸引力，老师可以在故事里加进蝴蝶、跳蚤、小狗等，容易吸引第一种性情的孩子，加进老虎、狮子等，容易吸引第二种性情的孩子。

当然，孩子的性情通常也是比较复杂的，只是有一种较突出而已。第一种孩子主意多，求知欲强，但忘得快。第二种孩子是贯彻主意和想法的主力。第三种孩子记得牢，学过的内容不易忘，但不太和其他孩子交往。华德福小学会把性情相近的孩子安排在一起，而在幼儿园里，老师不会这么做。

对于不爱与外界交流的孩子，老师可以有意识地创造机会，让他多和别人交往，比如让他帮忙做菜或负责分饭菜，让他和大家一起画画，让他多参与一些集体活动，还可以安排他坐在第一种孩子旁边。

手指游戏

爱迪特在讲座中提及，手指游戏是由一位音乐家发明的，这位音乐家认为音乐有益孩子的身心健康，目前已在全世界出版了七种这方面的书。爱迪特希望能把这种手指游戏介绍到中国来。她在所做的 12 次演讲中，每次都会带大家一起做手指游戏。有些手指游戏可以一个人做，有些是两个人做的。

在当今快节奏的生活中，父母和孩子的身体接触往往是匆忙的、简单的、粗鲁的，父母通过和孩子一起做手指游戏，可以把美好的亲情带给孩子，使孩子感受到平静、愉快、满足。德语的"认知世界"意为"触摸世界"，试想一个孩子从来没有接受过父母的抚摸，那会是什么样？他很可能封闭内心，不爱动，性情孤僻，或经常做出破坏行为。亲切的触摸能打动孩子的心灵，唤起他美好的感情。

欧洲现在有百分之二十五的孩子患有语言障碍症。语言和我们的思考密不可分，思考一旦出现问题，就会导致语言障碍。手指游戏是伴随儿歌、童谣或者节奏的手指"舞蹈"。手指的运动会促进大脑神经的发育、完善，提高语言能力，有助于孩子的智力发展。有序的手指动作，能激发有序的思考，帮助孩子清晰地用语言表达。有些患自闭症的孩子，经过一段时间的手指游戏治疗，语言能力明显得到改善。

通过多年的实践，爱迪特发现，没有哪个孩子不喜欢手指游戏。有的孩子虽然刚开始站在一旁观看，过了几天后，他一定会加入的。当孩子情绪不稳时，当孩子过生日时，当孩子孤单时，请和孩子一起做手指游戏吧！

手指游戏可以和童话故事相结合，因为华德福教育非常重视童话，童话中的动物、人物等角色，是我们内心的外化。王子象征自我，公主象征灵魂，王子要经过重重考验才能和公主幸福地生活在一起，一个人也必得经过许多困难，自己的灵魂才能得到升华。年老的国王象征古老的智慧，年轻的王子象征新的想法。花园、河流象征生命力，动物象征心中的力量，人征服动物是人在和内心的某种力量斗争。

在童话故事里，母亲去世，继母来了，象征一个人失去了原来的生命力。继母带来的女儿象征我们内心要克服的邪恶力量，童话中的精灵晚上帮助我们恢复精力。巨人象征古代强壮的生命力。孩子对世界的认识是经由感官体验到形象思维，再到抽象思维。4岁的孩子可以听懂简单的童话故事。

幼儿园的男老师

宋志合担任我们班的主班老师已经四周了。爱迪特在的时候，特别强调幼儿园有男老师的好处。男孩子需要做些力气活，比如锯木头、钉钉子、挖地、拔萝卜等，在男老师的带领下，他们的需求能够得到更好的满足。在户外，男老师还可以带动孩子奔跑、爬树、探险等。与擅长做细致工作的女老师相比，宋老师也"心灵手巧"，他看到爱迪特老师做的小木船后，马上也自己动手做了一艘。他还在灯笼里面放上泥土做的底座，用来固定蜡烛。他的足智多谋获得了所有孩子的赞叹。

谭志国已经来我们园做了一个多月的志愿者，每周五周六来帮忙。因他路上往返一趟，每次都要花上五六个小时，他决定随后把家搬到我们幼儿园附近，将更多的时间投入到幼儿园里。

由于种种原因，我们园还是有资金上的困难。如果缺乏坚定的信念，缺乏对幼儿教育事业的热爱和奉献精神，是很难坚持下去的，因此我们常常需要从精神世界里吸取力量、勇气和智慧。华德福教育要求班级的老师应该在孩子入园前半小时到班里做准备工作，并且每天早上围成圆圈开始晨诵。我们之前曾坚持这么做过，但人员的变动以及早上整个园里的清洁工作，使得我们常常中断。从这周开始，整个幼儿园的老师集体晨诵。

不否定孩子

有一位家长曾说，她小时候最痛苦的事情就是妈妈说她笨。因为一件事情没有做好，就全盘否定这个人，这种现象常常发生。不少家长看到孩子某件事情做错了，一着急就说："看看你怎么搞的，这点事情都做不好，长大后还能做什么？"其实，一件事情做不好，家长可以耐心地帮助孩子，或者就事论事，指出错在哪里。对孩子说话，不仅家长要注意方式、方法，老师也要注意。

无论对于孩子还是成人，提出批评意见，是为了让别人改正，向着你所期待的方向发展。如果我们简单、武断地下结论，比如"你就是没本事"，这样的批评不仅达不到我们预期的效果，而且还会伤了和气。

我的女儿小时候练习弹钢琴，每次弹错音，我都毫不迟疑地指出来，而弹正确了，我觉得是应该的，从来没有想过要表扬她。结果一个小时练琴下来，好像她尽是错误，因为我只看到了错误。有一次，我的伯母来我们家，她不停地表扬我的女儿弹得好，由于她的表扬和鼓励，女儿可以把一首曲子练上二十几遍，也不觉得枯燥。这给了我很大的触动，令我反思。

虽然自己明白孩子需要鼓励，可是一到现实中，却不自觉地以纠错者自居。

办幼儿园至今，人与人之间怎样才能友好相处，也是我必须面对的最大挑战之一。原先我不敢想象自己去办园，就是因为我不懂怎样和各种人打交道，我的工作一向可以独自完成。而办好一个园，哪怕是管理一个班级，就必须学会怎样和不同的老师相处，怎样共同协助。人际交往是有一些规则的，最最重要的是学会平等对待不同性格、脾气的人，学会尊重、宽容持不同意见的人，学会放弃自我。我在这方面做得还很不够。

小鸟的羽毛

冬至是中国二十四节气之一，这一天白天最短，黑夜最长。这天的传统习俗是吃饺子。适逢冬至，园里老师教孩子们背诵了"九九"儿歌：

一九、二九不出手；

三九、四九冰上走；

五九、六九，沿河看柳；

七九河开，八九雁来；

九九加一九，遍地耕牛走。

本周的高潮是圣诞欢庆会。宋志合老师利用周末休息时间，把大厅装饰得具有浓浓的节日气氛，而且还承担了整个活动的组织协调工作。活动当天，宋老师做节目主持人，婵娟弹钢琴，其余的老师上身穿着白毛衣，外套粉红色的围裙，手中拿着点燃的蜡烛，伴随着琴声，犹如仙女般缓缓从楼梯上走来，以"平安夜"之歌拉开了欢庆会的序幕。

老师们用偶戏表演了耶稣诞生的故事，又一连唱了几首圣诞歌曲。菲菲老师讲故事字正腔圆，发音清晰，情绪饱满。志愿者李宁老师的歌声非常响亮、美妙。看到自己熟悉的老师载歌载舞，孩子们也情不自禁地走上舞台，和老师们一起欢庆。平时比较安静的宋逸，此时旁若无人，放开了嗓门尽情地歌唱，我暗自惊喜看到了他的另一面。一位家长告诉我，她没有想到孩子们的状态这么好，特别受感动。

爱迪特说她的幼儿园每周五是外出活动日，无论刮风下雨，都无法阻挡他们到大自然里去的步伐。从10月份开始，只要天气尚可，我们班每周五上午也坚持外出。本周五天气格外晴朗，幼儿园的后面就是广阔的田野，我和孩子们走在红豆地里，不时捡起几粒红豆，擦擦干净，装进口袋。远处光秃秃的树枝上，一眼望去就能看到鸟巢，这时我觉得我好富足，我们的幼儿园也好富足。城市里的高楼大厦、灯红酒绿，我都不需要，因为没有大自然。只要能生活在大自然中，我宁可选择贫困中的富足。我真希望所有的孩子都能在大自然中成长，大自然给予心灵的滋养远远胜过人为的设计。

大宝捡到一根羽毛，他问妈妈是不是小鸟把羽毛弄丢了。妈妈说不是，这是小鸟换下的羽毛。大宝还是不肯相信，对我说："吴老师，我把羽毛送给你，如果小鸟飞到你家，你问问是不是它掉的，如果是，就还给它。"我说："好的，小鸟来了，我一定问问。"我把羽毛带回家，等待小鸟的到来。

思考·感情·意志

我们幼儿园开办了衔接小学的学前预备班。从第二次课开始，老师带着孩子们背诵《弟子规》，大家边背边做一些动作。我发现背诵时间略微有点长时，个别孩子就有些不耐烦的样子。

有个孩子，上课时干扰老师讲课，几次劝阻无效后，我把他带离教室，讲了一番上课要认真听讲的道理，直到他答应遵守纪律，才让他进教室。事后，我的妹妹告诉我，在美国华德福小学低年级，如果某个孩子不遵守课堂纪律，助理老师就会把他带到外面走一圈，直到他准备好上课为止。

华德福教育不主张太多的说教，在成人语言的包围下，孩子没有自己的表达空间，被外界灌输得太多，会失去内心的世界。而且，面对成人的讲理，孩子内心往往抗拒或不满，以致事与愿违，达不到教育的目的。以后，我会提醒自己少说、少讲道理。

资深华德福幼儿园老师天明提到有两种教学方式，一种是让孩子在做中学，另一种是让孩子观看。比如想让孩子认识和了解兔子，有的家长会选择让孩子看相关电视节目、绘本等。

但华德福教育不赞成这么做。华德福教育认为，看电视、绘本等学到的知识只是停留在大脑，很难触动孩子的情感。如果有条件的话，最好让孩子养一只兔子，孩子在喂养和照顾兔子的过程中，可以看到和摸到活蹦乱跳的兔子，了解兔子的习性等，这些知识是多感官亲身体验得来的，是很生动而深刻的。如果没有条件，华德福教育主张老师和家长可以通过儿歌、童谣、玩具、故事等，让孩子感受兔子，了解兔子的特点。

同样道理，我们应让孩子在大自然中感受季节的变化，而不是拿着图片告诉他："这是春天。这是秋天。"天明老师说要让孩子接触到真实的世界，看到冬天田野里的荒芜，看到干枯的植物藤蔓，感受到季节的寒冷。孩子长大后，他会把对季节的感受转化成人生的体验：遇到痛苦和挫折就像是遭遇冬天，但冬天来了，春天还会远吗？

华德福教育中大量的手工活动，也涉及思考、感情和意志。天明老师带我们做了一个娃娃，告诉我们做娃娃之前，首先要想一想做成什么样，需要哪些材料和工具，娃娃的身体选择什么颜色，等等。做的过程是发挥意志的过程，我们应该投入怎样的感情让娃娃看上去更加可爱。现在有不少初中生厌学，一个原因是他们从小学到的知识是灌输进大脑的，长大后他感到学的知识和他自身没有任何关系，甚至感受不到生活的快乐和美好。

这周我们开了一个简短的家长会，家长们反映孩子最盼望每周三的烹饪活动和每周五的远足。几乎每个周四晚上，孩子都会提醒家长准备水和小食品。远足的时候，不光孩子高兴，老师也高兴。有霜的日子里，我们还一起品尝了树枝上霜的味道。有人提出现在的孩子太自私，只想到自己，不想到别人。但远足时，不用老师说任何道理，孩子们都会自发地分享食品。遗憾的是，我们的远足活动可能不得不取消。有关部门已经三令五申，不容许老师带孩子离开幼儿园的大门。

偶戏故事

天明老师在我们园排演了偶戏格林童话《甜粥》。为了便于演出，我对故事的细节进行了改动。

很久以前，在一个树林里有一座很小的房子，房子里住着一位妈妈和她的女儿。她们非常穷，经常没有饭吃，只好饿着肚子。

有一天，小女孩去树林里散步。她走着走着，突然遇到一位陌生的老奶奶。老奶奶看了看小女孩，知道她家里很穷，就决定送给小女孩一口小锅。她对小女孩说："当你饿了，就对小锅说'小锅，做饭。小锅，做饭'，小锅就会做出许多香喷喷的饭。当你吃饱了，就对小锅说'小锅，停下来。小锅，停下来'，小锅就会停止做饭。"小女孩连忙谢了老奶奶，捧着小锅，高高兴兴地回家了。到家后，她把遇到老奶奶的事情告诉了妈妈。自此，妈妈和女儿再也不会挨饿了。

过了一段时间，小女孩又去树林里散步。妈妈在家里左等右等，仍不见她回家。妈妈肚子饿了，就对小锅说："小锅，做饭！小锅，做饭！"小锅就做出许多香喷喷的甜粥。妈妈吃饱了，又对小锅说："小锅，休息了！小锅，休息了！"可是小锅仍然不停地做饭，甜粥越来越多，从锅里流到桌子上，从桌子上流到地上，从屋子里流到了外面。妈妈急得团团转，一个劲儿地说"小锅，休息了"，可是没有用。

这时小女孩散步回家，看到眼前发生的一切，赶忙对小锅说："小锅，停下来。小锅，停下来。"小锅终于停止工作。不过，从那以后，树林里出现了一条甜粥做成的河流。

偶戏中用到的人物、场景、道具，全部由天明老师亲自准备。她告诉我们：绿色的丝绸铺在桌面上，能让人联想到树林；妈妈和女儿的家用粉红色的布表示，给人温暖的感觉；小女孩穿粉红色衣服，表示年轻；妈妈则穿红色衣服，披条围巾；老奶奶穿紫色衣服，象征她很有智慧，还给人一种神秘感；几块木头和一些松果象征森林。

这个故事适合3—7岁的孩子听，不同年龄的孩子对故事的理解不同。3岁的孩子会觉得甜粥到处流淌很好玩，5—6岁的孩子会发现故事中的妈妈说错了，有的孩子忍不住会说："不对，应该说'小锅，停下来'！"5—6岁孩子的倾听能力和语言能力明显高于3岁孩子的。

孩子们慢慢都会从这个故事中明白一个道理，即认真听别人怎么说，然后照着做。如果不认真听，就会把事情弄得一团糟，虽然"停下来"和"休息了"意思接近，但没有按照老奶奶说的去做，小锅就会不停地做饭。

讲故事前，老师要营造一种安静、祥和的气氛，比如可以点燃一支蜡烛、唱一首歌，让孩子们对即将听到的故事有所期待。这种方式能让孩子们自己安静下来，而不需要老师说："小朋友，要讲故事了，大家要安静。"故事讲完或偶戏演完后，让孩子不要急于鼓掌，拍手会把孩子从故事的情景和意境中拉回现实。

刚开始讲的故事可以比较简单，随着孩子年龄的增加，故事也要变得复杂起来。通常是故事主角经历一系列的挑战，最后战胜困难，有个幸福、快乐的结局。孩子长大后，会从故事中得到启发，勇于接受挑战，追求最后的成功。

华德福教育重视孩子的自我发现，而不是成人讲道理。因此，在给孩子讲故事时，老师选择的故事要有意义。比如，班级里有一些孩子特别吵闹，天明老师说可以编一个这样的故事：

　　　　鸭妈妈和七只可爱的小鸭子每天都在附近的小河里游泳、玩耍，快乐地嘎嘎叫着。有一天，鸭妈妈说："今天我要带你们去一个特别的地方，那里有个荷花塘，你们可以看到美丽的荷花，还能吃到许多好吃的东西。不过，荷花塘附近有一条鳄鱼，你们一定要保持安静。

明白了吗？"小鸭子们点点头说："明白了。"于是鸭妈妈带着小鸭子们出发了。

它们顺着河流游了一段时间，来到了荷花塘。它们看到了美丽的荷花，吃到了许多好吃的东西，还看到了正在睡觉的鳄鱼。小鸭子们非常安静，没有把鳄鱼吵醒。鸭妈妈带着小鸭子们游回去后，对小鸭子们说："现在你们可以大声说话了。"小鸭子们高兴地拍打着水面，不停地大声嘎嘎叫。这一天它们过得非常开心，晚上回家后，小鸭子把发生的一切告诉了爸爸。

利用这个故事，老师还可以进行简单的算术教学：故事里有几只小鸭子？游走三只鸭子后，还剩几只？

晨圈活动

有人问："一些书上也可以找到手指游戏、儿歌，华德福的晨圈活动和这些内容有什么不同？"我们的晨圈活动的确采用了不少书上的手指游戏、儿歌、童谣，但华德福老师把这些内容有机地组织成了一个时长20分钟的完整活动。以哪首歌或童谣作为开始？以哪首作为结束？动和静如何交替、穿插？晨圈的收和放、快和慢如何安排？晨圈的内容和季节的变化、节日的庆典如何联系？所有这些都需要考虑。

晨圈活动是华德福幼儿园的一个重要特色，一般二至三周更换一次内容。天明说孩子和老师围成一个圆圈，便于老师观察每个孩子的状况：哪些孩子能模仿老师的动作，哪些还不能？哪些孩子仍然分不清左右手？除了模仿能力，晨圈活动还有益于孩子语言能力和倾听能力的提高：注意听才会跟着老师一起唱或做动作。在晨圈活动中，每个孩子有自己的位置，老师原则上不容许孩子喜欢谁就一定要和谁站在一起。如果某个孩子坚决不肯和另一个孩子手拉手，就得请他到一旁坐着，等他准备好了才可以参加。

对于3—6岁混龄班的孩子，老师选择的晨圈内容既要考虑 3 岁孩子的需要，也要顾及 6 岁孩子的需要。刚开始活动时间可以短一些，以后慢慢增加，最长可以到 25 分钟。

除了晨圈之外，华德福教育主张让孩子自主游戏。如果孩子在游戏中发生冲突，尽量让孩子自己解决。孩子遇到不如意或者情绪低落时，尽量让孩子自我调整，以免养成不好的习惯：只要哭，大人就会满足他的要求，或关注他。老师应判断什么样的哭声要立即做出反应，什么样的哭声可以不管。

常有人问："华德福幼儿教育怎样和小学衔接？"天明老师说，如果上学前，孩子需要学会写自己的名字、认识几十个或上百个汉字、会 10 以内的加减法、会认识拼音等，华德福幼儿园可以教会孩子，但是孩子的入学准备不应该仅仅是储备这些知识，还应该培养专心听老师讲课的能力、安静一段时间的能力、与他人相处的能力，等等。孩子若健康、快乐、积极、自信并有良好的行为习惯等，就能很快适应小学的生活。

确保安全

对于任何一个幼儿园来说，确保孩子的安全应该是头等重要的大事。我们的园长李忱说，幼儿园的资金若是遇到困难，她会想方设法坚持下去，可是一旦出现安全事故，她就没办法支撑了。没有安全作为保障，再好的教育也难以实施。

天明在我们幼儿园时不仅观察华德福幼儿班和预备班的情况，还找每位华德福班级的老师谈话，并组织老师参加学习。就安全问题她谈了自己的看法。我在她谈的基础上做了一点补充，写在下面供大家参考。

第一，老师的生活要有规律，每天要保证充足的睡眠和休息时间，饮食要营养均衡，这样才有精力照顾好孩子。

第二，老师不仅要照顾好自己的身体，也要学会调整自己的心态。人生在世，难免会遇到各种不愉快，老师要找到适合自己的疏导方式，以积极乐观的心态对待工作。

第三，业余时间，老师要读书、画画、唱歌、接触大自然，使自己在思考、情感、意志这三方面保持平衡。

第四，老师要密切观察孩子。如果两个孩子的争吵声越来越大，老师就要意识到接下去两人可能会打起来。如果某个孩子经常打人，老师应注意观察其行为有没有什么规律。倘若老师能在孩子动手之前及时制止，就能减少孩子之间的冲突和事故。

第五，经常检查室内外一切供孩子玩耍的东西，确保没有尖锐的边缘和棱角，确保孩子不会吃进肚子里。户外活动时，孩子喜欢拿着木棍玩。木棍本是很好的玩具，但很可能伤着其他的孩子，老师应把木棍截短，或找个替代的玩具。吃饭时，汤不能放在离孩子太近的地方，万一孩子伸手打翻汤碗是很危险的。

第六，幼儿园的活动安排要有规律，这样孩子才能知道接下来要做什么。如果经常换来换去，孩子就没有安全感，不知道要做什么，情绪不稳定，容易烦躁。

第七，在户外活动要注意场地的安全。如果是自然环境，小山、沙坑、树木、草地等，老师看管起来比较轻松，可以边看着孩子边做些事情；如果有运动器材，老师就得全心照看孩子，高度警觉，不能做其他任何事情。

第八，定期检查孩子玩耍的场地和运动器械，提前预防危险发生。

第九，看管孩子的老师不能太多，人多了，就会放松警惕。例如，郭老师以为孙老师在看管，而孙老师以为郭老师在看管，结果谁都没有专心照顾孩子。

第十，任何时候，所有的孩子都必须在老师的视野内。除非上厕所，否则主班老师不能离开孩子。

十一，老师要勤给孩子剪手指甲。

十二，把具有明显攻击行为的孩子适当地和其他孩子分开。但分开不是隔离，而是应找到这个孩子的兴趣所在，让他有事可做。

回到成都后，天明老师仍然牵挂着我们，特地写来一封信，再次提醒我们她所发现的问题，我摘录如下：

> 我认为如果你们花些时间考虑大厅通道和房间的布置，你们的工作会变得轻松些。孩子们知道了做事的正确方式，其行为就会改善。同样，我认为如果你们对孩子有较高的期待，他们就会往这方面努力，做你们要求他们做的事情。户外活动时，如果让孩子戴上帽子，他们会更温暖。还有，孩子应该把糖果和玩具留在家里。
>
> 各位老师，请照顾好自己的健康，吃好、睡好很重要，这样你们才能照顾好孩子，因为只有我们开心，孩子们才会更开心。老师之间的良好合作需要时间，而心胸开阔和诚恳的交流也很重要，几位老师在一个班级里工作，能相互配合是最重要的。老师们还要观察每个孩子，讨论他们在幼儿园里展现出来的成长状况，也许你们可以每隔三个星期做一次这样的讨论，分享彼此的观察，增进对孩子的了解。

在自由和规则之间

天明老师建议孩子们更换衣服、鞋子的地方，要有明确的标示，以让孩子明确自己的东西应放在何处。我们班的孩子每次换衣服和鞋子时，总是有些混乱。我们的鞋架上贴有每个孩子的专用图标，但每个孩子的衣服却没有固定的位置放。如果每样东西都有固定的位置放，场面就会有秩序得多。老师得学会空间的设计和利用，以便孩子养成良好的习惯，知道自己的衣服、鞋子放在哪里。一旦形成习惯，孩子轻松，老师也轻松。

天明说孩子意识的发展和人类意识的进化有某种对应关系，幼儿园的孩子相当于早期的人类，那时人们听从部落首领的决定。同样道理，在幼儿园，老师或家长应决定孩子该做什么。

有一次外出活动，我们班有个孩子穿衣服时拉链没有拉上，我见了就去帮忙。她强烈排斥，一脸的不高兴，我也就放弃了。天明老师在一旁看见了，事后告诉我：孩子外出活动时是应该把衣服穿好的，你要求的事情既然是对的，就应该坚持。

同样，天明老师认为，主班老师内心要有明确的期待或要求，这样孩子才会感受到老师的期待或要求，并努力做到。受天明老师的要求，晨圈活动时，有个别孩子不愿参加，我坚定地拉着孩子的手，让其参与进去。我发现如果老师态度坚定，孩子也会顺从的。

在给予孩子自由和规则之间，我们常常掌握不好分寸，仍然在摸索中。因此，天明建议我们把要求孩子遵守的规则写下来。比如，成人开会，孩子不能参加；孩子不能随便进出老师的办公室。

古人云"食不语"，吃饭时专心致志，有益消化。但关于就餐时保持安静的规则，不止一次有人提出异议：大家围坐在一起进餐，气氛那么温暖，说说话何妨？我认为即便要求孩子保持安静，他们也不可能做到绝对安静，总是会有人说上几句，只要声音不是很大，老师倒也不会制止，但如果我们容许孩子就餐时说话，大家很可能七嘴八舌，只顾说话而忘记了吃饭。也就是说，百分之一百地要求孩子安静，孩子通常只能做到百分之八十的安静。如果我们要求百分之五十的安静，孩子就只能做到百分之三十的安静。

上周一，田达生教授来我们幼儿园参观，他即将去德国参加华德福教师培训，为期三个月。他已经是年近七十的老人了，还精神饱满、乐此不疲地学习。

最近，不少家长打电话询问或参观我们的幼儿园，我相信寒假过后，我们园的孩子人数会大大增加。

春节将近，我们的儿歌、童谣、故事、手工都围绕着春节的主题开展。祝愿我们所有的孩子、老师和家长春节快乐！

成为爱的纯净容器

遇到动不动就打人的孩子，幼儿园的老师常常感到苦恼，询问我怎么办，我总回答"老师们要细心观察，辨认孩子要打人的前兆或信号"，但有些老师仍不太明白。最近我看到《奇妙的规矩》这篇小文，立即想到要和老师们分享。我把精华内容摘录如下。

瑞切不肯把从家里带来的玩具放进专门的架子里。我要求她这么做，她走到架子旁边，却立即转身离开，手里还拿着她的玩具。我拿过她的玩具，替她放进架子里。她把它拿出来，我再次从她手里把玩具拿走，放在她够不到的地方。她尖叫着打我，我抱起她，她用脚踢我（我脱掉她的鞋），并大声喊叫。这种情况持续了大约5分钟，然后她安静下来，我又抱了她约10分钟。之后她要她的玩具，我拿给她，她把玩具放进架子里，对我笑笑，然后和其他孩子一起玩去了。

卡尔是这个月新来的孩子，3岁了，身体健壮。他用脚跟走路，走起来很快。他对一切事物充满着强烈的热情。在幼儿园的第一周他过得挺好，他了解我们要做什么，我们对他的期待是什么。第二周的星期一午餐时，还没有到时间，他就起身离开餐桌。我要求他坐下，他坐下了，但又立即起身，还转过头看看我是否注意他。我温和地把他抱回餐桌，让他坐在椅子上。他又站起来离开，我又抱他回到椅子上。反复几次后，他再也不愿坐下。我把他抱在腿上，他开始哭喊、挣扎。他大发脾气，踢我、打我、咬我，持续了约10分钟。午餐时间，他的哭闹影响到几位敏感的孩子，配班老师去帮助他们。当卡尔停止发脾气后，他把头靠在我的胸上，安静地抽泣一阵，他在休息。我们就这样安安静静地坐了30分钟。然后他从我的腿上跳下来，高兴地加入其他孩子的玩耍中。

问题不在于午餐的秩序，或从家里带玩具的规定，问题是孩子的认同感和发现。他们在问："老师，我能信任你，让我成为我自己吗？我自己做不到，但在你的照看下，确信你不会让我伤害别人吗？我能在这里发现自己吗？"

这些活跃、好动的孩子必须为他们的精力和意图（intentions）构建一个容器。当他们经历丰富而激动人心地生活时，他们必须有一个很强的中心来把持住自己。3岁的孩子还没有这样一个容器和中心，照看孩子生活的成人必须为他提供，为他建构。尤为重要的是，成人要以爱和温柔的力量来完成。抱住一个强壮的正在挣扎的孩子相当困难，然而更困难的是松开 3 岁孩子的下巴，他正紧紧咬住我的皮肤！温柔而又充满爱心地这么做需要有坚定的信念：这个孩子是好的。在这种时候，我一定要看到他的内心，他想成为善良、温和、可爱的孩子。孩子由于发脾气或发怒而挣扎时，我必须成为他的容器。当孩子和小朋友一起玩，或工作时，我必须成为他的中心。

当我成为这样的容器，我想象自己是由纯洁的爱做成的。当纯洁的爱赋予我时，我知道它的力量所在。这种爱是宽容、鼓励、直面真理的。最重要的是我要成为爱的纯净容器。单靠身体的力量是无力面对发怒、恐惧的孩子的。只要我的手臂拥抱着孩子，这个孩子就是安全的，他就会愿意待在我的腿上。（无论是倒立，还是歪向一边，无关紧要！）当他咬人后，我不搭理他会怎么样？当他说"我恨你"，我愤怒地做出反应会怎么样？毫无疑问，这么做就在向孩子暗示："不，你不能信任我，我不会抱你了。我不会保护你了。"

当我是一个结实的、不会坏的、温柔的容器，孩子可以得到休息。风暴之后的平静是最为美丽、奇妙的，具有治疗的效果。我们一起在寻求发现。我们是伙伴，现在我们可以一起工作。

我们成人想改变行为或习惯时，我们首先注意到自己冒犯别人的事情。在我想对别人说一些刻薄话之前，我的胃开始疼。当我感到胃剧烈疼痛时，我学会闭上嘴巴。这使我变得更加愉快，使我成为一名更有效的管理者和老师。我能做到是因为我体验到内在的自我，我有一个中心——一个"我"的地方。年幼的孩子还没有这样一个地方。因此，我必须为了孩子成为这个中心。我必须学会辨认孩子的信号。

提姆是个男孩，打人之前会拱肩。在他3岁时，我发现了他拱肩的信号。他不能忍受挫折，容易发怒，并以攻击别人的方式表现出来。我密切地注视他，了解什么情况下，他容易受到挫折。一旦发生类似情况时，我赶紧走到他的旁边，当他的肩拱起来时，我立即把手放在他的肩上。通常，我不需要说一句话，他就能平静地继续他的活动。有时候我会小声要求他去做什么或说什么。但我从来没有对他说过："喂，你的肩膀拱起来了。"

然而，到了4岁，他能发现自己的某些信号，意识到需要帮助。他会四处找我，我走过去站在他的旁边，或向他微笑以示鼓励。5岁时，他做了一件令人惊讶的事情。班上来了一位新生朱莉叶，她到处跟着我，非常紧张。我去卫生间时，她就不停地哭闹。提姆走到她跟前，把手臂放在她的肩膀上（就像我对他做过许多次的那样），安慰她说："没关系，丽贝卡上卫生间了，一会儿她就来了。我帮你把外套穿上好吗？"在提姆强大而专注的关怀下，朱莉叶安静了下来。提姆内心开始萌发一个结实、稳定的中心。我站在卫生间里，流出了感激的眼泪。这个孩子，以及其他像他一样发生转变的孩子打动了我，他们找到了自己的中心。他们发现了真正力量和权力的秘密。

和我们相处的具有这种力量的孩子将成为伟大的男人和女人。他们将根据自己的远见卓识形成他们的世界。愿这种远见卓识是温柔、自律、才华、和平的力量。我们不必害怕他们拥有的力量，应该为之感到荣耀，向孩子显示如何拥有这样的力量。

直面真理

玛格丽特（Margaret）是美国华德福高中老师，利用半年的休假，她到世界各地进行华德福教师培训，这周她来到我们园内指导。

一看到我们的教室，玛格丽特就赞不绝口。她观察了宋志合带班的情况，说宋老师有艺术才华，把班级管理得非常好，一切安排得有条有理。晨圈活动时的歌曲和动作，她也很满意。她觉得我们班级气氛融洽，已经有了一个很好的开端，不用发愁生源，只要坚持下去，会有很多孩子来的。

许多年前，为了给女儿寻找合适的幼儿园，玛格丽特足足参观了 30 所幼儿园，直到遇到华德福幼儿园。从此，她和华德福教育结缘，并在二十多年前成为一名华德福老师。玛格丽特说投身于华德福教育事业是件快乐无比的事情，如果从中享受不到乐趣，恐怕需要调整自己。她到日本讲课，看到听众们脸上总是很严肃的样子，便想办法让大家轻松起来。

她的三个孩子从幼儿园到高中接受的都是华德福教育，女儿成为一名地理学家，一个儿子是摇滚乐队的成员，经常在世界各地巡回演出，另一个儿子在一家大公司里管理财务。她说从华德福学校毕业的学生一样能够考上美国最好的大学。当然考上最好的大学不是目标，但孩子有这种能力的话，华德福教育不会弱化这种能力。

近日，我们正被如何处理人际关系困扰，玛格丽特以她对华德福教育的深刻理解、丰富的实践经验和独特的人格魅力为我们指点迷津。我觉得她提供的方法不仅仅适用于华德福学校。比如有两个人意见不合，她建议请两人坐下来，再请两位学校里的核心成员旁听，让有意见的两个人尽情把话说开。玛格丽特说她学校曾经有两位老师彼此有矛盾，一位是物理学博士，一位是数学博士，她请他俩坐下来陈述自己的看法，最后两人前嫌尽释，亲切地拥抱。玛格丽特目睹这一切，被人性中美好的一面感动得流泪。

玛格丽特说，如果任由某个人的不满情绪发展和传播，会给整个学校或团队带来伤害。二十多年前，玛格丽特刚去华德福学校的时候，她也会和别的老师抱怨某某人，可是听她抱怨的老师不但没有随声附和，还问她："你需要帮助吗？我可以请某某和你一起坐下来谈谈。"玛格丽特慢慢懂得了不能在背后议论别人。她越来越喜欢这个学校的氛围，以致别的学校付更高的工资聘请她，她也不愿离开。

有时候，我们内心的确有些情绪要发泄，我们可以和最好的朋友交谈，或者和学校之外的人谈，因为他们不会把你说的话在学校里到处传播。幼儿园里年轻女老师比较多，人际关系更为敏感一些。一个团体要健康成长，必须有直面问题的勇气。当面把意见说出来，这也是一名华德福老师必须遵守的三条准则之一。另两条准则是富于想象力和创造力，对工作和他人要有责任感。

玛格丽特说一个人一定要改掉抱怨的习惯。与其埋怨别人或管理者，不如去帮助别人。如果对园里的某些处理方式不满，可以提出更好的办法，而不是一味地抱怨。如果刚上任的配班老师还不熟悉工作，主班老师可以提供帮助，而不是去指责。

对于一个学校或团体，整体的生存和发展最为重要，一个人的言行不能破坏整体的团结与和谐。如果有人这么做，就一再地与他交谈，多提供帮助，直到无能为力。当然，如果此人坚持不改，华德福学校也会做出解聘决定。

华德福学校的管理讲究民主，主张每个人有表达自己意愿的权利，但不会每件事情都由全体员工来商讨。比如墙上涂什么颜色，每个人都有自己的偏好，如果集体商量，即使争论到深夜也很难有结果。玛格丽特的学校把这样的问题留给有艺术特长的老师们来决定。有些事情必须由全体员工来决定，比如到哪里春游。有些事情是由学校核心成员来决定的，比如工资。玛格丽特的学校有60多位老师，核心成员是20位，这些人往往对华德福教育有深刻的理解，有丰富的人生阅历，有很高的威信，并熟悉学校的情况。

谈到嫉妒问题，玛格丽特给我们举了一个例子。一位妈妈生下的第一个孩子夭折了，她的朋友也生了一个孩子，这位妈妈总觉得朋友不是一位好妈妈，朋友的孩子应该由她来抚养。直到她有了第二个孩子，她才意识到这个朋友是位尽心尽责的好妈妈，自己原来是出于嫉妒把她想得太坏。玛格丽特说嫉妒可以毁掉婚姻，毁掉一个团体、一个学校，毁掉一项事业。然而嫉妒是人性的一部分，我们只能承认它、克服它。玛格丽特建议每次嫉妒发作时，我们可以把嫉妒从心里掏出来，对它说："你又来了，谢谢你和我分享，现在你可以坐下来，休息一会儿，然后走开。"

甘地的故事

天明老师来北京时，告诉我一个关于甘地的故事。一位妈妈找到甘地，请他帮忙劝说自己的儿子不要吃糖。甘地让她两周后再来。两周后，这位妈妈如期而至，甘地帮她劝说了她儿子。她临走前忍不住问甘地，为什么要等两周的时间，甘地回答因为两周后自己才能做到不吃糖。这个故事我早就知道，从来没有想到它和幼儿教育有什么关系。

天明老师说这个故事意义深远，老师或家长要求孩子做到的事情，自己一定要先做到。我们希望孩子生活有规律，首先自己生活要有规律。我们希望孩子不要乱扔垃圾，首先自己不要乱扔垃圾。我们希望孩子关心别人，首先自己要关心别人。每位家长和老师对孩子都有美好的期待，让我们自己先成为值得孩子模仿的榜样。

我经常提到华德福教育中别具特色的娃娃，有时家长会问：男孩不喜欢玩娃娃怎么办？趁玛格丽特在我们园，我专门就此问题向她进行了请教。玛格丽特认为男孩和女孩在玩具的选择上是有差别的。她的第一个孩子是女孩，很喜欢玩娃娃，第二个孩子是男孩，18个月大的时候，玛格丽特亲手做了一个娃娃送给他，还给娃娃穿了一件带纽扣的衣服。儿子很快将娃娃的衣服脱了，把娃娃放在地上当汽车开。因此，对于男孩，她建议可以让他们在幼儿园多干些体力活儿，比如锯锯木头、敲敲打打、收拾垃圾之类的，这很合他们的胃口，也能消耗他们过剩的精力。老师可以说，"这个角落里有些垃圾，请帮忙扫一下"，或者说"老师需要强强在地上挖个坑"。通过消耗体力，精力旺盛的男孩才能在晨圈时间里安静下来。

这周我们班蓓蓓老师参加了在广州举办的华德福教育培训，她也和我们分享了她的收获。她说，作为一名华德福老师，仅仅爱孩子是不够的，还要爱其他人。对此我深有感触，要把爱真正给予孩子，必须确保老师之间密切配合，老师和管理者之间真诚理解，幼儿园和家长之间互相信任。

接下来，蓓蓓、王莉、谭志国和我将去参加在泰国举办的华德福教师会议。之后，王莉还要去成都华德福幼儿园见习。我想，通过与更多热心华德福教育的人士交流，我们对华德福教育理念和实践的理解会更上一层楼。

播种节

我常常惊奇地发现，对于华德福班级的每一个实践，园长李忱都给予全力支持，比如天然材料的玩具、没有卡通形象的室内布置、粉色的墙壁等。在听了有机农业的相关介绍后，她马上又对种地产生了热情，梦想有一天我们园的孩子都能吃上自己种的菜。在为幼儿园选择新址时，李忱说她要优先考虑能够种菜的地方。在条件容许的情况下，华德福教育的实践最好和农业结合起来，因为体验人与自然的关系也是华德福教育的宗旨之一。

春天来了，园里举办了播种节活动。早上，所有人在大厅里集合，围成一个大圆圈。王莉老师带大家唱了《早上好》的歌曲，陈厚林老师声情并茂地讲了种子的故事，然后宋老师边唱边拉着孩子们的手走到户外。在空旷的场地上，我们又围成一个大圆圈，带着孩子做了关于春天主题的晨圈活动。之后，在灿烂的阳光下，我们和孩子及家长们翻土、浇水，播下了春天的种子。我们种了向日葵和各种蔬菜。活动结束了，每个人的心里都回荡着满怀希望的歌声：

春雨，春雨，沙沙沙，沙沙沙，

种子，种子，在说话，在说话，

哎哟哟，雨水真甜，

哎哟哟，我要发芽！

春雨，春雨，沙沙沙，沙沙沙，

种子，种子，在说话，在说话，

哎哟哟，我要出土，

哎哟哟，我要长大！

　　以前每周五的远足活动，有时孩子会因为带的小食品发生争执。一位家长提议从下周开始，每周由一位家长为全班孩子和四位同行的老师准备小食品。我们提议不买塑料包装的零食，尽量只带水果，比如香蕉、西红柿、苹果、黄瓜、橘子等。爱迪特老师也特别强调应该吃纯粹的食物，即没有人为加工过的食物。加工过的食品为迎合人的口味，添加了一些化学成分，这些可能会破坏孩子的大脑神经系统。爱迪特还提到，美国有人做了一项实验：给监狱中的犯人提供健康食品，他们的犯罪行为大大减少；回到社会后，他们对食品不加选择，结果容易再次犯罪并回到监狱。可见食品对人的行为影响有多大。

感知真实的世界

一连两个周末我们都举办了华德福培训活动。上周六的培训，除了爱迪特老师外，我们还请到了德国一位退休的小学老师，他为我们介绍了华德福小学的情况。他说华德福老师通常工作量大收入低，能够长期从事华德福教育事业的人都是理想主义者。

爱迪特一来到我们园，就说像是回到了家，园里的老师、孩子和环境，都让她感到那么亲切、美好、友善。几乎每天晚上她都教老师们吹竖笛，或做手工，或练习手指游戏。以下是她讲课的部分内容。

孩子在地上打滚、哭闹很正常。如果孩子很安静，反倒可能有问题。孩子小的时候并不感觉自己和周围的环境是分离的，他与周围的人和自然融为一体。从直立行走开始，他缓慢地从周围环境中解放出来，这个东西在那里，我在这里。3岁时，孩子有了自我意识——我是我，你是你。有了这种意识是痛苦的，也是必要的，是自我发展的过程。孩子会用跺脚、大喊来表现自己。

如果孩子没有这个过程，家长要问为什么。孩子在父母和老师面前才会很倔。孩子发脾气时，家长要在身边。等孩子发完脾气，家长把他抱起来，唱首歌，做做手指游戏。4岁的孩子，能以细腻敏锐的感觉模仿大人，能够感觉到成人之间的关系。

3岁到3岁半，孩子开始想象。孩子想象时，成人不要干扰、阻止，应该鼓励。想象对孩子的大脑发育有益。如果孩子将手绢两头系个结当娃娃，家长不必立即到商店去买洋娃娃。同理，孩子拿树棍当汽车，家长也不要去商店买玩具汽车，因为玩具汽车设计得太精致，反而不利于孩子大脑的活动。

12岁之前，最好不要教孩子抽象的东西，不要在孩子不能理解的时候就灌输给他。如今社会希望3岁孩子就学很多东西，提前学知识会提前抽取孩子身体的能量。强迫灌输，会导致血液循环不畅。要在合适的时间，做合适的事情。小时候被硬加的知识，长大后能用到多少？

家长、老师的任务是什么？是帮助孩子在成长的道路上找到自己的方向。如果给予孩子正确的帮助和教育，他们能够自我成长。4岁的孩子在倒下的树干上走来走去，他在练习平衡，成人不要干扰。孩子学习直立行走的时候，也别老是去帮助他，让他自己摸索。直立行走意义重大，一双手解放出来了，手是敏感的器官，可以做许多事情。走是掌握平衡的第一步，对于孩子将来的生活来说，掌握各种平衡很重要，需要长时间的练习。

家长最好不要买毛绒玩具。有个1岁半的孩子，天天抱着毛绒小狗睡觉。他没有任何生理问题，医生却说他像狗，不是长得像狗，而是动作像狗，有爬行的倾向。小孩的模仿行为很难说清。孩子看到大人擦桌子，他也要擦。行为的模仿可以看见，语言的模仿可以听见，可是心理的模仿却难以觉察。有位母亲，女儿才4个月大，有一天她打电话给我："女儿哭个不停，不知道怎么回事？是否生病了？"我问明孩子没有发烧等明显的症状，只是母亲一靠近孩子，她就哭。我就去她家看望，孩子的确哭得厉害，但我觉得孩子没有任何问题。我问这位母亲："最近你怎么样？"母亲说："我的丈夫离开我了。"我终于弄明白，原来丈夫的离去，使得母亲对孩子产生了嫌弃感，她不知道怎样面对未来的生活。4个月大的女儿虽然说不出来，但能感受到自己不受欢迎，这是多么令人伤心的事情。我鼓励母亲摆脱焦虑，虽然丈夫离开了，也能好好活下去。

在吃的方面，中国人整体来说吃得很健康。孩子要多吃蔬菜，少吃甜食。糖是从各种东西里提炼的。牛奶糖对生病婴儿比较好。有些糖被称为冷糖，冷糖令人越吃越想吃。吃过后，血糖升高，孩子容易大喊大叫，性格变得好斗，情绪不稳定，更想吃甜食。即使对成人来说，多吃糖也不好。甜食不仅含糖，还有其他有害成分。糖吃多了，小学生在课堂上坐不住，动来动去，很难配合老师的讲课，因此要尽量给孩子吃不含化学成分的纯的食品。

有些食品虽然标签上写不含糖，但含有另一种有害的甜成分，比如会损害神经的阿斯巴甜。如果孩子实在想吃糖，就吃来自水果的糖，虽然价格较贵，但只需一点点，能量就很大。

蜂蜜对年纪大的人比较好，对小孩不是特别好。蜂蜜是精神食粮。野外天气冷，茶水里放些蜂蜜，喝下觉得很温暖。孩子偶尔吃蜂蜜可以，但不要经常吃。蜂蜜具有治疗效果。

在瑞典，一些人已经认识到糖的危害，孩子平时不吃糖，周末可以吃，但不能多。如果孩子要糖吃，妈妈就会说："今天是星期一，等到星期六才可以吃。"如果在马路上遇到糖果店，孩子吵着要买糖，妈妈可以说："今天我带的钱只够买菜，我们来攒钱，等你生日时买。"

亲戚、朋友给孩子糖果前，家长要及时制止。家长可以提前告诉别人你对糖果的看法，请他们不要送糖果，也不要让孩子看见。

同样的方法也适用于玩具。不是不能买玩具，而是不要一买就买一堆，买一个孩子最喜欢的即可。任何东西多了都不好，孩子从小要学会适量。

给孩子送礼物，最好是做手工的材料，这样可以和孩子一起做，既省钱，又能让孩子做上一段时间，还能激发孩子的想象力和创造力。手工材料是真正的"糖果"。

宠爱的界限

有家长问我，孩子老被人欺负怎么办？我建议家长不要这么说自己的孩子，应该具体情况具体分析，就事论事，不要下被欺负的结论。有的时候，别人抢走了孩子的东西，孩子不吭声，也许他不在乎。有的时候，别人推了他一下，他没有表示愤怒，也许他心胸豁达，不计较这些小事。大人要观察他被"欺负"的时候是什么反应。如果孩子胆小，就鼓励他把心里想说的话说出来；如果孩子毫不在意这些纠葛，大人也就不要过问。孩子都不介意，大人也不必为此担心。孩子有那么多的优点，作为家长，应多多看到他的长处并帮助他发挥，尽量少提或不提他的"短处"——被"欺负"。一个人能否在社会上立足，凭的是自身的优势。家长总是对孩子说你被欺负了怎么没有反应，孩子就会形成这样的想法：我是被别人欺负的孩子。有的家长因为自己的孩子胆小而焦虑。我告诉他们不要当着孩子的面说他胆小，以免他认同自己就是胆小的孩子。孩子胆量的大小与年龄、经历、个性、家庭环境等因素有关，家长要分析原因，不要笼统地下结论。

家长宠爱孩子是自然的，但不要超过一定的界限。我曾遇到这样一个孩子，他不喝水，我把杯子端到他的嘴边，他喝一口就不喝了，让他用手自己端着杯子，他很快就将之放下了。我意识到他在家可能从来没有自己端杯子喝过水。孩子大了，能做的事情一定要让他自己做，一是锻炼孩子的动手能力，二是有益孩子建立自信——如果别的孩子都会做，唯独自己不会，他会难过的。

因为班里老师外出参加培训，这周的工作非常繁忙。我跟着班车接送了三次孩子，真是体会到班车老师的不易。他们不是单单坐在车上陪同孩子，而是要时刻关注孩子的情绪变化。尤其早上和妈妈分离，年幼的孩子常常会哭，车上的老师要想办法安抚他们——唱唱儿歌，讲讲故事，抱抱孩子，为他们在幼儿园愉快的一天打好铺垫。一天早上，一个孩子休了两天病假后上班车回园，她大哭大闹，任何儿歌、故事都不管用。后来我干脆置之不理，和旁边的孩子聊天："老师到泰国看到大象了，大象好大，几乎有这辆车那么大。""有楼房那么大吗？""没有，大象可以吸一鼻子的水，再喷出来。""老师，我妈带我到动物园看到猴子了。""我还去过海洋馆。"周围的孩子七嘴八舌说了起来，大哭大闹的孩子渐渐安静下来，等车到了幼儿园，她的脸上还露出了笑容。

宋老师一个人可以照管19个孩子入睡，我没有这么大的本事，为了哄孩子睡觉，四天里我讲了四个简单的故事。有个孩子喜欢穿鞋睡觉，开始我不知道，看见他睡着了还穿着鞋，就给他脱掉，结果他哇哇哭了起来。我担心把别的孩子吵醒，赶紧给他穿上。但是周五有四个孩子都不肯脱鞋睡觉，我觉得不能让步，必须让孩子改变这一习惯，哭也没用。结果有的孩子哭一阵子，也就睡着了。可见规则必须坚持，且对每个孩子必须一视同仁。

为什么我是一名华德福老师

这周我们园迎来入园高峰，共来了 7 个新生。华德福班已经有 23 个孩子了。李忱园长对我说，之前有两位家长，都认为我们园不教孩子知识，就把孩子转走了。后来，一个孩子上小学后开始厌学，家长后悔当初让孩子学得太多了。另一个孩子上了别的幼儿园，每天回家要写作业，连做梦都嚷嚷着写作业，家长开始反省：学习知识是一个漫长的过程，何必让 4 岁的孩子过早负上知识的重担？后来这个孩子又回到我们园了。

下面我和大家一起分享华德福老师丽贝卡·弗里林（Rebecah Freeling）的一篇短文《为什么我是一名华德福老师》。

米茜今天第二次无故猛击另一个孩子。那个孩子哭喊道："我什么也没做！我就是从旁边走过！"我把米茜抱在我的腿上，坐在一把摇椅中，同时另一位老师去安慰受伤的孩子。大约一分钟时间，我什么话也没说，我试图感受米茜的感受，寻找一种进入她内心的途径。很显然，她内心有某种东西使她烦躁不安，引发了她的习惯性行为。毫无疑问这种行为必须停止，但最重要的问题是这种行为是什么，米茜需要什么。

我闭上眼睛，哼一首熟悉的曲调，让米茜和我安静下来。然后，我内心浮现出一个问题："米茜，当你想这么做的时候，发生了什么？你内心觉得它像什么？"她耸耸肩。我闭上眼睛，继续哼着熟悉的曲调，让米茜和我安静下来。然后，我问了同样的问题："米茜，当你想这么做的时候，发生了什么？你内心觉得它像什么？"她还是耸耸肩。我又闭上眼睛，继续哼着曲调，让米茜和我安静下来。之后，我又问道："米茜，当你想这么做的时候，发生了什么？你内心觉得它像什么？"她仍然耸耸肩。

"它像火一样吗？"

"不！"

"它像瀑布一样吗？"

"不！"

"它像一阵狂风？"

"是！"

我高兴得要跳起来。我们发现了一条通道。我提出建议："好吧，米茜。我想帮助你。我知道你不想伤害其他孩子。（她一个劲地点头，当然，她不想伤害他们！）当那阵狂风吹起时，让它把你吹到我这里来，我会抱着你，直到它从你身边离开。"

米茜同意了，充满着感激。我整天密切关注她，当狂风好像要吹来时，我靠近她，让她容易找到我。一周后，她越来越熟练地辨认出狂风来临的征兆，找我帮助。每当这时，我放下正在做的一切，抱着她。攻击行为减少，米茜更容易和别人交往了。作为一名老师，我感到深深的满足，这就是教的含义——帮助孩子去理解自己，并照顾自己，培养他们对世上一切的自然的爱。这就是我选择做一名华德福老师的原因。

如果基于我先前的经验和理论，我会惩罚米茜不准再玩了。如果攻击行为继续发生，我就不让她做她想做的事情，或做一个奖励图表来跟踪她的进步。我会以为米茜需要外在的动力来帮助控制她的行为。同样，我会和她谈论她的感受，挨打的每个孩子会听到，他们也会告诉她他们的感受。做这些事情时，我总是感觉不舒服。后来在底特律，在洛拉·瓦尔希（Lora Valsi）的指导下，我参加华德福师资培训的时期，才找到了原因。

华德福教育关于孩子有某些假设，其中一些是：

孩子热爱这个世界，热爱世上一切的人。

孩子是善的。

孩子需要慢慢地成熟。

孩子通常意识不到他们的行为怎样影响了别人。

孩子几乎不能够描述他们的感受。

孩子对精神世界有鲜明的记忆。

孩子模仿周围成人的心情和意愿。

米茜不愿伤害其他的孩子，我从这个假设出发，去寻找她攻击行为的深层原因。我理解米茜，她可能意识不到她的行为，不能向我描述为什么打人，这促使我寻找接近她的途径，寻找能与她交流的方式。正是在这个寻找过程中，我真正地发现了孩子，与他们最高级的自我相遇。最高级的自我在成人和孩子身上呈现得一样多。我正是想和这个高级自我交流。高级自我隐含着愿望、计划、希望和恐惧，它经由人的身体来到物质世界，人的身体是有许多局限性的。持有这种观点，我就不可能罚她禁止玩耍，或用奖励图来改变她的行为。如果我有耐心、勇气，能够心平气和地和她在一起，如果我愿意抛开固有的想法，我就能了解到孩子身上的某种活生生的东西。

华德福教师培训的大部分内容是集中于了解自己。为什么我想要教？我生命的深远意义是什么？关于精神世界我是怎么想的？我和精神世界的关系是什么？然后，我学会观察孩子：他是怎么走路的？他的头是什么样子的？他是怎么坐的？他是带着怎样的心情参与某些任务和活动的？这种观察使我的感受更加敏锐，在工作中给予我很多的指导。为了满足孩子们此时此刻的需要，每天、每周、每年，课程重新被创造，引导他们迈向最高的善。

我还学会了实践技能：做面包、画湿水彩画、针线活、织毛线、编织、唱歌、讲故事、清洁、做饭、黏土造型。我学会了怎样创编一个课程，在运动与静止、工作与游戏、喧闹和安静、个体与群体之间实现平衡。我学会了怎样通过做针线活、搭房子、讲故事为将来的读书做好准备。我学会了通过做面包、做饭、搭房子、唱歌为将来的数学做好准备。我明白了我有成为一名老师的能力，通过有规律的安详时间思考我照管的孩子们，把我自己和他们的精神世界的最高意愿联系起来，我的能力得到进一步的发展和完善。

我是一名新的华德福老师，正因此，我保持着我的理想。我的希望是这种理想成熟并变成知识和智慧。我遇到的华德福老师和教过我的华德福老师给予我大部分的知识。孩子们的祝福让我拥有智慧。

这就是为什么我是一名华德福老师的原因。

来自泰国的收获

有人认为，一天的班级活动不必严格按照计划进行，应根据天气、孩子的状态、老师的状态随机变动。但依我目前的认识，我觉得这么做十分不妥。第一，老师进教室前，必须把坏的情绪像脱外衣一样脱掉。面对孩子，老师应保持良好的心理状态，这样就不存在因为老师的状态不好而改变原定计划之说。第二，华德福教育特别强调有规律生活的重要性，每天按照同样的节奏（规律）来活动，能给予孩子安全感和秩序感。无论是国外华德福幼儿园的实践，还是有关华德福教育的书籍和讲座，都强调幼儿园生活必须具有规律性。例如英国的华德福幼儿园，周一至周五上午必有晨圈、主课、讲故事、点心时间、室内自由游戏和户外自由游戏，每项活动开始的时间每天相差仅几分钟。下雨天，老师仍然带孩子外出，撑雨伞或穿雨衣，但在户外的时间比平时短。

我从事幼儿教育才一年多的时间，自知理论水平和实践经验欠缺。这次去泰国参加华德福教育培训和交流，我就很多平时困惑的问题请教了一些有经验的老师。

我们班级每个月写孩子的在园情况报告，老师们觉得负担过重。通过请教，一些有经验的老师建议不必每个月为每个孩子都写报告，老师的主要精力和时间应该用于带好班级一日活动。此外，家长工作非常重要，每年要家访一次，每学期要召开一到两次家长会。老师发现问题要及时与家长沟通，比如某个孩子发脾气，把馒头扔在地上，老师让他自己捡起来了。随后老师可以告诉家长，在家里遇到同样情况，尽量也这么做，保持家里与园里的规则一致。

　　我发现到收拾玩具的时候，很多孩子不响应，只顾玩耍。在泰国开会期间，我就此也询问了几位有经验的老师。来自新西兰的华德福老师玛乔丽·泰尔（Marjorie Theyer）认为：玩具应从大的开始收拾，老师一边唱收拾玩具的歌，一边请孩子们帮忙。可以先把玩具大致分类摆放，然后做晨圈活动、吃点心。有些孩子先吃完点心，老师可以对他们说："你们愿意帮忙收拾木头吗？"因为收拾好玩具后，就能到户外玩耍了，所以孩子们会很积极地收拾起来。个别孩子不愿收拾玩具，老师可以拿块布和他一起叠。在玩具收拾好后，老师可以讲个故事："玩具收拾好了，故事精灵要来了。"

　　来自台湾的华德福老师颜于铃认为：老师要明白收拾玩具的意义，收拾玩具时心情愉快、享受收拾的过程，孩子会受到老师的影响。收拾玩具时间通常大约15分钟。她建议了三种让孩子们收拾玩具的办法：一是用歌曲提示；二是用动作提示；三是用游戏的方式。老师要注意观察孩子当天的情绪，如果个别孩子情绪不好，老师要帮忙化解。老师还应观察孩子是否玩够，自由玩耍的时间是否足够，玩得是否尽兴，这些都会影响孩子收拾玩具的意愿。

　　颜于铃老师从事幼儿教育 25 年了，从她的回答中，我不仅了解到怎样帮助孩子收拾玩具，还学到了怎样看待孩子出现的问题：当前的问题要和在家的情况等联系起来。她的丰富经验让我受益匪浅。

学无止境

我在泰国时还参加了新西兰老师玛乔丽·泰尔和澳大利亚汤老师主持的幼儿园小组的学习。以下是玛乔丽·泰尔对学员相关问题的回答。

问：怎样建立规则？

答：对于孩子不能有太多的规则，只要制定一些最重要的规则即可，一旦孩子破坏了规则，个别情况个别处理。同样是打人，对不同的孩子处理方式不同。老师必须了解孩子，处理时讲究教育艺术和技巧。例如一个孩子刚来园不久，把雨鞋到处放。老师问是谁的，他不吭声。老师不说话，亲自把雨鞋放好，反复几次后，这个孩子自己就知道把雨鞋放好了。

建立规则还要考虑到孩子的年龄。在幼儿园里，老师应说"请你帮我扫扫地"，而不能说"今天轮到你扫地"（到了小学一年级可以安排值日生）。老师应用动作和歌声来召唤孩子，而不是命令。老师必须了解孩子，选择合适的时候，让孩子做某件事。

问：主班老师如何与配班老师合作？

答：每天放学后，班上的所有老师和保育员要花几分钟时间沟通一下当天的情况。如果配班老师问，同样的情况，针对不同的孩子，为什么处理方式不同，主班老师应给予解释。当天的困惑，最好当天解决，不要等到一周或一个月后才问，否则积累的问题太多，不满情绪会突然爆发。如果成人之间的问题不解决，肯定会影响班级的孩子。老师之间必须有合作精神。

问：老师和孩子人数的比例为多少比较合适？

答：2岁半到3岁半的孩子，1个老师对5个孩子。3岁半以上的孩子，1个老师对9个孩子。

问：怎样帮助第一天入园的孩子？

答：新学期开学两周内不要进新生。刚入园的孩子，妈妈可以陪园，但要逐渐减少在园的时间。妈妈陪园时间的长短，要看孩子的情况。个别的情况不是孩子离不开妈妈，而是妈妈离不开孩子。如果两位妈妈同时在班上陪着，提醒她们不要交谈。不要一个班级在同一天进来五六个新孩子。

问：一个故事可以讲多久？

答：2—3岁的孩子，一个故事最长可以持续六个月；4岁以上的孩子，一个故事可以持续一周、两周或三周。故事重复多少次，老师应根据孩子的情况和故事的内容决定，不能每天都讲一个新故事。讲故事的时间，可以是上午，也可以在回家前或午睡前。老师千万别讲自己不喜欢的故事，或不理解的故事。老师要注意观察和倾听孩子，有的孩子喜欢好玩的故事，有的孩子喜欢悲伤的故事，有的孩子喜欢平静的故事，有的孩子喜欢令人激动的故事。老师需要发展并完善自己，以更准确地意识到孩子的需要。

问： 如何做家长工作？

答： 家访工作很重要，一年要做一次家访。这能使老师对孩子有整体的感受：孩子住在哪里？和谁一起住？房间的布置是怎样的？老师和父母交谈并建立友好的关系，对教育很重要，因为教育是建立在家长、孩子和老师合作基础之上的。当然，老师和家长不必是无话不谈的最好朋友，老师可以谈谈自己到华德福幼儿园来工作的经历，并流露出对家长的兴趣："你们什么时候搬到这里来住的？假期你们去哪里玩了？"老师是学校的形象代表，不要把对学校的不满带给家长。

所有孩子都有不同程度的问题，不要一开始就和家长谈论孩子的问题。老师要考虑什么话什么时候怎样对家长讲。我曾经访问一个家庭，家里有两个孩子，一个 4 岁，一个 2 岁半，在家都玩电脑，我知道这样做不好，但一开始也不说什么。还有一个家庭，我去家访时，5 岁的孩子在餐桌上走来走去，我也没说什么。

家长会上可以安排些具体的事情，如花 20 分钟分组讲故事。家长可以体验湿水彩画、捏蜂蜡、剪纸等手工活动，老师可以谈谈华德福玩具的好处。家长提出的问题，老师如果答不出来，就承认不知道。为确保家园规则一致，老师要向家长解释一些简单的规则。

娜娜补充：孩子是由老师和家长共同教育的，他们必须一起合作，互相帮助，家长在家教育，老师在学校教育，缺一不可。家长对老师的信任非常重要。有的家长以为自己比老师更懂教育——这也是可能的，但这些家长只需要看见自己的孩子，只需要了解自己的孩子，可老师是需要了解全班孩子的，不可能只考虑某一个孩子。如果家长和老师意见不一致，大家坐下来讨论；如果争议太大，邀请与学校无关的中立者成立一个小组，聆听双方的意见。在德国，有的学校申请入学的孩子超过了规定的人数，学校就要求凡是想入学的孩子家长，必须参加七个晚上的培训课程。家长想听老师的课，最好去自己孩子不在的那个班级。

问：怎样准备节日？

答：节日气氛的营造要靠家长。二十多年前我第一次组织节日活动，家长来园后，到处拍照，和其他家长聊天，自己孩子哭了也不管，整个场面乱糟糟的。第二次我吸取教训，在组织节日活动的两周前就开家长会，谈谈节日的重要性、故事与节日的关系，教他们唱节日的歌曲，告诉他们不要拍照并照管好自己的孩子。家长还被允许准备食物和音乐。从此以后，节日活动进行得很顺利，家长们期待成为节日活动的一部分。

每年的重大节日要提前两个月开始准备，所有老师要阅读相关资料，参与讨论，一步步做计划：选择什么样的故事、音乐、舞蹈、食物、歌曲，环境布置成什么颜色等。偶戏要提前六周开始准备，每周的教师会议讨论进程。

每年同样的节日做完全同样的事情，会变得死气沉沉。所以老师要做更新，发现节日新的含义或不同的庆祝方式。节日故事可以每年讲一样的，也可以讲不一样的。

问：亲子班一般做些什么？

答：亲子班通常是入园预备班，孩子的年龄很小，老师的态度要温和，环境的布置要温馨。孩子虽然不会和其他孩子玩，但他们彼此需要，喜欢在一起。妈妈们也喜欢互相交流。亲子课的时间不超过两小时。有三件事情很关键：一是晨圈做二至三个手指游戏，每周重复，最长可以持续半年时间；二是分享点心后再讲个简单的故事，故事可以重复三至四个月；三是家长可以轮流讲故事，这样他们在家也能给孩子讲简单的故事。

不强迫孩子

老师不要强迫孩子做任何事情。我们班有一个孩子，刚来时，我一走近她，她就避开我，并用眼睛瞪我，我发愁怎样才能接近她。刚来的那段时间，早餐时，她不肯吃，也不坐在座位上。我把她带到卧室，她大哭说"想妈妈"了。我抱着她，不提刚才的事情，只是说"妈妈上班去了"。等她平静下来后，我又带她回教室吃早饭。户外活动时，我正在看孩子，一只小手从后面轻轻钻进了我的手，我回头一看是她，心里好一阵感动。鲁道夫·斯坦纳说："爱是创造，是无私，爱使我们进入从未来流向我们的时间洪流。"

从事幼儿教育事业后，我对幼儿园的老师越来越敬佩。孩子越小，老师的付出越大，老师对孩子的影响也越大。华德福教育者认为，面对幼小的孩子，工作看上去好像并不繁重，但一天下来却往往筋疲力尽。况且我们园的老师还要早晚跟班车接送孩子，用时二至三个小时。最近由于人员紧缺，宋老师自告奋勇一个人顶两个人地跟着班车接送孩子，连司机蔡师傅都感叹："我真服了宋老师，他那么年轻，对孩子却如此有耐心。"

"六一"儿童节，我们园组织去植物园采摘。趁此机会，我和华德福班的十几位家长进行了交谈。他们都非常支持老师的工作，同意我们不用每月写孩子的观察报告，只要双方经常保持联系，有问题及时沟通即可。有的家长表示，孩子在幼儿园磕磕碰碰是难免的，他们不会就此责怪老师，当然幼儿园一定要防止重大事故的发生。

由于经济上的困境，我们园所有人的待遇偏低，可是大家仍然任劳任怨地坚持着，互相帮助着，为孩子们付出全部的热情和才华。我为有这么好的老师感到无比的欣慰和骄傲，他们是王莉、李宏颖、宋志合、梁菲菲、郑婵娟、张欣果、林如意、青山（德国志愿者）、蓓蓓、谭志国、李红和赵培培。感谢所有的教职员工，所有的孩子和家长，感谢所有帮助过我们的人，因为有了你们，华德福教育的实践才能持续至今。当然，更要感谢园长李忧，北京华德福教育的微弱火种能得以保存，全靠她的接纳。

第三部分

教育的路

我的瑞典华德福之旅

一 结缘爱迪特

爱迪特邀请我到瑞典参加华德福教育培训。我是和天津的一位老师乘坐飞机前往瑞典的。当天是中秋节，原以为我会在靠近月亮的上空更清楚地看见嫦娥、桂花树，没想到一路晴空万里。当地时间傍晚6点，我们到达斯德哥尔摩，爱迪特已经在出站口等我们了。

为了让我们多看一眼这座城市，爱迪特带着我们乘坐公共汽车。她兴致勃勃地说已为我们安排了桑拿浴，会有一位芬兰人教我们怎么洗桑拿，周六还要带我们去听瓦格纳的歌剧。她说得最多的是她非常开心我们来到瑞典。等我们到达她林中的家时，天已经一片漆黑，四周没有一户邻居，只听见风吹树叶的"唰唰"声和脚踩在树叶上的"嚓嚓"声。

第二天，我4点半就醒了。6点多吃完早饭后，爱迪特带我们参观她的花园。早茶里的薄荷就来自花园，爱迪特说："天太黑了，只采到三片叶子。"花园没有围栏，种有各种草药、蔬菜、花和果树。我也学着爱迪特的样子，几乎每种草药都伸手去摸一下，然后闻闻手上的余香。她指着只剩下根茎的葱说："被动物吃掉了。"

说起我和爱迪特的缘分，不得不提热心华德福教育的瑞典商人爱瑞克（Erik）。爱瑞克在北京参观了我们小小的家庭园，回国后，他把我们需要有经验的华德福老师的消息刊登在了当地的报纸上。已经71岁的爱迪特看到后，很想来中国帮助我们。但她又担心自己年纪这么大了，从来没有到过中国，连英语都不会，能否适应和帮上忙。犹豫再三，她还是屈服于心中的强烈愿望来了中国。第一次见到爱迪特，她满头白发，身材臃肿，一路上兴奋地说个不停，我只能捕捉到几个英语单词，根本不知道她在说些什么。

利用周末的时间，爱迪特在我们幼儿园举办了一天的讲座和手工活动。我以为她一定累坏了，可是她红光满面，双目炯炯有神地对我说："我非常开心有人来听课，我最大的心愿就是在死之前，把一生的经验告诉别人。"她指指胸口，继续说："我的经验全在我的心里，不在头脑里，也不在书本上。"为了满足她的心愿，我给她安排了多场演讲，三周时间里，我们去了12个不同的场所，有五百多人听了她的讲座。

爱迪特决定每年两次自费来北京。再次来到我们幼儿园时，她兴奋地说："我回家了！我回家了！"每天晚上她带领老师们吹竖笛、做手工和手指游戏。她还会做各种各样的娃娃与动物，有时还用捡来的花瓣画画。就像一个孩子一样，她对生活和大自然充满着好奇和热情，和她在一起，我常常忘记了她的年龄。

第一次来中国时，她只会用最简单的英语单词。回国后，她专门去上了英语课。现在她已经能用英语表达她的基本想法。她认为今生能在一起合作的人不是偶然相遇的，而是在前世已经结下了缘分。在北京举办的培训活动中，她总觉得有的人看上去特别面熟，虽然之前从来没有见过。说到生命轮回时，爱迪特两眼放光，好像不再是位老人，而是期待新生命的精灵。如果今世结下的缘分，真的会带到下一世的轮回中，我们有什么理由不善待所有遇到的人呢？爱迪特说下辈子自己可以不要房子、汽车甚至家庭，但希望能周游世界宣传华德福教育，让更多的孩子受益。

国外华德福幼儿园的一些用品十分昂贵，比如在瑞典商店，八个装的一盒蜡块90克朗，一片蜂蜡15克朗，一个手掌大的娃娃299—499克朗，一个大娃娃998克朗，25克彩色羊毛35克朗，一支五音竖笛520克朗，一把里拉琴1500—2000克朗。爱迪特平时省吃俭用，但为了支持中国的华德福教育，每次都会买大量的幼儿园用品。她喜欢吃橘子，却舍不得买新鲜的，我亲眼见她花10克朗买一袋存放时间过长的橘子，有的已经长了黑斑。她还说自己退休了，工资不高，不然一年能来中国三次。

二 参观瑞典的幼儿园

在瑞典的25天时间里，我参观了七所华德福幼儿园、两所华德福小学、一所普通的幼儿园，还参观了活力生态农场、人智学社区、特殊需要人培训中心，并参加了为期两天的瑞典华德福幼儿教师大会。其中，我在爱迪特的幼儿园待了四天，在安娜丝蒂娜的幼儿园待了四天，在若妮特的幼儿园待了五天。

爱迪特的幼儿园总共有 25 个孩子，分四个班级：两个托儿班，孩子年龄 1—3 岁；两个幼儿班，孩子年龄 3—7 岁（瑞典小学的入学年龄是 7 岁）。幼儿园内有七个成人——四个主班老师、两个配班老师和一个厨师。厨师早上 7 点 15 分上班，照看早来的孩子。主班老师 7 点 45 分上班，下午两点半下班。配班老师来得晚，离园也晚。

若妮特的幼儿园总共有 29 个孩子，分四个班级：两个托儿班，每班四个孩子；两个幼儿班，一个班 10 个孩子，一个班 11 个孩子。每班仅有一个老师，全园成人只有四个老师和一个厨师。幼儿园已经满员，有几十个孩子在名单上登了记等待入园。

安娜丝蒂娜的幼儿园就一个班，共 15 个孩子，配有一个主班老师、一个配班老师和一个厨师。

我问托儿班的老师：一个人带几个孩子合适？夏娃说最理想的是带三个孩子，左手一个，右手一个，腿上再坐一个，而现在她带的是四个。爱迪特认为，在托儿班，有经验的老师最多能带五个孩子。华德福幼儿园的师生比例通常是：1 岁左右的孩子，3 个配 1 个老师；2 岁左右的孩子，5 个配 1 个老师；3 岁左右的孩子，7 个配 1 个老师；4 岁以上的孩子，12—14 个配 1 个主班老师和 1 个配班老师。

　　我了解到，托儿班的老师宁可一个人带四个孩子，也不愿两个人带八个孩子，他们觉得孩子人数少，教室安静些。爱迪特说，越小的孩子不仅需要越多的照顾，也需要更多的关注，他们还不懂与其他人分享，想要独占老师的爱。尤其 3 岁以下的孩子，一个老师不能照看太多。孩子占有的平均空间不能少于七平方米。

　　在爱迪特的幼儿园，孩子们来园后，先是在室内自由游戏和上主课，然后是收拾玩具、进行晨圈。晨圈结束后，孩子们仍然坐在地毯上，值日生去拿苹果，老师当着孩子的面把苹果切开，值日生再把切好的苹果分给大家。苹果不削皮，孩子们也不用洗手。10 点半是午餐时间，午饭后，教室的地板上铺张羊毛毯，孩子们躺在上面休息 20 分钟。11 点半孩子们进行户外活动，下午两点半离园，在这之间孩子们还要吃点心。个别孩子下午 4 点才能离园，由配班老师负责。

　　在若妮特的幼儿园，正式入园时间是 8 点，但 7 点半孩子可以入园。孩子们同样先是自由活动和上主课，大约 9 点 40 分进行晨圈，10 点 10 分是点心时间，然后孩子们到户外活动，约 11 点 40 分吃午饭。12 点半先讲故事再休息。下午 1 点孩子们起床出去玩，下午两点半家长来接。

　　在我参观的所有幼儿园中，老师的年龄都偏大。在爱迪特的幼儿园，主班老师的年龄为 62 岁、60 岁、58 岁、45 岁，配班老师的年龄为 57 岁、20 岁，厨师的年龄为 43 岁。在若妮特的幼儿园，有两位老师年龄在 50 岁以上，另外两位分别是 45

岁、35岁。爱迪特说幼儿需要年龄大的人来做老师，因为孩子需要妈妈的保护，中学生则需要年轻人做老师，因为中学生需要朋友。

爱迪特幼儿园中20岁的配班老师是个小伙子，爱迪特对他很满意，但也只容许他工作一年。她说年轻人应走向社会面对各种不同的人和事，这样才能成长，才能选择自己未来的道路，如果最终这位小伙子仍然愿意做幼儿园老师，他将非常出色。

我感觉历经磨难的人，到了一定的年龄，会有一种平静、包容、和蔼的力量，他们对孩子说话极其温和，却很有权威。他们安详地坐在教室里，是孩子们依赖的中心。爱迪特一个人最多带过20个孩子，她说无论在户外还是户内，20个孩子时时刻刻都在她心中，她也时时刻刻在20个孩子的心中。一次户外活动时，孩子们正全神贯注地在玩耍，爱迪特正要起身，孩子们马上发觉了，问她："爱迪特，你要去哪里？"做过妈妈的人都会有这种感受：妈妈在一旁，孩子能安心玩耍；妈妈一走，孩子就会不安。一位老师要成为十几个孩子心中的"妈妈"，需要做许多的工作。

瑞典所有的华德福幼儿园一律提供有机素食。一位来自中国的妈妈李丹，当初就是为了给女儿找一所素食幼儿园，才选择了华德福幼儿园，没想到从此迷恋上了华德福教育。她说这里的老师从来不会考虑价格，只想给孩子提供品质最好的食物。幼儿园午餐的食谱周一到周五每天不同，但每周一的午餐一样，每周二的午餐一样，以此类推。我问家长会不会提出要求变换午餐，老师说不是幼儿园不想改变，而是孩子们不愿改变。不过，所选择的蔬菜会随季节而变化，但主食和做法是不变的。比如每周四是面包和蔬菜汤，一年四季都是这样，只是蔬菜品种换一下。此外，华德福老师不会说今天是星期四，因为星期四对孩子来说太抽象，他们会告诉孩子今天是面包日，因为每周四都吃面包。

我多次看到瑞典幼儿园上午的点心是苹果。他们还把苹果削成片，做成苹果干供冬天食用。这不禁让我想到，在北京，我们幼儿园每天都变着花样，提供不同的水果，生怕家长抱怨孩子吃得太单一。但其实最有营养的水果是当地产的时令水果，既能满足孩子的营养，也能让孩子感受到季节的变化。幼儿园没有必要盲目追求多样化，去消费反季节的食物。

爱迪特说华德福教育的理想之一，是建立一个人与人情同手足的社会。因此在华德福幼儿园，老师和孩子们总是一起共进点心或午餐，像是一大家人。要让孩子知道，食物端到桌子上是老师和孩子们共同分享的，而不是仅仅给孩子们的。中国有不少幼儿园，孩子吃饭时，老师不吃饭，在一旁照料。老师绷着神经，在孩子身边来回走动，时刻准备帮助有需要的孩子，孩子们也吃得不太安心。爱迪特认为老师就应该像妈妈那样，坐下来和孩子们一起享受美味的午餐，用餐的气氛才会变得祥和又宁静。

在我参观的幼儿园里，老师从不给孩子喂饭。对于1—2岁的孩子，老师给予少量的饭，吃完再给。孩子吃不完而少量剩饭的现象也是有的。在国内幼儿园，喂孩子吃饭是常见现象，一是生怕孩子没有吃饱，二是看到别的孩子都吃完了。看到瑞典的做法后，我觉得不给孩子喂饭，老师会轻松很多。可能刚开始，孩子会等待老师喂，但时间长了，就会明白吃饭是自己的事情。如果孩子吃饭时间拖得太久，可能他不饿，也可能饭菜不合口味。老师到时间就应收拾餐桌，不能无限等待。即使孩子偶尔一顿没有吃饱，关系也不大。一旦孩子养成良好习惯，将受益终生。

在国内，每天确保孩子有足够的饮水量也是保育的重要内容。饮水量则根据孩子的体重进行计算。个别幼儿园连孩子每天喝水多少次，每次喝多少水都要写进家园联系册，孩子喝不完的时候，老师会想尽办法让孩子喝。瑞典幼儿园则没有统一的喝水时间，甚至有的幼儿园在点心时间也不一定要求喝水。至于饮水量，孩子能喝多少就喝多少，老师从来不会强求"再喝一口"或者"把水喝完你才能去玩"。瑞典老师解释说，孩子渴了可以随时去喝水，加之瑞典的气候比较潮湿，空气里有足够的水分，不需要强调喝水。

最令我惊奇的是，孩子们吃点心前不用洗手！上午不洗手，我想可能是因为多在室内游戏，手不脏。但我特别留意到，户外活动之后，孩子们居然也不洗手就吃点心。在若妮特的幼儿园里，有天下午的点心是香蕉，而且是剥好皮的，孩子们居然用沾着泥沙的小手拿起就吃。还有一次吃面包也是这样的情况。要知道，在国内，一日三餐两点，孩子至少要洗五次手。在一些传统幼儿园，孩子洗完手后两手要举起来，不能摸任何东西。

　　就洗手问题，我请教了若妮特。若妮特说她的母亲在瑞士生活过，一切都要求干净、卫生，对于孩子有许多禁令，这个不许，那个不行，唯恐手弄脏了，衣服弄脏了，以至于她小时候不能光脚在地上走路。等有了第一个孩子时，她也这么要求孩子。结果孩子患上了过敏症，她带孩子去看了人智学医生，医生说没有必要每次吃东西前都洗手。于是，第二个孩子出生后，她就"不讲卫生"了，反正不干不净吃了没病，孩子反倒更健康。若妮特认为现在患过敏症的人增多，可能就是太注意卫生了。因此，她的班级只要求孩子午饭前、上厕所后洗手。"户外活动后，虽然孩子的手看上去脏脏的，但泥土、沙石、草、树叶脏吗？不！我觉得一点也不脏！政府是要求幼儿园的孩子勤洗手的，洗完后还要抹一种消毒液。但在我的幼儿园，我不会这么做！"若妮特说。

　　走进不同的华德福幼儿园，房间结构不同，摆设不同，看上去似乎各有特色。但如果走进其他类型的幼儿园，对比之下，立即能发觉华德福幼儿园的环境太有共性了。华德福教室的墙壁和窗帘是粉红色的，使用的所有材料都是纯天然的，娃娃和动物玩偶基本上都是老师自己做的。教室里没有图画书，也从来没有看到老师给孩子们看图画书。但在一所普通的幼儿园里，我见到教室里有大量的塑料玩具，地上写着瑞典单词，墙上贴着孩子的照片，和华德福教室的氛围截然不同。

三　答疑解惑

经过两年的华德福教育实践，我遇到了一些问题，刚好借由这次到瑞典参观华德福教育的机会，向瑞典的老师们请教。

关于孩子的暴力问题，我问若妮特："男孩喜欢拿木棍当枪玩暴力游戏，老师遇到这种情况怎么处理？"她说："我会告诉他们，你们可以在户外玩这种游戏，但不可以在教室里面玩。也许转移孩子注意力的方式更好，但如今的孩子也需要老师直接告诉他什么可以做，什么不可以做。老师态度不必很严厉，但要直截了当、语气坚定。男孩可以在户外玩射击游戏，但不能对着人，可以对准想象中的怪兽或动物。"

关于孩子的打人问题，如果某个孩子经常打人，某个孩子经常被打，老师会分别与双方家长座谈，以寻找孩子打人的原因。2—3岁的孩子打人，常常是因为他的语言能力还不完善，不能充分地表达自己。一旦孩子能够说出自己想说的话，通常打人现象也就消失了。

我在安娜丝蒂娜的幼儿园见到一位被领养的中国孤儿。她刚满3岁，入园不到一个月，非常活泼可爱，但常常会打别的孩子，打完后，看到别的孩子哭，她会很好奇地看着。我问安娜丝蒂娜："你会告诉她家长孩子在幼儿园打人吗？"她说："不会！如果告诉的话，很可能家长会训斥孩子，这对这么小的孩子根本不起作用。"冲突发生后，安娜丝蒂娜通常会安慰哭泣的孩子，而对于打人的那个女孩，既不批评，也不讲道理，而是转移她的注意力，让她参与到别的活动中去。但如果是大一些的孩子打人，老师会告诉他别的孩子被打疼了。如果孩子一再打人，就让他坐在老师身旁，暂时不让他和别的孩子玩。

鲁道夫·斯坦纳说一个班级拥有的孩子人数取决于老师能够应付的家长人数。孩子的问题通常是家长的问题。如果家长告诉孩子"谁打你，你就打他"，这样无止境地打下去就会引发战争。所以老师在一定时候必须制止冲突升级。但如果孩子咬人，则是严重的事情，老师会当天告诉家长，但说话的方式要温和，不要让家长产生负罪感。

遇到爱讲脏话的孩子，该怎么办？若妮特告诉我，老师应态度明确地告知这里不能讲脏话。她的班上就有一个孩子喜欢说大量的脏话，每到吃饭前就要讲"屁股""厕所"之类的，若妮特对他说："你去厕所讲去！"几次以后，他就不说了。

班上有讲脏话的孩子，别的孩子肯定会受到影响。有的家长反映自己的孩子回家讲脏话，要求幼儿园拒绝接收讲脏话的孩子。若妮特认为这样的孩子更需要帮助，怎么能拒之门外呢？她说，幼儿园曾有一个患自闭症的孩子，老师越是不让他说脏话，他越是说得起劲，老师只得告诉其他孩子把耳朵捂起来。即便这样，她也不会拒绝这个孩子入园。

如果有孩子喜欢讲电视里看到的血腥故事，该怎么办呢？老师说会把他带离教室，让他对着老师讲。因为我们不是脱离社会而生活在孤岛上的一群人，这个孩子已经看了电视里的暴力场面，他很想跟其他人分享。但是若允许他和同学分享，故事的内容并不适合孩子，所以就让他一对一跟老师分享好了。

对于孩子的个性问题，有些家长也十分担心。我曾在报纸上看到，一位妈妈为了锻炼7岁的孩子当众说话的胆量，让他报名参加一个电视竞答活动。在活动中，孩子回答不出来的时候，主持人不但没有保护孩子的自尊，反而为了讨好观众取笑孩子。结果，孩子比以往更加内向了，几乎不再说话，妈妈痛苦万分，后悔不已。安娜丝蒂娜说，一些低龄的孩子在陌生人面前胆怯很正常，父母为此担忧完全是多余的。那些非常主动和陌生人打交道，没有一点拘谨的孩子反倒要加以关注。社会中不乏喜欢出风头之人，他们内心空空如也，却到处张扬，比如争着上电视表现自己。

在给孩子买玩具、衣服等方面，父母以为给孩子买得越多，表达的爱就越多，这其实是错误的观念。瑞典的一些孩子拥有上百样玩具、各式各样的衣服。孩子成年了，有些父母送给孩子的礼物是一辆汽车。在中国，有人问如何在家里实施华德福教育，来自美国的老师天明说："首先把你家的玩具收拾起来一部分。"若妮特的教室门口贴着瑞典著名的电影大师英格玛·伯格曼的一段话，大意是孩子只需要一个娃娃、几句话、一些故事，剩下的让想象力发挥作用就好。

当孩子不肯做某件事情时，该怎么办？我明知这种做法不妥，但常常在情急之中会冒出这样的话："如果你不做这的话，你就不能做那。"若妮特和安娜都说，无论在幼儿园还是在家，她们都不会这么说。如果外出时某个孩子不肯戴帽子，老师会一次次地给他戴上，但不会对他说："你不戴帽子，就不能出去玩。"在家里，如果孩子不肯收拾房间，安娜会对孩子说："把房间收拾好，我会给你零用钱。"若妮特的做法则不同，孩子不收拾房间，她就任由他们的房间乱糟糟的，不会去帮他们收拾。

安娜的女儿13岁时买了一只宠物鼠回家，安娜曾经坚决反对过，但女儿真的买回家了，她只得无奈接受。女儿20岁时，在下巴上打了一个洞，戴上一个唇环，安娜无论如何反感，也只能接受。在瑞典，我还看到小学四年级的学生就有戴耳环的，老师说这是家长和孩子的选择，学校无权干涉。在中国，就我所知，即使高中生在学校也不容许戴耳环。在这一方面，我还是比较赞同中国学校的规定。经过考察，我的感受是，中国孩子的自由太少了，以至于个性受到压抑，而西方国家孩子的自由太多了，以至于他们滥用自由。

四　华德福教育的儿童发展观

华德福教育并没有制定一系列的标准来衡量一个幼儿园是否是华德福幼儿园，最重要的是老师和办园者是否认同华德福教育的儿童发展观。如果认同，每位老师可以结合本地的特色发挥想象力和创造力。我在瑞典看到，即使是同一件事情，不同老师的做法会不同，看法也不同。

"大门关上，小门关上，大窗子关上，小窗子关上。"这是佩葛老师带孩子们叠布时唱的歌。收拾玩具时，孩子们已经养成习惯，先把所有的布放在一起，等其他玩具收拾好后，大家再一起来叠布。佩葛老师不参与收拾玩具，她说这是孩子们自己的事情，他们玩玩具，理应他们收拾。若妮特则说，收拾玩具应该是老师的责任，孩子太小，还没有承担责任的意识，他们可以帮助老师收拾。不同教室内的玩具种类和数量也不尽相同。究竟一个班级需要多少玩具，看来是由主班老师来决定的。有的教室里玩具较多，有各种手工做的娃娃和小动物，还有各种木头玩具——木头汽车、木头火车、加工成弧形的木头等。但无论如何，每周至少有一天，孩子们玩的是森林里的"玩具"。通常华德福幼儿园每周固定有一天去森林，而若妮特的幼儿园，每周安排两天去森林。

在若妮特的幼儿园，讲故事时，孩子不是围坐成一圈，而是以任意的姿势躺在床上。若妮特告诉我，她读了《长袜子皮皮》的作者林格伦的自传，发现林格伦小时候常常睡前躺在床上听奶奶讲故事，这给了她启发："我为什么一定要让孩子们都坐好了听故事呢？临睡前躺在床上听故事，也许更加接近生活。"于是她就这么做了，即便有人反对。

据我所知，在华德福幼儿园，孩子通常是4岁开始画湿水彩，3岁孩子也可以画，但3岁以下的孩子是不画的。然而，若妮特的幼儿园仅6岁以上的孩子画湿水彩。若妮特觉得孩子并不一定4岁就得画湿水彩，因为湿水彩画需要较多的准备工作，关键看老师在组织画画时是否愉快、轻松。

华德福幼儿园要求女老师一律穿裙子，而我在瑞典幼儿园看到，绝大多数女老师穿裤子，系围裙。她们告诉我瑞典气候非常寒冷，在户外穿裙子受不了，而且不便于劳动和爬山。系围裙也能起到穿裙子的部分效果。围裙的颜色随季节变化，春天是粉红色的，夏天是绿色的，秋天是红色的或橘黄色的，冬天是蓝色的。

华德福幼儿园的墙壁通常都是粉红色的。但瑞典北部有个幼儿园，冬天里有段时间白天只有2—3个小时，老师便把墙壁刷成黄色，因为粉红色在这样的日子里显得过于沉重。

在瑞典华德福幼儿教师会议上，我遇到了来自丹麦的海伦。在她的幼儿园里，每天除了吃饭和听故事外，孩子都在户外活动。谈到孩子每周究竟需要多长的户外活动时间，澳大利亚资深华德福专家瑞娜塔（Renate）说这主要取决于老师对孩子的观察：如果班级里孩子已经过于兴奋、激动，难以安静下来，户内的时间就应该多一些；对于从事幼儿教育时间较短的老师，还是遵守每周和每天的常规节奏为宜。我交流过的几位华德福老师，至少都已有15年的幼儿教育经历，她们在此方面已经达到了自由的境界，"随心所欲，不逾矩"。

在瑞典一所华德福学校，我吃惊地看到孩子们在足球场上踢足球。据我了解，华德福教育是不赞成这种做法的。我向学校一位老师请教，她说现代的孩子用脑过度，让他们踢足球有利于思考、感情、意志之间的平衡。然而爱迪特不同意让孩子踢足球，她认为用脚踢比较粗鲁，最好让孩子参与需要用手的体育活动。

谈到现在越来越多的育儿理论和幼儿教育选择，我发现一个人很容易偏爱自己的选择，认为自己实践的教育是最完美的。某种意义上这是对的，既然选择了这种教育，至少是自己最喜欢的或最适合自己的，但由此排斥甚至诋毁其他的教育理念，一个人就会变得狭隘、傲慢。

若妮特告诉我，重要的不是实践的是华德福教育还是蒙台梭利教育，而是什么样的人在当老师。如果一位华德福老师不能全身心地爱孩子，不能尽心尽责，那就不如一位全身心爱孩子的蒙台梭利老师。我想无论何种教育，都需要老师来付诸实践，你是什么样的人比你所选择的教育方式更加重要。

我曾听到过这样的指责："这个人是华德福老师，怎么还这样！"要知道我们在北京的实践才两年多，一名合格的华德福老师至少需要四年的成长时间。即使合格了，也并不表示我们就十全十美了，别人有的缺点和错误，我们都可能会有。我们也是普通的人，只是愿意在人生的道路上不断地完善自己。

五　家长和学生的声音

在若妮特的幼儿园，我正巧赶上家长自愿劳动日。那天恰巧是难得的好天气，晴空万里，阳光明媚。下午，有的家长帮忙在树上吊秋千，有的家长帮忙清理地上的树叶，有的家长在做堆肥。若妮特本来已经很累，可是一旦投入劳动，她片刻也不休息。她告诉我，家长参与劳动，孩子在一旁或帮忙或观看或玩耍，这才是真实的生活，家长尤其不应整天坐在电视或电脑前。

　　我还参加了安娜丝蒂娜幼儿园的家长会。我问得最多的问题是："你为什么把孩子送到华德福幼儿园？"

　　"华德福幼儿园是混龄班，我希望自己的两个孩子在一个班。"

　　"我喜欢这里的自然环境和教室的布置。我认为环境对孩子很重要，也反映出办学者的价值观念。"

　　"我觉得玩对孩子太重要了。在华德福幼儿园，孩子可以玩个够。"

　　"在华德福幼儿园没有竞争，老师总是鼓励孩子慢慢地去做好一件事情。"

　　"这里尊重孩子的天性，真正做到了为孩子着想。"

　　"有次我开车累了，女儿说：'爸爸，到我们幼儿园休息一下吧。'在孩子心目中，幼儿园是轻松愉快、可以休息的地方。这就足够了。"

　　"我喜欢华德福的有机食品，喜欢这里的老师。我信任他们，所以把孩子送来了。"

　　有两位妈妈甚至表示自己也想成为华德福老师。

　　来自中国的李丹刚到瑞典留学时，发现中国学生功课很好，但动手能力和交际能力欠缺。在华德福幼儿园里，她女儿这两方面的能力都得到了充分的发展，特别是老师对孩子了如指掌，并有针对性地提供帮助，让她深受感动。

　　爱迪特安排我参观了瑞典最大的华德福学校，从幼儿园、小学直到高中，全校有一千两百多名学生。在参观他们的木工、装订、打铁教室时，我遇到正在做课题的高三年级学生，便趁机问了几位学生对华德福教育的看法，他们基本上都是一直在本校上学的。

"我喜欢手工、艺术等课程，因为老师往往不告诉你做什么、怎么做，尤其到了高中，完全靠自己去设想、尝试。华德福学校的学生擅长做艺术设计工作。但我不喜欢音语舞课。"

"我觉得老师对物理、化学和生物的现象描述多了一些，对理论的讲解少了一些，以致我们缺乏对现象的深入把握。我还觉得华德福教育和整个社会有些脱节。但我从小学直到高中，每天都很愿意上学。老师激发学生对知识的好奇和探索。学生毕业后，从事各行各业的都有。"

"毕业后我想上师范学校，当一名老师。我很喜欢华德福教育，即使数理化学得少了一些。我不喜欢学习很多的数理化，我很满意华德福的课程设计和内容。华德福教育并不适合每一个学生。"

"华德福学校没有其他学校那么多的考试或测验，但到了高三参加全国统考，他们的成绩比一般的学校都优异。也有学生为了上大学，选择多上一年预备班，多学一些数理化。"

六　亲爱的老师们

我在爱默生学院曾和一位老师讨论东西方文化。我总说西方如何如何，这位老师认为我们是在面对面交流，最好别笼统地用"西方"。我当时很不服气：不用"西方"这个词，我用什么来描述呢？这次在瑞典，当我面对爱迪特等老师时，我不禁又想到了这位老师的话。的确，在我们的交流和交往中，东西方的差异并不重要，重要的是每个人的音容笑貌，每个人传递出来的友好与善良。

佩葛是爱迪特幼儿园的老师，62岁了，四十多岁时才决定从事幼儿教育。刚开始，她觉得所有的孩子都一个样，经过一段时间后，才感觉到每个孩子的不同。她每天在班级建立一点点秩序，她说特别重要的是老师心里要明白什么是正确的，既然这么做对孩子有益，就应该坚持下去。攻击性强的孩子，佩葛就让他坐在老师身边，看别的孩子怎么玩。时间长了，班级井然有序，氛围非常好。她教我怎么用毛线织小猫，还利用休息时间专门为我画了马的裁剪图。

安娜丝蒂娜知道我们刚从中国来，吃不惯瑞典饭菜，便邀请我们到中餐馆吃饭。坐在我们对面，她高兴地一遍又一遍地说："我在和中国人一起吃饭！真没有想到会有这么一天。"瑞典的冬天很漫长，光照时间短，在安娜丝蒂娜的心中，只要是从国外来的人，都能带来些许温暖。她赞成瑞典政府收留大量的非洲难民，认为这不仅是在帮助别人，也是瑞典人心灵的需要。她的哥哥是渔民，这次她来不及带我们去见她的哥哥下海了。一天下班后，安娜丝蒂娜带我们去参观博物馆。赶到那里的时候，博物馆只剩下20分钟就要关门了。我看票价大约是70克朗，心想别看了，话还没有说出口，安娜丝蒂娜就买好了票。虽然时间短暂，我们还是有幸看到了博物馆珍藏的部分传统手工艺品。

在瑞典华德福幼儿教师会议上，我站在众人面前，平生第一次用英语演讲，旁边一位翻译帮我译成瑞典语。短短半小时的发言，我赢得了热烈的掌声和多次笑声。演讲过后，多位老师主动和我交谈，鼓励我坚持下去，祝愿中国的华德福教育蒸蒸日上。

这次瑞典之行，爱迪特资助了我往返的机票，还提供免费食宿。爱迪特幼儿园的老师柏琳达，把小时候她妈妈送给她的娃娃转送给了我。这个娃娃伴随她已经四十多年了，她的女儿也抱过这个娃娃，现在娃娃躺在我的怀里，我的心里沉甸甸的，我怎样才能不辜负这份深厚的友谊和期待呢？

我想念在瑞典遇到的每一个人，他们如此热情，让我不由自主地想到，也许这真的是前世结下的因缘。在瑞典遇到的这些华德福老师，他们每个人都是那么的个性鲜明，不屈服于任何权威和压力，散发出自己独特的生命光彩。他们每个人都是那么的和蔼可亲，竭尽所能地帮助我们。这也是华德福教育的终极理想：发挥个人的潜能，成为独立思考的自由人，同时担当对他人和社会的责任，并充满爱心。我满载着瑞典老师们的深情厚谊在北京重新开始实践华德福教育，我将把对他们的思念化作前行的力量。

顺应自然是早期教育的最高原则

　　下面我想分享一位记者对我的访谈，此文收在《中国家教高端访谈：家长必修的 21 堂教育课》一书中，作者是鱼朝霞。此次分享，内容有部分改动。

　　　　你听说过华德福教育吗？

　　　　早读书、早识字符合孩子的成长时令吗？

　　　　电视、电脑给孩子带来的是利还是弊？

　　　　小孩子最需要的是什么样的玩具？

　　　　孩子要自由，还要规矩吗？

　　　　传统节日、传统文化对今天的孩子还有意义吗？

　　　　…………

　　吴蓓老师是从国外留学回来的华德福教育的传播者。华德福教育有哪些新观点、新看法，请看记者对吴蓓老师所做的访谈。

　　华德福教育是一个已有九十多年历史的完整而独立的教育

体系。1919 年，鲁道夫·斯坦纳在德国创办了第一所华德福学校。从 20 世纪 70 年代起，联合国开始向各国推荐华德福教育，华德福教育在世界范围内日益得到支持和认可。在中国，德国人卢安克最先在广西农村推行华德福教育，曾赴英美学习华德福教育课程的吴蓓、黄晓星、张俐、李泽武等人，也在北京和成都等地开始了华德福教育的实践。

无论什么教育都应该适于其时

记者：现在，年轻的家长都很重视孩子的教育，舍得为孩子的早期教育投资。但是，教育投资不一定是你投多少就回报多少、你投得越多就回报越多那么简单的事——不考虑孩子的承受能力，不注重全面发展地超前教育，不仅收不到预期的效果，反而会毁了孩子的童年。华德福教育倡导"万物皆有时"，这对急于进行早期教育的家长有何启迪？

吴蓓：华德福早期教育以自然和大地的韵律，以及生命的周期为核心，在这种教育里，不会有人去干扰孩子的游戏，更不会有家长、老师去给孩子增添额外的负担。华德福教育主张什么事情都应该适于其时。最好的办法是让孩子 3 岁时就做 3 岁时该做的事，4 岁时就做 4 岁时该做的事。

学龄前的孩子正处于长身体的阶段，他们的各种器官——视觉、听觉、嗅觉、触觉器官——都处于不断完善之中，孩子这时的健康会为一生的健康打下基础。国外有研究表明：一些中老年人的疾病，根源可以追溯到他们童年所受的伤害。

孩子的身体要长好，就需要充足的运动量。孩子与生俱来的活力是通过运动来表现的，他们本能地需要不停地跑，不停地动，需要以活动促学习，以活动促健康，以活动促发展。

儿童的学习和成人的学习是不一样的。一些家长错误地认为，只有坐在家里、教室里、跟着家长、老师读书才是学习，而到外面去玩沙、玩水就是在玩，而不是在学习。

然而，对于学龄前的孩子来说，玩就是最好的学习。家长们所谓的读书、识字、算数这样的智力学习，是孩子们到了适当的年龄才需要的。如果提前进行这样的智力学习，不仅会影响孩子的身体健康，还会影响孩子的心智发育。

试想，那么活泼灵动的孩子，你却让他规规矩矩地坐下来，哪怕是学习 10 分钟的课程，对于学龄前的孩子都是非常难受、非常不容易的事情。识字、算数是需要大脑理解、思考之后才能进行的学习。

本来需要用于长身体的能量，却用于大脑的智力学习，这必然会影响孩子真正需要的、更为重要的发育。所以，孩子的早期学习应该是以活动为基础的学习，对于他们，运动、发现、体验比什么都重要。

此外，超前教育不仅会影响孩子的身心健康，还会有损孩子的开放、热情、灵活、想象力、创造力、朝气蓬勃、好奇好问等优良素质。如果在童年时代，孩子没有机会发展这些素质，长大后弥补起来就会事倍功半，若要重新再培养，那就更难了。所以说，童年是发生奇迹的时候，未来的生活是童年的果实。

越原始简单的玩具，越富有想象力和创造力

记者：华德福教育为什么要提倡家长、孩子自己动手做家务，而不主张孩子早早地就学会摁电钮？

吴蓓：孩子的早期学习，除了通过感官体验，就是通过模仿。孩子看着爸爸妈妈做什么，就喜欢照着样子去模仿。特别是两三岁的孩子，妈妈在厨房择菜，他们也会跑到厨房来择菜；妈妈扫地，他们也会拿把扫帚学着扫地。再大一点的孩子，他们对于父母行为的模仿，虽不再像两三岁的孩子那样直接，但他们会把自己看到的事情通过游戏的方式表现出来。

所以，在家里，家长需要多给孩子一些这样可学习和仿效的机会，孩子看得见，才会学着去模仿。如果家长都是在超市买速冻饺子，回家往开水锅里一倒就完事，孩子看不见和面、拌馅、包饺子的过程，就缺少了可模仿的原型。

过去，我们都是用手洗衣服，孩子能看见妈妈怎么抹肥皂，怎么搓衣服，怎么清洗；现在，我们把所有的衣服往洗衣机里一扔，插上电源，摁一下按钮就完事了。国外华德福的老师来给我们讲课，说国外的孩子摁按钮的机会太多，一摁按钮，机器就转起来了，一些孩子因此患上了肌肉萎缩、各器官发育不良的毛病。

让孩子看到生产的流程，看到每件事是怎么做的，甚至看到家长做木工活、水暖活、园艺活，不仅会给孩子提供游戏的

素材，还会让孩子明白每件事都是一步一步发展和完成的。如果什么事情都是一摁按钮就完事，孩子的心灵会有许多无法弥补的认知空白。

记者：为什么华德福教育要倡导孩子玩天然材质的玩具、自己动手做的玩具，而不主张孩子玩电动玩具、塑料玩具？

吴蓓：孩子的玩具最好是由纯天然材料做成的，树枝、圆木、树皮、树叶、果实、贝壳、泥沙可做玩具，碎布、棉花、麻线、纸盒也可做玩具。越原始、越简单的玩具，越富有想象力、创造力。一截圆木，时而可做一张桌子，时而可做一面鼓，时而可做方向盘，时而可做车轱辘……根据游戏的需要，孩子时刻都可变换手中玩具的名称和用途。

孩子在沙里、泥里的挖掘更是典型的发挥想象力的活动：既挖了坑，修了渠道，垒了城堡，又锻炼了手工技能。孩子玩的游戏越多，想象力越丰富，以后解决实际问题的能力就越强。他们从小习惯什么事情都自己做的话，在遇到挑战时，能够想出各种各样的办法创造性地加以解决。

如果你观察过孩子捏黏土，你会发现这一活动有令人镇静的效果：孩子注意力集中，呼吸舒缓，捏出的东西充满想象力。但从市场上购买的橡皮泥往往掺杂了油，释放出一种难闻的气味，手摸上去也太黏，对孩子的健康很不利。其实，就地取材，用泥土、面团就可以捏出各种各样的动物和器具，这样做出的东西更环保，还不会损害孩子的身体健康，何乐而不为呢？

柜台里的芭比娃娃，眼睛那么大，睫毛那么长，似乎是天底下最漂亮的娃娃，但华德福教育却认为，那样标准的、没有表情变化的娃娃，不能给孩子留下任何可想象的余地，不能算作真正的艺术品。孩子的大脑若局限在这样的思维模式里，会影响对美的理解和塑造。

华德福教育鼓励家长和孩子一起动手做娃娃，甚至鼓励家长、老师做些"未完成的"娃娃让孩子自己去想象。比如，做一个没有五官表情的布娃娃，孩子玩得高兴的时候，会赋予布娃娃一个喜笑颜开的表情；孩子心情不愉快的时候，又可以赋予布娃娃一个痛苦难受的表情。这样的布娃娃能跟孩子交流，能随着孩子情绪的变化而变化。流水线生产的千篇一律的芭比娃娃，任何时候都是那个模样，不能给孩子任何的启迪。其他流水线生产的塑料玩具也一样，没有可塑性，不能激发孩子去想象，不能让孩子把自己的思想投射到娃娃身上去。

电动玩具集声、光、电于一体，一摁按钮就跑起来、打起来、动起来了，表面上看起来很热闹、很刺激，但对孩子的创造性思维和动手能力的培养同样不利。电动玩具都是事先设计好了的，你只需要按照操作说明摁按钮就行了。

孩子被动地生活在别人的设计、构造里，不用自己动脑动手就能坐享别人的劳动成果，这会使孩子的脑功能一步一步退化。能促进孩子头脑发育的是那些需要孩子自己动手动脑的玩具。

录音机里的歌比妈妈唱的歌好，但还是要听妈妈唱的

记者：华德福教育为什么非常重视家长、老师的榜样作用？

吴蓓：孩子是通过观察来学习的，我们的形象会帮助（或阻碍）他们成为他们自己。孩子不仅会模仿家长做事，还会模仿家长说话。孩子会说话就是模仿的结果。孩子的模仿能力是非常强的，家长须时刻注意自己的言谈举止，给孩子做个好榜样。

不仅是你做什么、说什么对孩子有影响，你心里想的、你的心态、你的情绪同样会对孩子产生影响——孩子比成人敏感得多。

所以，华德福教育要求老师进教室前，要像脱掉一层外衣一样把自己不好的情绪留在教室外面，以免将不良情绪带进班集体，传染给心灵纯洁的孩子。华德福教育强调，教师要做一个心地纯洁的人，在孩子面前不能有任何的私心杂念。孩子生活在健康愉快的环境中，才有可能成为健康愉快的人。

为使孩子学会交往，父母最好当着孩子的面，使用自然的语言、正确的词汇与句子进行交谈，并给予孩子参与交谈的机会。面对面的交谈能使孩子辨出声音的细微差别，听出"弦外之音"。直接交谈是双向的互动，非常微妙，不仅涉及语气的停顿、声音的高低、语速的快慢等，还涉及眼神、面部表情、手势等肢体表现。很多信息是通过非语言来表达和沟通的，所以家长需多给孩子提供直接交谈的机会，而不应该让孩子跟着录音机、电视机、电脑和手机学。

记者：华德福教育非常注重家庭环境对孩子的影响，而什么样的家庭环境才是对孩子最有利的环境呢？

吴蓓：家庭环境的内容有很多，包括家庭布置、家庭色彩、家庭声音等。

首先说一说家庭布置。孩子都喜欢到处爬、到处摸，他们早期触摸到的东西对其影响最为持久。因此，家里摆放的东西应该是安全的、质地优良的、纯天然的，最好是丝绸、羊毛、木头、棉花材质的。触摸这些物品，有益于提高孩子的感受力、辨别力。

其次是家庭色彩。室内墙面的颜色、陈列物的颜色对孩子的视觉和心灵都有影响。有的家庭喜欢把墙壁贴得花花绿绿的，想以强烈的色彩来吸引孩子的注意力。但华德福教育认为孩子对色彩的反应比成人强烈，不主张用过多的色彩来刺激孩子的视觉。颜色会引发内心的反应，杂乱的颜色会影响孩子的整体感受。孩子长时间逗留的房间应该是素净的、温暖的、色调柔和的。室内最好使用自然光线，烛光和灯笼的光能制造出友好而温馨的气氛，但不要让孩子处于完全的黑暗中。

最后是家庭声音。华德福教育不主张大声对孩子说话，因为强烈的声音对孩子的耳膜有损伤。孩子若习惯了成人的大喊大叫，也会养成对人大喊大叫的习惯。平和的、自然的声音，对孩子的成长更有利。不能以嘈杂的、强烈的、电子的声音妨碍孩子正常的倾听和表达。

电视机、电脑等电子产品都是孩子的"感觉剥夺器"

记者：华德福教育为什么不主张学龄前的儿童听录音、看电视，而主张妈妈给孩子唱歌、讲故事？

吴蓓：华德福教育希望妈妈给孩子唱歌，而不提倡孩子听录音机里的歌，即使录音机里的歌比妈妈唱的歌好听百倍。这是因为，录音机里的歌、光盘里的歌是通过机器发出的，机器对孩子不带感情，而妈妈对孩子有一份特殊的感情，孩子能通过歌声体会母爱。即使妈妈的歌再不好听，只要是妈妈唱的，孩子都是乐于听的。

此外，"电视是感觉剥夺器"。长时间看电视，会阻碍孩子的大脑发育，对幼小的孩子尤其如此。电视干扰、取代了重要的语言、非语言和情绪的交流。因此，不要给小孩子看电视节目，哪怕是动画片。动画片——无论是其声音、图像，还是颜色、画面——都非常刺激。强烈的灯光、色彩、声音会给孩子强烈的刺激，令孩子躁动不安，注意力不集中。很多家长抱怨自己的孩子专注力不够。追溯这些孩子的成长历程会发现，他们大都从小养成了爱看电视、爱玩电脑、爱打游戏机的坏习惯。而习惯一旦养成，改起来可就麻烦了。

有人做过这样的实验，把一个班的孩子分成两组，一组是由老师或家长给孩子讲白雪公主的故事，一组是由小朋友看动画片《白雪公主》。孩子们在看完或听完白雪公主的故事后，要画白雪公主。看动画片的这组孩子画的白雪公主都是动画片里卡通形象的白雪公主，而听故事的这组孩子，画的都是他们心目中的白雪公主，并且每个孩子画的都不相同。一段时间后，老师再让两组孩子画白雪公主。看动画片的孩子，画的还是之前卡通形象的白雪公主，而听故事的孩子，画出的白雪公主与之前画的又有所不同。

可见，如果先入为主地从外界接收了一个固定的形象，那么孩子心中就永远是那个形象，没有任何可发挥的余地了。电视"冻结"了孩子产生自己的"图画"的能力，直接将形象输入孩子的大脑，让孩子成为懒于思考与探索的被动接收者。此外，动画片里那些卡通形象多数不自然、不真实，对孩子的心灵没有任何的启迪作用，其商业价值远远大于艺术价值和审美价值。而讲故事作为一种古老的艺术形式，则能给孩子的想象力留下很大的空间。

不主张幼儿园的孩子看电视的另一层意思是，避免他们幼小的心灵过早地接触战争、车祸、暴力、凶杀这些事情。幼儿园的孩子，心灵是那么纯洁，世界在他们眼里是那么美好，就让他们在童话王国里健康地生活、幸福地成长吧。等他们的身体强壮了，心灵有一定的承受能力了，再让他们去面对这复杂多变、充满苦难的世界。过早地把现实中不美的、残缺的、苦难的东西全盘呈现给他们，他们的心灵会承受不了，会觉得活着没意义。

记者：华德福教育为什么不主张孩子过早地接触电脑等电子产品？

吴蓓：孩子过早、过多使用电脑，电脑散发的辐射电波会造成身体伤害，久坐电脑前还会导致视力下降、肥胖症和其他负面影响，如性格孤僻、发育迟缓等。

电脑、手机等的出现，改变了人与人之间传统的相处模式，孩子成长中所需要的与人的接触大为减少。孩子一旦在感情上与家人、朋友疏远，产生孤僻心理的可能性会大为增加。

电脑所带来的最坏影响可能是电脑游戏。电脑游戏不要求身体的协调能力，只强化瞬间的头脑反应；长期玩此类游戏会使人产生只要按按键盘就能发生什么的幻觉。电脑创造出来的视觉图像，会影响孩子对重力、平衡、协调、秩序等的正确判断。由于缺乏社会阅历，孩子们很可能混淆现实世界和虚拟世界。连续几个小时沉迷于杀人游戏的孩子，回到现实生活中来的时候，会缺乏最起码的道德约束。

儿童过早学习电脑还会导致创造力缺乏。创造力是指产生新思想，发现和创造新事物的能力，需要人把直接的感官经验和情绪反应综合起来，找出自己内心的独特想法，并坚持不懈地实践它。忽略了孩子的原始积累、原始体验、原始创造力，就会使孩子以后的生活、学习越走越艰难。

丰富的感官体验和广泛的社会阅历是人培养各种才能的基础，孩子的阅历丰富了，对自然与社会才能有客观的认识，这个时候再接触电脑，也许能激发更大的潜力和创造力。

给孩子的生活强加节律是必要的

记者：华德福教育为什么强调孩子的生活一定得有规矩和节律？

吴蓓：一些年轻的父母错误地认为西方人强调尊重孩子，给孩子自由，就不给孩子定规则，不限制孩子的行为。其实，西方人强调的自由是一定范围内的自由，而不是无法无天。孩子的行为必须遵循一定的准则。虽然他们一开始接受起来有难度，但是成人必须让孩子坚持。

很多中国家长都感到奇怪：为什么欧美国家的孩子会老老实实地坐在餐桌前吃饭，而中国的孩子却要大人追着喂？其实，世上本没有天生就守规矩的孩子，守规矩的孩子都是父母长期培养出来的。孩子一两岁的时候，听不懂父母的话，不愿规规矩矩地坐下来吃饭，一坐到餐桌前就想跑开，这时家长会把他们抱回来。孩子跑一次，家长抱回来一次，孩子跑一百次，家长抱回来一百次，慢慢地孩子就养成了在餐桌前吃饭的习惯。孩子长大一点后，家长就可以给他们讲道理了，从餐桌礼仪开始，教他们怎么做懂礼貌、有教养的人。

孩子每天几点钟睡觉也应有规律，不能让孩子玩到晚上 10 点还不睡觉。两三岁的孩子，晚上 8 点以前一定要睡觉；四五岁的孩子，晚上 8 点半也一定要睡觉。睡前，家长应有意营造睡觉的气氛，不看电视，不打电话，让家里安静下来。孩子上床后，可以给孩子哼点催眠曲，或者给孩子讲个睡前小故事。每天都是这样，晚上到点就上床睡觉，早晨到点就起床。有规律的生活，不仅使孩子的身体健康得到保证，还会使孩子感到安全和放心。孩子养成了有节律的生活习惯，长大后也是不会随意打破这种节律的。

我翻译的《解放孩子的潜能》一书上写道："无论父母做出怎样的牺牲，给孩子的生活强加节律都是必要的。节律会使他们身体健壮、精神健康，并具有康复能力，就像给了孩子一个可再生的能量源，使他们有能力应付生活中的变化。"

让传统文化和自然装点孩子的童年

记者：华德福教育为什么会对传统的节日倍加重视？

吴蓓：华德福教育非常重视孩子过节。西方有西方的节日，东方有东方的节日。现在中国的一些幼儿园非常重视西方的万圣节、圣诞节、感恩节等，却不重视自己的传统节日，这是非常不合常理的。

中国的传统节日都有很深的文化内涵，在跟孩子过节的时候，可以给孩子讲些节日的传说和故事，还可以和孩子一起朗诵与节日相关的诗词、童谣，让孩子对中国的传统文化感兴趣，自觉自愿地加入到继承、弘扬传统文化的洪流中。

中国的很多节日都与吃有关系，比如，中秋节吃月饼，元宵节吃元宵，端午节吃粽子，春节吃饺子，腊八节喝腊八粥……这些传统节日食品自己动手做会更增添节日的气氛。如果过什么节都是到餐馆去吃一顿，不仅会减弱节日气氛，也少了与家人聚在一起互相交流、互相切磋的乐趣。

中国的很多节日也与季节有关系，注重过节，可以帮助孩子知晓季节的变换和循环。如果把一年看成一个圆圈，那么节日庆典就可以看成这个圆圈上的"烽火台"。每个节日都带孩子到"烽火台"上庆贺一番，可帮助孩子发现季节的影子，从而使自己的生活和大自然的四季保持和谐一致的关系。

记者：华德福教育为什么要鼓励家长把孩子带到大自然中去，而不主张家长把孩子带到商场、超市中去？

吴蓓：带孩子进商场、逛超市，商店里琳琅满目的商品、推销员的叫卖声，会不断诱惑孩子去购物，使孩子小小年纪就充满购物欲、享乐欲，这必然会冲淡孩子对情感和精神的需求。带孩子到商场逛一天和到公园逛一天，孩子回家后的心情和感受是完全不一样的。

首先，商场里的空气不好，各种气味对孩子的身体健康不利；其次，商场里琳琅满目的商品、嘈杂混乱的声音对孩子有刺激，会影响孩子的心态平衡。当然，家长不是完全不能带孩子去逛街，只是应尽量少带孩子去商业场合，多带孩子到大自然中去。

大自然的景色看上去很美，大自然的声音听起来很舒心，大自然的味道闻起来很淡雅，大自然的一切摸起来很质朴。带孩子到大自然中呼吸新鲜空气，体会光线的强弱、季节的变化，不仅能使孩子感官变得敏锐，而且会使他们更加亲近自然而远离电子产品。头脑中有了万物的形状、味道和色彩，就能够把真实的体验带进未来的科学认知中。孩子早期获得的自然的、真实的经验越多，以后生活中合理判断的能力就越强。

首先是身心健康，然后才是学业问题

记者：华德福教育为什么不主张孩子有过多的自我意识？

吴蓓：华德福教育不主张有小孩子的家里摆放过大的镜子，不鼓励孩子天天照镜子，不赞成孩子过分地关注自己的外表，也不希望他们过多过早地关心自己在别人心目中的形象。对于孩子来说，物我不分的状态是一种最佳状态。

华德福教育也主张孩子唱歌、跳舞、表演节目，但不是孩子一个人登台表演，而是家长、老师、孩子一起唱、一起跳。单独表演，孩子会有压力，这种压力会唤醒孩子的自我意识，破坏孩子自然生长的节律，起到揠苗助长的副作用。而大家一起唱歌跳舞，孩子不会有做不好会被人笑话的压力，反而能全身心地投入。一位陶艺家就说过，孩子懵懵懂懂的无意识阶段时间越长，越有艺术潜质。

记者：华德福教育为什么会竭力鼓励孩子接触可以感知的有形实体，而不主张孩子过早地追逐人工符号？

吴蓓：华德福教育不主张孩子过早地接触人工符号，是不想先入为主地干预孩子的思维。看得见、摸得着、闻得到的真

实世界是孩子的思维源泉。人类刚开始是没有文字的，文字表达的生活永远无法和真实的生活相媲美。生活中，孩子的所有器官都是开放的，每时每刻都在进行着由外而内、由内而外的双向交流。大自然的春天给孩子的器官带来的感受是无限的，而"春天"这个词给孩子的信息量是有限的、抽象的。

就让孩子天天都与猫狗、昆虫、蚂蚁、小花小草对话吧。孩子的童真时光就那么几年，错过了就错过了，永远也找不回来了。而文化知识的学习，到了上学年龄自然就开始了。晚学两年的人未必就会输给早学两年的人。相反，孩子的身体强壮了，感受丰富了，理解能力、思维能力增强了，再学文化知识，会学得更轻松、更愉快、更快捷。

采访感言

如今，国内的早教市场可谓"兴旺发达""精彩纷呈"。那些有知识、有文化、有物质基础的年轻父母都愿意为孩子付出，为孩子投资。你看，商场里，婴幼儿的食品、饮料、玩具、服装、生活用品、床上用品应有尽有；书店里，育儿书籍、婴幼儿早期读物、胎教音像制品等琳琅满目；城市里的托儿所、幼儿园更是一个比一个装修高档、费用昂贵；家长们都愿倾尽全力为孩子提供最好的。

然而，什么是最好的教育？很多家长都是没有主见的，以为花钱越多，所获得的教育就越好。其实，花钱多少与教育效果并不成正比。

有着九十多年优良传统的华德福教育不崇尚现代奢华，却能给如今的年轻父母提供一些帮助和启迪。孩子的早期教育是有原则、有规律、有章法的，新玩意儿并非一定就是好玩意儿，老传统、老经验并非一定就会过时。华德福教育所倡导的那种质朴的、原始的、自然的、动脑动手的早期教育，对今天的年轻父母同样有意义。

你也许还不认可它，你也许心里认可了但面子上还不愿承认，你也许觉得太麻烦——不如花钱买教育来得直接、来得痛快，你也许觉得它与中国的教育现实有距离，实施起来会影响孩子的小学入门……由于知识教育、符号教育、识字教育、外语教育、功利教育已在中国的早教市场占领了主阵地，所以华德福教育不主张孩子早识字、早算数、早用电脑、早看电视，就显得那么有悖潮流；华德福教育鼓励家长、老师、孩子回归自然、回归传统、回归人的基本的生存状态，就显得那么不合时宜。

华德福教育着眼于孩子自然成长的均衡、协调、全面、持续，它不会立竿见影地见成效，不会马上被人接受认可，这是自然的、合乎情理的。但是，华德福教育确实是自成体系的、有科学依据的、有长期实践保障的、值得我们推广学习的先进教育。我们可以暂时与它保持距离，却万万不可一下子将它拒之门外。对它多看一眼，多了解一点，在批判的基础上有主见地吸收一点，有何不好？

时间和实践都已证明：最原始的、最简单的、最自然的、最人性的教育，才是最有生命力的、历久弥新的永恒教育。

浅谈孩子的吃饭问题

一　饭前的感恩

日常生活中，吃饭是我们每天都要重复做的事。事实上，它不只是一家人坐好后，各自拿起筷子就吃那么简单，在很多文化中，吃饭还是一种仪式，有着深层的文化意涵。

多年前，一位基督徒送我一本《赞美诗》，我在其中发现了一首《谢饭歌》：

> 我们会食同心感谢，
> 一粥一饭来处不易。
> 上帝恩赐同胞血汗，
> 欢喜领受为人服役。

这与古诗"汗滴禾下土，粒粒皆辛苦"表达的是同样的意思。虽然我不是基督徒，但深知一粥一饭来之不易，我把这首歌教给8岁的女儿，要求她每顿饭前唱一遍，以培养孩子的感恩之心。美籍犹太教哲学家和神学家赫舍尔说："世界是这样的，面对着它，人意识到自己受惠于人，而不是主人身份；世界是这样的，你在感知到世界的存在时，必须做出回答，同时也必须承担责任。"

有一年我去河北赵县柏林禅寺住了两天，寺院的进餐仪式给我留下了深刻印象。饭前众人都会一起念经，早粥时念"粥有十利，饶益行人，果报无边，究竟常乐"，午斋时念"三德六味，供佛及僧，法界有情，普同供养，当愿众生，禅悦为食，法喜充满"。念完经，集中思想作"五观"——主要内容为斋饭来之不易，吃饭不能贪图口福等。一位法师向我解释，食物来自许多人的劳动，餐前仪式能激发人的恭敬心；此外，即使是吃素，也会"杀生"——伤害地里的蔬菜以及昆虫，餐前仪式也是为了感谢为我们牺牲的其他生命。

在泰国的一个禅宗学习中心，老师教导来自世界各地的学员做饭前三思：一思我为什么吃饭？二思我为什么应为能吃到饭而感到高兴？三思食物从哪里来？

阿伊努人在吃用捣碎的小米做成的饼之前，家中的老人会向饼祷告："哦，谷神啊，我向你礼拜。……你滋养人们吧。我现在吃你。我礼拜你，感谢你。"

在基督教文化、佛教文化以及众多古老民族的习俗中，我们都能看到对食物的感恩。在介绍鲁道夫·斯坦纳教育实践的《日本华德福幼儿园》中，我得知日本华德福幼儿园的学生会在每日就餐前唱感恩歌：

大地供我们种植，

太阳让花结果实。

感谢大地，感谢太阳，

我们真心地谢谢您。

面包由谷物做成，

谷物靠光而生长，

光在神的脸上闪闪发亮，

神的光芒，大地的果实，

请用光照亮我的心。

但我们已经久违了饭前的静思和感恩：早饭一家人急急忙忙吃完，赶去上学或上班；午饭各自在单位或学校用餐；晚饭一家人终于有时间坐下来会餐，又常常被电视、手机所打扰。更糟的是，父母还常把工作和生活中的烦恼带上饭桌，或者教训孩子唠唠叨叨没完没了。

其实每个人都有这样的体会，心情不佳的时候，饭量会减少甚至什么也不想吃。持续几天后，身体就有反应了——无力、疲乏、虚弱。现代医学研究和大量临床资料表明，胃溃疡、神经性厌食、糖尿病、胆结石、高血压和精神病等多种身心疾病，都与人们忽视就餐时的心理卫生有关。

饭前的静思和感恩，能让我们把烦恼暂时放下，让宁静和喜悦充满我们的身心。伴随着这种仪式，我们回归到"吃饭就是吃饭"的本来状态，回归到人与人、人与自然的和谐状态。

我们感悟到对大自然的热爱，对他人劳动的尊重，对食物的珍惜，对宇宙最高力量的赞美。赫舍尔认为："感恩意识从我们一存在便给予了我们。它并不是从概念中产生的；在它被制定为概念或其内容被阐明以前，它就作为一种意识留在我们身上。它意味着承担任务，受到召唤，它体会到生活是获得，而不是索取。它的内容是为收到礼物而感激。它不只是一种生物学的授受关系。——人如果不意识到自己蒙受了恩惠，就不会想到自己是人。感恩意识不仅仅是一种感情，而且是做人的本质特征。取消了它就将泯灭人的特点。"

鲁道夫·斯坦纳也曾说："人类为了使自己更为富足，便从外在环境取用各种东西加入自己的生活中。但若不能对由外而来的东西心怀感谢、尊敬，便无法真正使外来的东西内化为自己的。这不管是对形成身体养分的食物，或头脑中运作的知识都是相同的道理。'感谢'或'敬畏'，是人类与外面世界取得关联的重要感情。"在吃饭前，让我们也和鲁道夫·斯坦纳学校的学生们一起吟咏：

亲切的农夫，谢谢您！

亲切的太阳，谢谢您！

亲切的雨，亲切的大地！

谢谢美味的米！

太阳的光芒，

大地的恩泽，

忘不了你们的恩赐。

二 喂还是不喂

我去瑞典参观华德福幼儿园时，惊讶地发现无论多么年幼的孩子，哪怕才 1 岁多点，老师也从来不给喂饭。3 岁以下的孩子，老师给的饭菜较少，吃完可以再要，如果吃不完，老师就把碗收走，不会为了让孩子多吃一口而去喂饭。但我自己在办幼儿园时，看到孩子不好好吃饭，出于本能就想帮助孩子多吃一些。见到瑞典老师的做法后，我开始思考到底是应该喂还是不喂。

给孩子喂饭的预设前提是，我是成人，我知道你需要多吃饭，而你还太小不懂得这些。难道孩子真的不知道自己吃多少算饱吗？到底孩子多大才能懂得要吃多少饭呢？

吃饭是人的一种本能，与生俱来。孩子 1 岁多时，看到周围成人吃饭的样子，出于模仿，他是要自己吃的。我想起以前园内一位叫菁菁的女孩，她 1 岁 10 个月来到我们幼儿园，每顿饭自己吃，不仅吃得慢，还把饭菜撒得到处都是，可是她用餐时很满足、很享受、很愉快。

我还见过一个 4 岁的男孩，他要自己吃饭，可是照看他的老人无论如何不让他自己吃，一定要喂他。孩子急得要哭了，老人虽然哄他，却一再坚持喂他吃饭。这种喂饭已经不是孩子的需要，而是成人的需要了——成人陶醉于照顾孩子的满足中。

一位 3 岁多的孩子，因为家里人从来都是把饭菜、水直接送到他的嘴边，把水果榨成汁或刮成泥喂他，因此到幼儿园后，他不会自己吃饭、喝水，也不会拿着水果自己吃。老师对他说："你看别的小朋友都自己吃饭，你也自己吃。"他就开始哭。老师意识到以后再也不能这么说了，因为不是孩子不想自己吃，而是家人的娇惯使他失去了自己吃饭、喝水的能力。老师的当务之急是帮助他自己吃饭，帮助他树立自信。

我曾看过一本日本出版的书《母源病》，作者是一位儿科医生。他原以为日本人的生活条件提高了，孩子的得病率会减少，没有想到出现了新的过敏性疾病，比如哮喘等。经过观察他发现，这类新疾病的根源之一在于母亲的过度照料和事事包办，比如吃得太饱、穿得太多、运动量太少。如果孩子从小得不到生活自理的机会，他会感到特别压抑，也建立不起自信。心理的不健康，会导致身体机能出现问题，甚至患病。作者介绍了自己遇到的一个病例。一位 8 岁的男孩得了哮喘，他想尽一切医疗办法，还是未能彻底治好。了解到母亲在生活中对这个孩子百般呵护后，他建议母亲利用假期把孩子送到爷爷奶奶家一段时间。爷爷奶奶家开了一个小商店，孩子每天在店里帮助老人做些事情，结果没有吃药病却好了。作者认为，这是因为男孩通过做事情获得了自主的机会，产生了自信，因而心情愉快，身体抵抗力自然增强，最终恢复了健康。

不仅瑞典人不喂孩子吃饭，美国人也不给孩子喂饭。他们普遍认为吃饭是自己的事情，要尽早培养孩子独立生活的能力，更重要的是孩子和成人是平等的，成人不能连哄带骗地逼着孩子多吃饭。即使由于贪玩，孩子偶尔没有吃饱，对健康的影响也不大。倘若真的挨了饿，孩子定会记住这次教训，下次一定会尽量吃饱。

往往孩子吃饭多，父母才放心。可有的孩子就是胃口小，有的孩子在某个阶段就是不想多吃饭。如果父母过多地填塞食物，结果很可能适得其反，要么造成厌食，要么引发肥胖症等。成人应相信，孩子可能比我们更了解自己身体所需要的饭量。从小被父母喂饭的孩子，不知道自己需要什么，事事等待别人的安排。从小自己吃饭的孩子，长大后，比较容易知道自己需要什么，怎么去安排自己的工作和生活。

有的时候，孩子吃饭拖拖拉拉，或吃得比平时少，父母应寻找原因：是不是饭菜不可口？是不是运动量不够？是不是孩子哪里不舒服？是不是孩子犯困了？是不是点心吃多了？找到原因后，父母应积极寻找对策，而不能硬把饭菜塞进孩子的嘴里，也不要无限地延长吃饭时间。

可以说，吃饭问题不仅事关孩子的身体健康，更关乎孩子的心理健康。我想孩子的教育可以从餐桌开始。

无条件地接纳

在托管班，两岁多一点的孩子珂珂（化名）偶尔会把手指放在嘴里，我开玩笑地问她："珂珂，你在吃什么？""我在吃鼻涕。""啊，你在吃鼻涕？"她听了后哈哈大笑。我们一遍遍重复刚才的对话，每当我说"啊，你在吃鼻涕？"时，她就笑个不停。

珂珂的妈妈告诉我，珂珂这种反应极为少见，以往其他人询问或者关注她啃手指行为时，她都是非常紧张的，并且很抵触。事实上，经常有好心人告诉她，要改变孩子啃手指的习惯。有一次，她带珂珂坐出租车，珂珂在车上啃手指，司机跟她们谈了一路啃手指的危害。还有一次，她的同事看见珂珂边走边啃手指，对珂珂说："让我拉着你的手一起走好吗？"珂珂立即站住，对着走在前面的妈妈喊："妈妈，我能把手放在嘴里吗？"

听了珂珂妈妈的讲述，我感到十分惊奇。的确，我们成年人很难知道别人心里在想些什么，但似乎年幼的孩子却能感觉到别人心里想的是什么，即便别人没有说出来。试想一下，好心人心里通常想的是："这个孩子啃手指不好，我要帮助她改变。"但孩子的感觉可能是："我在她眼里是个啃手指的孩子，她认为啃手指不好，她要改变我。"在好心人面前，孩子感觉到没有被接纳，而是在被评判、被指正。如果我们能够设身处地替孩子想一想，就自然能理解孩子在好心人面前的紧张和抵触。

反过来，我在想为什么我对珂珂啃手指没有类似好心人的想法？首先，珂珂在托管班里很少啃手指，只是偶尔为之。其次，她那么年幼，我觉得啃啃手指是正常的。再次，我没有将孩子的啃手指行为与其心理健康问题挂钩。有的人联想比较"丰富"，会将孩子啃手指的行为解释为其内心需求没有得到满足、没有安全感等。

这件事情也让我想起了男孩强强（化名）。一次为期三周的培训期间，强强用棍子打了另一个男孩的头。这当然不是一件好事，渐渐地引发了一些人的议论。到后来，似乎每个人都认为"强强爱打人"。其实，在此之前，我没有看到也没有听说他打人，但这次事件之后，我在教室里的确见到他打别的孩子。

培训接近尾声，一次我和他们母子坐在一起吃午饭。强强先吃完，离开了餐厅。过了一会儿，一位妈妈进来告诉强强的妈妈："你赶紧出去看一下。"等强强的妈妈离开后，她对我说："强强打了别的孩子，其他人都在议论强强好打人。"一会儿强强回来了，气呼呼的，嘴里还恨恨地嘀咕着什么。我心里很难受，强强本不是一个爱打人的孩子，但他的确多次打人了。为什么？我在想，第一次打人后，大家对他的不宽容和不接纳也许强化了他的攻击行为，让他觉得"我就是个爱打人的孩子"。

当然，我们不能据此下结论说强强打人就是因为一些人的议论。但至少我们不要根据孩子的一个行为或重复多次的行为，就轻易下结论。我们可以描述事情发生的经过，可以探讨事情发生的原因，但千万不要说"这个孩子就是爱打人"。不仅不能这么说，连这样的念头也不能有。

我曾看到一份报道，在法庭上，有人问一个死刑犯为什么会那么残忍。他说从小到大，没有人对他说过一句温柔的话。一个不被接纳的孩子，一个被贴了坏标签的孩子，长大后自然会仇视社会。

我曾看过乙武洋匡的传记《五体不满足》。作者乙武生下来就没有四肢。出生那天，医生没敢让母子相见，担心妈妈看到这个孩子受不了。一个月之后，当医生把五体不全的儿子抱给妈妈时，妈妈很自然地接了过来，搂在怀里说："这是我的儿子。"正是基于这样的无条件接纳，乙武身残志坚，成长为一个自信、快乐、阳光的青年。他不仅考进了日本著名的高等学府早稻田大学，还积极参加学校多项活动，英语演讲得过全校第一名。在书中，作者说他的幸福就取决于妈妈第一次抱他的一瞬间。

对于有不良行为的孩子，我们要无条件地接纳；对于性格不同的孩子，我们要无条件地接纳；对于身体有残疾的孩子，我们要无条件地接纳。只有无条件地、全然地接纳孩子，才能理解并帮助孩子。

浅谈华德福家庭园的环境布置

一　自然角布置

我走访了将近二十个不同程度实践华德福幼儿教育的家庭园，每个华德福幼儿园都有一个自然角（布置在每个教室的小角落，也可以称为季节桌、四季桌），其布置随着季节的变迁而变化。某种程度上说，这是为了表达对自然万物背后力量的崇敬。

记得在英国留学期间，日本同学告诉我，在茶道表演中，茶人的着装、室内的环境布置是和季节对应的。比如春季，茶人穿的和服、墙上挂的字画以及茶具上的图案都与春天有关。我国古代也强调天人合一，室内的环境布置肯定也会反映季节的变化，只是我还没有找到这方面的资料。

我原是大学物理老师，最没有美化房间的意识，家里看起来像物理实验室。这些年受到华德福教育的熏陶，见识多了，我渐渐对自然角和环境布置有了一些感觉。在参观各地的家庭园时，我也开始对自然角等布置"指手画脚"。在布置自然角的时候，我最关注的就是与季节的对应、色彩的协调以及布景的鲜活，有时候也会考虑具体情况，尽量利用手边已有的材料。

结合《解放孩子的潜能》第八章和我自己的一些实践经验，我认为自然角的布置必须注意以下七个方面。

（1）选择房间的一个墙角也许较合适。将一块彩色的布铺在桌子上，墙上钉上一块棉布或挂一幅画，创造出所需要的意境。

（2）自然角必须反映出四季的变化，体现每个季节的内在特征。墙上和桌上所用布或丝绸的颜色，建议春天用浅绿色或粉红色，夏天用绿色或深绿色，秋天用黄色、红色、橙色、红褐色，冬天用深蓝色或蓝色。染色的棉布要轻薄，容易钉在墙上，也容易折叠保存。如果老师、家长对不同季节的色彩比较敏感，可以按照自己的感觉来布置。这里的建议仅供参考。

（3）桌子上摆设的物品如下。

春天：鲜花、放在盆里的球茎、开花的树枝、发芽的种子、发芽的柳枝。

夏天：鲜花、绿草、贝壳、海星、一瓶蜂蜜、麦穗、西瓜、香瓜等。

秋天：水果、蔬菜、坚果、各种颜色的树叶、板栗、花生、红薯、玉米、南瓜、稻穗、麦穗、松果、皂角、秋天的花草等，还可以把豆类和稻谷、小米等放在玻璃瓶里。

秋天是丰收的季节，蔬果等的摆放可以有三个层次：最下面一层摆放花生、红薯、萝卜等地下收成；第二层摆放地面上的收获，如南瓜；最上面一层摆放树上或藤上结的水果、坚果，如苹果、柿子、葡萄、石榴、核桃等。

冬天：常绿的树枝（如松树枝）、松果、柳树枝、水晶、大白菜等。放一盆水仙会令自然角生机盎然，不过要注意北方冬季室内温度较高，需要时常把水仙放在阳台上，以免叶子长得太快。

（4）无论什么季节，水晶体、石头、贝壳是自然角的焦点。也可以把彩纸或稻草做的星星、太阳和月亮钉在背景布上。

（5）在适当的位置摆放一些人物、动物、围栏、房子等，会让整个场景更加富有生活气息。

（6）也可以用季节性的水果、蔬菜、鲜花作为装饰，以人物、动物为主题进行布置。将家养动物和人物摆放得近一些，比如猪、狗、猫、鸡、鸭等，将生活在森林里的野生动物摆放得离人物远一些，比如老虎、狮子、狼、狐狸等。人物可以有男有女，有老有少，有高有矮，有胖有瘦，比如设定为爷爷奶奶、爸爸妈妈、孩子等，但不需要各类人都齐全，我常常看到女孩偏多。

（7）可以让孩子尽早地参与自然角的创意、采集和展示，维护相关的用品，并加以保管，直到下一次再用。

一旦布置好了，自然角上的任何东西都不能拿去玩。起初，看到孩子去拿，老师要一遍遍地告诉他们，可以看不能拿，或轻轻拿起看完后应放回原位。反复几次，孩子就会遵守自然角的规矩了。

二　空间布局

经常有老师问我：孩子在游戏室里奔跑怎么办？我想大致有四个原因使得孩子在游戏室里来回跑动。一是老师没有明确规定和严格要求。我了解到美国的一个华德福幼儿班，老师明确要求孩子不能在室内奔跑，如果哪个孩子跑了，会要求这个孩子回到开始跑的地方重新走一遍。二是孩子年龄偏小。容易在室内奔跑的孩子，往往是 4 岁以下的孩子。三是孩子还不会创造性地游戏。有的孩子从其他幼儿园转来，面对华德福幼儿园的玩具，不知如何玩。四是空间的布置给孩子的奔跑创造了机会。

老师需要逐一分析个中原因。首先，老师必须提醒孩子，在户外可以奔跑，在室内只能行走。其次，老师需要仔细观察孩子，留意他们正在进行什么样的游戏，然后加入孩子的游戏，并适当引导。比如孩子在玩开车游戏，老师可以扮演警察，要求红灯亮时停一停，或者说"汽车跑累了，需要到加油站加点油"，然后引导孩子搭建一个加油站。再次，老师可以增加偶戏演出，在故事时间表演，或在自由游戏时间临时编排，以便为孩子们创设游戏情境。

下面我重点谈谈空间布置问题。在好几个家庭式幼儿园，我注意到空间布局不够合理：通常是把客厅作为活动室，玩具柜沿墙摆放，中间留出整块的空间供孩子玩耍。有的客厅直接与餐厅相连，或者与另一个小活动室相通，在自由游戏时间，孩子们从客厅的一头跑到餐厅或小活动室的另一头，或从这一端"开车"到另一端。孩子们在室内跑来跑去，常常还大声喊叫。老师们很苦恼，明知自由游戏时间，不该让孩子们在活动室里来回跑。

这种情况下，如果改变一下空间布局，比如不给孩子留下从房间的一端跑到另一端的空间，也许情况就会改观很多。

在英国的一所华德福幼儿园里，我看到有娃娃屋、建筑角、商店角、厨艺角等，而中国的华德福家庭园往往只有一个娃娃屋。当然，并不是英国所有的华德福幼儿园都进行了功能性分区，也有个别家庭园没有这些功能区域。

厨艺角

我特别推荐布置厨艺角。几乎我走访的每个园都有适合孩子的餐厨具，但缺少一个特定的区域供孩子来玩。厨艺角可以一面为墙，两面摆放玩具架，第四面敞开或用绳子拉个帘子；也可以两面为墙，第三面放置玩具架，留一面敞开或拉个帘子。总之，厨艺角是个特定的地方，应和周围的空间有所区分。

厨艺角里需要一张小桌子、二至四把小椅子。桌子上摆小碗、小勺、小碟子、小杯子等，也可以放几个假装装油盐酱醋的小瓶子。最初办园的时候，我设计了一个厨艺角，但小桌子上空空如也。美国华德福老师天明来园指导时，在桌上摆放了小碗、小勺等，感觉立马就不一样了，好像一切都准备妥当，就等客人入座。孩子玩起来更加容易进入情境。

周围的玩具架上摆放和厨艺相关的玩具，比如锅铲、筷子、蒸笼、切菜板等。如有条件，可以准备一套吃火锅的用具，买个玩具炉子和锅。

我的经验是，孩子们几乎个个喜欢玩做饭做菜的游戏。北京三年制华德福中小学教师培训期间，我办了一个托管班。第一天，有二十多位2—6岁的孩子要进班，让他们立即和妈妈分开，挑战还是很大的。那天早上，我们安排一部分孩子在小树林里玩，一部分孩子进活动室。在活动室，我就是用买菜做饭的游戏把一个又一个的孩子吸引住的。"我们来做红烧豆腐，没有酱油了，谁去买一下？"孩子说："我去买。""还缺少生姜。怎么办？"另一个孩子说："我去买。"过了一会儿，孩子大喊："买来了。在这里。"我忙着把作料放进锅里，假装炒菜，然后说："做好了，拿碗来盛出来。"

做饭做菜的游戏，不仅对于刚入园的孩子很管用，对于大孩子也屡试不爽。可以针对不同年龄，设计不同难度的厨艺游戏。一次孩子们玩起了开火车游戏，他们邀请我坐在火车车厢里，还问我要吃什么。我说："你们拿菜单来。"于是一个5岁半的孩子找到纸，又涂又画，认真地做起菜单来。

建筑角

建筑角基本上是玩木头玩具的区域。我发现仅仅把树干锯成一段一段的还不够，其中一个原因是，如果锯得不够平整，在一个一个搭建时，不容易站稳。老师可以补充一些加工过的弯板或大小不同的长方形木块，也可以增加木头做的玩具汽车。

在建筑角铺块地毯是个好主意，这样任何东西落在地上不会发出太大的声音。因此国外华德福园的玩具柜中会有石头等坚硬"玩具"的身影。中国的华德福家庭园，由于各种原因，比如担心螨虫滋生等问题，并不铺地毯。但如果有条件的话，在建筑区域铺一块的确可以减少噪声。自由游戏时间，把地毯铺开，游戏结束，把地毯收起来。而且，年幼的孩子特别喜欢坐在地上，或在地上爬，有块地毯会温暖一些。

男孩子通常比较喜欢玩搭建房子的游戏，老师可以给他们准备一些大型的木块和木板。德国华德福教师之友的负责人娜娜，在参观了北京几个家庭园后，问道：适合男孩子的玩具在哪里？男孩子精力旺盛，需要一些消耗他们能量的活动，比如锯木头、搬重一点的东西等。国外的华德福幼儿园，室内会有大的原木。

老师可以缝制几个小枕头那么大的沙袋，里面装进沙子，外面多缝几层布，以免沙子漏出来。在我的班上，有些男孩子非常喜欢重重的沙袋，他们会让我把沙袋放在他们的背上，然后像乌龟似的背着沉重的"壳"在地上爬来爬去。

室内的光线

活动室里不能太明亮，太亮的光线容易让孩子兴奋。在阳光灿烂的日子里，朝南的窗子需要用薄的窗帘遮挡一下。暗一些的光线容易让孩子平静专注。有的幼儿园在故事时间需要点蜡烛，应记得把窗帘拉上。

当然，活动室也不能光线不足，搞得大白天像是傍晚，或者晴天像是阴天。光线不足让人心情抑郁。瑞典是世界上自杀率最高的国家之一，这与其冬季寒冷、黑夜漫长是有关系的：冬天时下午3点天就暗了，早上9点天才亮。我曾参观过一个家庭园，位于公寓房一楼。活动室挨着阳台，中间有门相通。阳光透过窗户照进阳台，活动室借助靠阳台的门取光。本来活动室的光线就有些暗了，老师还在阳台上布置了一个娃娃屋，又在门上挂了一些装饰物，这无疑挡住了部分自然光的射入。这种情况下，保证充足的光线远比美观更加重要。后来，我建议他们把门上的装饰拿走，把娃娃屋搬到另一个地方，活动室明亮了许多。

另外，室内尽量不要开灯。我在英国华德福幼儿园看到，遇到阴天，活动室光线很暗，老师也不开灯。老师说，这能让孩子感受因天气变化带来的光线明暗的变化。反正园里的孩子不用读书写字，不需要开灯。如果实在需要灯光，也最好用壁灯，让灯光照在墙上再反射回来，或者加个灯罩，让灯光变得柔和一些。

粉红色

关于将墙壁刷成粉红色，我办园前曾经咨询过国外资深的华德福老师：对于中国的孩子，粉红色也适用吗？对颜色的感觉有文化差异吗？比如对红色的反应，中国人和西方人一样吗？

但这位华德福老师没有给我答案，我自己对色彩更是一窍不通，只能照搬国外的做法。不过我刷墙时不是直接在红色颜料里兑水使之变成粉红色，而是在红色里加入了黄色、蓝色，红色最多，黄色次之，蓝色加得最少。

我遇到一位热心华德福教育的妈妈，她告诉我，她曾想把孩子的卧室也刷成粉红色，请教了一位风水先生后，对方认为不妥。我们生活在现代社会，当然不能迷信风水，但这至少从一个方面表明，对于将墙壁刷成粉红色，人们是有不同看法的。

中国有些华德福家庭园，不仅墙壁是粉红色的，室内的整个色调也是粉红色为主，以致国外的华德福老师看到后，都感叹粉红色太多了。而在瑞典的一所华德福幼儿园，我看到活动室、卫生间、过道、换衣服的房间、餐厅，墙上的颜色都不一样。对此，我也一直在思考：如何在华德福家庭园里应用一些中国传统色彩，如中国红、琉璃黄、青花蓝、富贵紫等？如果这些色彩和活动室的色彩不能协调，可否在节日庆典或生日会上用一些？

因地制宜

我在英国留学时，曾问过老师：华德福幼儿园的标准是什么？是什么将华德福幼儿园与其他幼儿园区别开来？比如，华德福幼儿园是不用塑料玩具和塑料用品的，但如果用了，就不是华德福幼儿园了吗？老师说，是不是华德福幼儿园，关键要看教育者是否认同华德福教育的儿童发展观。如果认同，教育者可以结合当地的文化和环境进行创造。

　　我曾受到山东省平度市王云超的热情邀请，去参观她的幼儿园。此前，我从来没有听说过平度。就是在这样一个小小的县级市，王云超在接触了华德福教育后，为了自己的孩子办起了华德福家庭园。基于资金等的限制，王云超不可能去买羊毛地毯或全棉地毯，她的园内地上铺着的只是塑料垫子。但我看到，孩子们在地垫上玩得很开心。王云超租了附近的一块菜地，经常带着孩子们一起种菜，和孩子们分享锄地、浇水、摘菜、洗菜的快乐。参观期间，我看到她园里的孩子能吃能睡会玩，是少见的孩子状态很好的家庭园。这令我心生羡慕：大城市里的家庭园，到哪里能找到这样的菜地呢？

　　我想到一位热心华德福教育的妈妈，为了与大自然贴近，在郊区租了一套房子办园。自然环境是理想了，但开办一年多时间，由于路程太远，没有几个孩子入园，这时她才意识到幼儿园能否生存下来，一种教育理念能否得到实践和推广，也要考量现实层面的问题。

　　在华德福教育的理想和中国的文化与现实之间，如何寻找平衡，需要发扬每个人的探索精神。我喜爱华德福教育的原因之一，是它没有设定条条框框，容许每种文化、每个个体有自己的独特之处。

以上谈的是家庭园的空间布局。家庭园所用的空间原本是居家用的，不是为幼儿园设计的。理想中的幼儿活动室很宽敞，不仅是幼儿玩耍的地方，也是用餐、绘画、做手工等的地方。所有的活动在同一个空间进行，便于老师管理。而家庭园的活动室偏小，有时需要另设餐厅和其他活动角。有的家庭园还专设一个讲故事的房间，也有的把晨圈活动和讲故事安排在一个房间里。

空间布局本来就没有绝对的标准，各个家庭园只能依据现有的情况加以布置。我希望有更多的老师和家长贡献宝贵的意见，一起来完善家庭园的空间布局，为孩子创造更好的环境。

建立幼儿的作息规律

华德福教育很强调每日安排的规律性，即重视呼和吸的节奏。国外的华德福幼儿园孩子通常是中午离园，我见过时间最晚的是下午两点半离园。我国情况特殊，孩子基本都是上全天。冬季一日的流程大致如下：

8:30—9:30	室内自由游戏、主题活动
9:30—9:45	收拾玩具
9:45—10:05	晨圈
10:05—10:30	洗手、吃点心、喝水
10:30—11:30	户外活动
11:30—11:45	回教室、洗手、喝水
11:45—11:55	故事时间
11:55—12:00	餐前准备
12:00—13:00	午餐、餐后洗碗、漱口、准备午睡
13:00—14:30	午睡
14:30—15:00	起床
15:00—15:30	喝水、吃点心

15:30—16:30	户外活动
16:30—16:40	离园准备、结束圈

每个园需要根据自己的情况来确定一日流程和主题活动。可供选择的主题活动有手工、湿水彩、清洁、烹饪、蜂蜡等。每周安排一整个上午用于远足。

考虑到每年"十一"之后到次年"五一"之前，天气比较寒冷，幼儿园通常早上先安排室内自由游戏，10点半后开始户外活动；"五一"至"十一"期间天气转暖，早上先安排户外活动，10点半开始室内自由游戏。

户外活动

我国《幼儿园教育指导纲要》里规定，幼儿园每日户外活动时间不应少于两个小时。实践华德福教育的家庭园更应保证孩子每天有充足的户外活动时间，早上一小时，下午一小时。华德福教育认为7岁之前是孩子身体发育的重要阶段，需要给予孩子大量自由活动的时间。我在办园时，坚持让老师们每天带孩子户外活动两个小时，即便在北京寒冷的冬天里。时间久了，孩子们的身体得到很好的锻炼，就很少生病。如果遇到大风、大雨、沙尘暴或雾霾，当然只好作罢，让孩子在室内玩耍。

由于冬天天气比较冷，我在几个家庭园发现，家长们送孩子入园普遍比较晚，比如应该8点半入园，结果会迟到半小时，甚至一小时。于是有的园就把原先的安排往后延，挤压了户外活动时间。午睡时，孩子由于早上起床晚，中午不能按时入睡，有的折腾到下午两点才睡着，睡到4点才起床，吃完点心就该回家了。这样，下午的户外活动又取消了。

针对这种情况，一方面，家长要增强时间观念，每天什么时间该做什么，不必分秒不差，但基本上应固定，比如一日三餐的时间、早上起床和晚上入睡的时间。对于成人来说，有规律的生活强健我们的身体和意志；对于孩子来说，有规律的生活还能给他们带来安全感，助力养成良好的生活习惯。

另一方面，家庭园不能一味迁就家长的时间，既然事先告知了家长每日时间安排，就必须执行。老师可以一再提醒迟到的家长下次早点送孩子，也可以召开家长会，大家一起讨论为什么孩子按时到园很重要。孩子来晚了，很难融入别的孩子的游戏中，或者刚开始投入玩耍时，就该收拾玩具了。孩子没能尽情地玩耍，就会影响下一个阶段的表现，甚至影响一天的情绪。

我曾在电视上看到一位专家说，日本幼儿园培养孩子有三个目标，其中之一是比约定的时间要提前十分钟到达。可见，日本人从幼儿时期，就开始培养遵守时间的习惯。而在中国，开会的时间过了，好些人没有到，或者上课时间到了，有人才姗姗来到。大家对此好像已经习以为常，每次迟到总有理由。

有位妈妈带着孩子去英国留学，一天早上她提前把孩子送到学校，以为就像在中国一样，只要和老师打声招呼，让孩子早些进校没有问题，结果没想到被校方严词拒绝。对于学校来说，老师还没有到上班时间，怎么能帮你照看孩子呢？对于这位妈妈来说，她觉得很受伤害，自己不就是早了几分钟吗？我在英国华德福幼儿园见习的时候，孩子们是8点入园，老师通常提前15分钟到园，早到的家长带着孩子在门外等待，极少有孩子迟到。我的妹妹在美国做了三年半的华德福幼儿园配班老师，她也说很少有家长迟到，无论是冬天还是其他季节。

当年我办园的时候，幼儿园规定早上8点提供早餐，但一到冬天，家长们送孩子普遍迟到，甚至到了8点40分人都不齐，老师需要到厨房不停地加热早饭，工作也被扰乱了。来指导的外国老师要求我们告知家长8点15分停止供应早餐，之后到的孩子没有早餐。我很纠结，如果孩子8点16分到园，就不能吃早餐了吗？外国老师说，我们已提前告知家长了，家长会自己去解决。但是外国老师走了后，这条规定没有严格执行：让迟到几分钟的孩子饿着肚子，我们于心不忍。现在想想，孩子因为迟到没有早餐吃，这是家长的过错，我们用不着内疚。家长有了一次教训，下次一定能够记住。

建立生活规律

有的家长担心孩子上了华德福幼儿园，将来是否能够适应小学？其实，保证早上按时入园就是为上小学做的准备之一。早起的前提是晚上早些入睡，所以这涉及父母能否帮助孩子建立起生活规律。

问许多家长孩子晚上几点上床，从回答看，几乎没有孩子晚上8点之前上床的，常见的是晚上9点或9点半，也有的到晚上10点，甚至更晚。妈妈们要么说孩子不肯睡觉，要么说爸爸下班回家较晚，到家后总要和孩子玩一会儿，这样孩子很容易睡晚。早上，妈妈们总舍不得叫醒孩子，导致有的睡到8点才起床。她们觉得孩子还小，上幼儿园迟到没有关系。

我在英国留学时，周末晚上帮一对外出放松的夫妻临时照看两个孩子，大的6岁，小的2岁。我晚上7点半到他们家，孩子们已经在妈妈的帮助下开始刷牙、洗脸、换睡衣。夫妻俩离开后，两个孩子乖乖上床，我不用费任何气力去哄睡。

孩子的生活规律完全是由父母来决定的，家长缺乏遵守作息时间的意识，生活随意散漫，孩子的生活就不可能有规律。如果我们把孩子的利益放在第一位，家长就要顺应孩子的作息时间，而不是让孩子来适应家长的时间。一位华德福老师认为，无论父母做出怎样的牺牲，给孩子的生活建立起规律是很重要的。

在《解放孩子的潜能》一书中，作者马丁·洛森写道："孩子在节奏中茁壮成长。童年期，家庭生活的节奏以及学习过程的节奏，对孩子未来生活的影响不可估量。节奏使他们身体健壮、精神健康，并具有康复能力，就像给了孩子一个可再生的能量源，使他们有能力应付生活中的变化，甚至成人生活中的混乱。"

这里说的节奏，可以理解为有规律的生活。书中就如何让孩子养成良好的睡眠习惯提出了建议：

（1）提前建立常规的作息时间。

（2）收拾房间能让孩子安静下来。

（3）鼓励孩子自己洗漱、换睡衣，越小的时候开始越好。

（4）带孩子做睡前准备时，既要心情轻松又要态度明确："这是我们要做的事。"

（5）别把上床当作一种威胁。

（6）营造短时间的睡前氛围，如将灯光变暗、讲一个小故事、祷告、拉好被子、给孩子一个晚安吻。

（7）出门在外时，仍然保持作息习惯。

（8）对于比较兴奋、难以安静入睡的孩子，睡前可以用热水泡泡脚，躺在床上后，妈妈轻轻地按摩孩子的身体，哼唱摇篮曲。

早睡是早起的重要保障。一次夏令营活动期间，一二年级男孩的寝室里，到了熄灯睡觉的时间，仍然吵闹声不断。一位年轻的男老师见状很生气，罚男孩们扎马步。但老师一离开，男孩们依旧吵吵闹闹。我去了这间寝室，把灯关了，给孩子们讲了一个故事，然后为他们拉好毛巾被，轻轻拍打他们的身体，哼唱着摇篮曲，孩子们很快入睡了。

除了早上按时起床之外，孩子们下午的起床时间也要定时。我办园初期，午间有的孩子很难入睡，一旦睡着，又很难唤醒，老师不忍心叫醒，有的能一觉睡到下午快4点。孩子的妈妈来询问：原来上传统园，晚上8点多钟就能睡觉，现在上了华德福园，晚上闹腾到10点才能睡，是怎么回事？于是我们狠狠心，不论孩子几点入睡，到时间就喊醒。

　　我发现一些孩子经常不分场合，肆意妄为，或者一旦要求得不到满足，就大发脾气，无休止哭闹，还动手打家长。出现这样的行为，原因是多种多样的。其中有一条，家长不妨审视一下孩子每日的作息时间是否规律。

　　华德福教育不仅重视一日的规律，还重视一周的规律，比如每周一的主题活动都是湿水彩画，每周一的饮食都是一样的。每年到具体的节日，会举行主题庆典，会按季节给孩子讲述故事和童谣。我们的祖先不就是这样的吗，日复一日，年复一年，生活在大自然的节奏中。

家庭园的安全问题

确保孩子的人身安全是任何一个幼儿园的头等大事！如果一个幼儿园连孩子的人身安全都不能保障的话，再好的教育理念都是无稽之谈。

由于许多家庭园没有自己的户外活动场所，加上办园者和老师往往缺乏足够的安全意识和经验，孩子的安全问题更应高度关注。我把以往的一些思考，结合具体的实例，再次分享给大家。

我当初办园的时候，出过两次安全事故。一次是户外活动时间，一个两岁的小女孩不见了，大家找了足足 10 分钟才找到。老师吓得双腿发软，我当时不在场，得知后也越想越怕：万一真的没找到，即便把我的性命搭上，也无法向孩子的父母交代。从那以后，晚上睡觉我会做丢孩子的噩梦。还有一次也是发生在户外，一个孩子突然掉进了约一米深的坑里，当场昏过去了。看护的两位老师居然没有及时注意到。

第二次事故发生后，天明老师来我们园指导，我就安全问题请教了她。她做了以下九个方面的指示。

（1）老师要养精蓄锐

首先，老师的生活要有规律，每天保证充足的睡眠，饮食要营养均衡，适当参与体育锻炼。老师状态好了，才有精力照管孩子。

其次，老师不仅要照顾好自己的身体，还要调整好自己的心态，找到适合自己的调整方式，以积极乐观的面貌对待工作。

再次，业余时间，老师要读书、画画、唱歌，到大自然里散步，使自己在思考、情感、意志这三方面保持平衡。

（2）注意观察孩子

第一，老师应时刻关注孩子。比如两个孩子的争吵声越来越大，老师就要意识到接下来可能会打起来。一旦老师掌握了孩子打人的规律，就能在发生冲突之前及时制止。老师可以抱抱这个孩子，或领着做一个手指游戏，化解孩子内心的冲动。

第二，幼儿园一日活动安排要有规律。如果安排经常变来变去，孩子没有安全感，不知道要做什么，情绪容易不稳定。

第三，看管孩子的老师不能太多。人多了，就会放松警惕性，比如，王老师以为孙老师在看管，而孙老师以为王老师在看管，结果谁都没有专心致志。

第四，任何时候，确保所有的孩子都要在老师的视野内。除非上卫生间或遇特殊情况，主班老师不能离开孩子。户外活动时，主班老师要经常清点孩子的人数。

第五，老师要勤给孩子剪手指甲。

第六，把具有明显攻击行为的孩子适当地和其他孩子分开。

第七，外出远足时，可以考虑给孩子们穿上有统一标志的衣服，比如每个孩子外面套一件黄色背心，或每个孩子戴同样颜色的帽子，以便老师辨认。

（3）定期检查

第一，定期检查室内外一切供孩子玩耍的东西，确保没有尖锐的边缘和棱角，确保不会被孩子吃进肚子里。就餐时，汤不能放在离孩子太近的地方。

第二，户外活动场地为自然环境（如沙坑、草地等）时，老师看管起来比较轻松，可以边看孩子边做些事情。如果活动场地有运动器械，老师就得全身心照看，高度警觉，不能做任何事情。

第三，定期检查孩子玩耍的场地和运动器械，发现安全隐患，及时排除。

（4）老师要看到孩子的需要

我参加在泰国举办的华德福会议时，就幼儿园的安全问题请教了台湾华德福幼儿园的资深老师颜于铃。她说："新老师缺乏经验，往往看不到孩子的需要。比如孩子爬树，老师就应走过去站在树下，以便接住孩子。孩子走坑坑洼洼的地方时，老师应看情况扶一下。孩子走平衡木时，老师要站在中间位置。孩子哭泣或脸色不对时，老师要有所反应。如果孩子在园里发生的事情，家长知道了，而老师一无所知，老师就很被动。孩子是否发烧，老师必须清楚。安全也是孩子的一种需要。如果一位老师还不能完全注意到孩子的需要，就先注意孩子的安全。"颜老师的话非常有道理。就我所知，的确有一个家庭园的孩子在爬树时掉下来了，幸好孩子没有摔伤。当时，老师就没有站在树下。

"任何时候，所有的孩子都要在老师的视野内。"这是当年卡洛琳老师来园指导时，对我们强调的一句话。户外活动时，孩子在一块空地上玩，卡洛琳要求我们老师不能站在一起，必须分开，确保看到每个孩子。

（5）做手工时也不能忘了孩子

颜于铃老师说："老师是孩子的榜样，华德福教育要求孩子玩耍时，老师在一旁做手工，或其他劳动。但是如果一位老师不能照顾好所有的孩子，就不要做手工。有两位老师在场的情况下，一位老师可以做其他事情，但出发点是为孩子做榜样，注意力仍然要放在孩子的需要上。"

天明老师说："一定要培训老师做活儿的时候，心思仍然在孩子身上。有的老师越是做不好手头的活，越是用心，结果忘记了孩子。这是不允许的。"天明示范给我看，比如钩一针毛线，要抬头看一眼孩子。

（6）做好家长工作

颜于铃老师认为："老师要做大量的家长工作。比如华德福幼儿园都会有木头玩具，有的家长担心孩子会不会用木头打架。老师就要向家长解释意志必须通过工作得到锻炼和加强，对孩子来说，游戏就是工作。在运动和游戏中，孩子身体的协调性逐渐完善。也有家长询问孩子为什么需要爬树。作为老师，如果孩子受到意外伤害，无论严重与否，都要向家长说明事情的经过和处理方式。如果一个孩子短期内两次被抓伤，老师要格外注意帮助他。如果孩子总是被抓伤或去抓伤别人，老师和家长就要帮助孩子解决冲突。伤口容易愈合，但问题不解决，上了小学、中学怎么办？"

（7）老师也需要被保护

颜于铃老师继续说："事故发生后，老师也需要被保护。园长要照顾到孩子、家长和老师三方面的感情，不能一味地指责老师。许多年前，有一位老师送孩子回家，送到楼下就走了。偏偏家长这天不在家里，孩子就去了邻居家。父母回家后不见孩子，询问幼儿园，老师却说已经回家了。当时大家吓坏了。事后，园长严厉地批评了这位老师。我当时在场，就对这位老师说：'记住，下回你一定要按门铃，知道家里确实有人后才能离开。'过了一段时间，这位老师告诉我，她特别感激那天我对她说的话。告诉老师方法比一味地指责更有效。"

我想一旦发生事故，老师心里已经非常内疚、不安，作为园领导要帮助老师分析事故发生的原因，使之从中吸取教训。如果孩子发生一点点磕碰就责怪、惩罚老师，谁还敢在幼儿园工作？最重要的不是惩罚，而是帮助老师确立安全意识、采取防范措施。

（8）孩子间的磕磕绊绊

日本教育家小原国芳说："不发生任何错误与过失的教育是安全的教育，但这种教育绝不就是好的教育。"幼儿园过分地强调安全，不仅让老师心理恐慌和紧张，也剥夺了幼儿独立探索和人际交往的机会，严重情况下，还会剥夺孩子快乐的童年。我在一本书上看到，某个幼儿园制定了一百条安全防范措施，想想看，在这样的幼儿园，老师和孩子都得小心翼翼，能有多大乐趣？

幼儿园很难绝对避免孩子被磕碰、抓伤、咬伤等类事情。试想，平时家长带一两个孩子时偶尔都会发生此类事情，何况一个班级十几个、二十几个孩子。这么说，并不是要推卸幼儿园的责任，而是希望家长能够理解。办园者和老师一定要尽最大的努力来防止重大意外事故的发生，不能掉以轻心。一旦发生意外事故，务必第一时间通知家长！

（9）安全问题制度化

如果孩子需要去医院治疗，发生的所有费用，除了意外保险支付之外，是否全由园方承担？园方承担的部分中，如果老师有责任，是否老师也要分担一小部分？无论采取何种方式，意外发生后，园方通常总是承担主要责任，因此办园者最好能够提前和老师商定，把"丑话说在前头"，减少事后的扯皮。我知道一个幼儿园每月给老师的工资里包含安全奖，一旦发生意外，这笔奖金就被取消。

有位办园者说，生怕孩子发生意外事故，有时晚上都担心得睡不着觉。在此，我建议把安全问题提到每周的教师会议上，每个园根据具体情况，制定常规的安全措施，并由专人督促执行。只要园长和老师用心去做，考虑周全，家庭园里孩子的人身安全还是能够得到保障的。

儿童绘本之我见

城市里的家庭，每家都会给孩子买绘本，有的孩子才两岁，家长已经买了近百本。有时我会和家长们讨论绘本，为了与更多的人分享，我把自己的一些想法整理出来。

好的绘本是什么样的？

我对绘本的真正关注，源于瑞典的爱迪特老师。她已七十多岁高龄，每次来中国指导我们时，都会带上几本绘本。她在一次讲座中说道："孩子看到的图画必须非常美丽，色彩、内容应该健康、积极、美好。卡通、漫画、可怕的怪物尽量不要给孩子看，他们不理解那是什么。'图画'在德语中是'榜样'的意思，孩子看到的画面会内化成他的一部分。画面和谐，内心会产生和谐。漫画、卡通、可怕的怪物不会给孩子的内心带来和谐。"

爱迪特老师给我们展示了她心目中最美的绘本，而且把它留给了我们。绘本的色彩是鲜艳的，又是柔和的，一页一页像一幅幅艺术作品。画面是朦胧的，类似水彩画，像童话里才会出现的梦幻世界。

爱迪特老师带来的精美绘本里，有一本是《根娃娃》。她说自己小的时候就喜欢看这本书，特地把它带到中国来推荐给我们。冬天万物萧条，地面上看不到大自然蓬勃的生命力。但地下世界却充满着生机，小精灵们在不停地忙碌。等到春天到来，地下的小精灵来到地上，大自然处处鸟语花香。在这本绘本里，大自然的生命力是用小精灵或根娃娃来表现的。对于孩子来说，这更加形象化，充满着童趣。

爱迪特老师还给我们推荐了一本讲述毛毛虫变蝴蝶的故事的绘本。虽然看不懂瑞典文，但欣赏画面就能明白。我非常喜欢这个绘本，色彩淡淡的，很柔和，作为主角的毛毛虫画得小小的，让人感到它是生活在大自然的怀抱里的，与某些为了突出主要人物或动物特意将之画得大大的绘本不同。小小毛毛虫的画法，让我感到作者是收敛的、谦卑的，是尊重大自然和儿童的，不想过多凸显自己的意识。我感到这样的创作，是站在儿童的立场上进行的，是以儿童的需要为观照的。而那种将整个绘本都画得很夸张的作者，我感到是投射了太多主观的理解，没有把小读者放在第一位，而是把自己放在第一位了。

先感知世界，再看绘本

有的妈妈在孩子不到一岁的时候，就开始让孩子看绘本或卡片，我觉得这么做不太妥当，应该先让孩子对周围真实的人、动物、大自然产生兴趣，而不是先对绘本或书本产生兴趣。我听说有的孩子太早认识卡片上的苹果，结果真的看到苹果时反而不知道是什么。绘本或卡片都是人造的，画面再美也美不过大自然的造化。对于孩子来说，真实的苹果有色、香、味，还可以拿在手上，用嘴来品尝。而画中的苹果只是在平面上展现形状和颜色，文字就更加抽象了。

爱迪特老师说她班上曾有一个 6 岁的孩子，一次在草地上玩耍，这个孩子闻到花的香味，感叹地说："太香了，像香皂一样。"还有一个 5 岁的男孩，在爱迪特的帮助下，他做了一个农场模型，里面有房子、栅栏、鸡、羊等。过了一段时间，爱迪特带班上的孩子参观农场，这个男孩激动地说："快来看！和我们做的一模一样。"

爱迪特反问自己："我从中可以学到什么？"她认识到应该先让孩子看到真实的动物、农场，然后再照着做出模型；最好先让孩子闻到真正的花香，再闻到香皂的香味。她建议，孩子应该先感知真实的世界，再接触人工的世界，不要颠倒过来。比如，在孩子看到狗的图画之前，最好先让他看到真实的狗。

有的家长可能会问：如果没有见过长颈鹿就不能给孩子看长颈鹿的绘本吗？对于比较年幼的孩子，我的回答是肯定的。不看长颈鹿的绘本，不知道长颈鹿长什么样子，有什么关系？年幼的孩子需要的是玩耍，需要接触的是真实的世界。

华德福教育不赞成给年幼孩子看卡通绘本。我们要给他们提供真实的、具有艺术品位的图画。给予孩子美好的东西，孩子就会对美好心生向往，他的心灵也会变得更加美好。

怎样给孩子选绘本

我觉得孩子 3 岁左右看绘本一点也不晚。

为年幼的孩子选择绘本，最好是一幅图上只有少数几样东西，画面要简单，色彩要单纯。对于稍大些的孩子，画面可以复杂些，色彩可以多一些。比如《兔年的礼物》《虎年的礼物》等，画面色彩比较多，我觉得更适合 6 岁以上的孩子。

老子曾说"五色令人目盲"，过多的色彩令人眼花缭乱。因此，有时让孩子看看黑白的绘本或只有很少几种色彩的绘本也很好。比如黑白色绘本《在森林里》和《森林大会》，我第一眼看到就很喜欢。

有的家长说自己给孩子选的绘本孩子不喜欢。我觉得不能完全依照孩子的喜好来选择。目前不少的绘本，就像商品一样，设计得很讨孩子喜欢，可是却没有品位、质量低劣。孩子喜欢吃麦当劳、肯德基，难道麦当劳、肯德基就成为营养食品了吗？某种程度上，孩子不知道什么对他是有益的，他往往是被外在的色香味吸引住了。我想大多数情况下，家长还是应该为年幼的孩子选择绘本。当然，孩子越大，给他提供的选择应该越多。这就要求家长提高自己的审美情趣，培养对绘本的鉴别能力。

我曾有意收集了一些绘本，其中有别人推荐的，也有自己买的。在网上买，由于不能看到里面的内容，有些买回来就后悔了。我特别喜欢苏博士（Dr. Seuss）的绘本，将近二十年前我就买过他的中文版《万用衣》，书中不仅画面奇异，故事也趣味盎然。后来，我收集了他的英文绘本，觉得这是小学生学习英文的最佳读物之一。苏博士的想象力和绘画实在是太独特了，让我痴迷。他的绘本营造了朦胧的童话意境，充满着童趣和大胆的想象，令人回味无穷。

我买的有些绘本，孩子可以看，成人也可以看，比如《小房子》（维吉尼亚·李·伯顿著）、《桃花源》（蔡皋绘）、《世界上最美丽的村庄》（小林丰著）、《爱心树》（谢尔·希尔弗斯坦编）等。我还很喜欢无字绘本，如《青蛙和男孩》（梅瑟·迈尔著）。

在寻找绘本的过程中，我发现大多数绘本都是国外的，便好奇地向一家出版社询问：为什么不出版中国的绘本？编辑回答出版原创绘本成本太高，甚至高于引进版图书。后来，我发现毛毛虫童书馆策划了一系列原创绘本，都是中国画家画的中国故事。紫图公司也出版了"中国百年文学经典图画书"。但是有的原创中国故事绘本，将故事进行了改动，加进不少现代元素，这种做法我不太赞赏。我认为最好保持原汁原味，实在要改动，也要把握一个度。

一位瑞典的华德福老师曾对我说，中国的孩子一定要用中国的故事来滋养。2010年冬令营时，我准备了年怪、灶王爷和门神的故事。营员的年龄从5岁到12岁不等，我有些担心，在信息爆炸的时代，这些故事孩子是否都听过了。讲述前，我问有谁知道年怪的故事。有几个孩子听说过但不记得了，唯有一个说记得，但站起来讲述时，开了头就讲不下去了。于是我放心地讲起来，孩子们听得津津有味。我们的孩子不能只知道唐老鸭、米老鼠、奥特曼，我们之所以是中国人，不仅仅由于我们是黄皮肤与讲汉语，还因为我们有自己的传统。这个传统不仅仅体现为形成文字的经典，也应该包括口口相传的中国民间故事。华德福教育就建议给孩子多听一些民间故事。格林童话其实就是德国的民间故事。我们有 56 个民族，足够我们去选择适合孩子的民间故事。

如果故事里有恐怖的内容，能否给孩子看？比如改编自日本民间故事的绘本《木匠与鬼六》，在故事里，河中的水鬼向木匠索要眼珠。

弗洛伊德认为梦是将成人的担忧、内疚和愿望，以象征的方式表现出来。贝克尔海姆则认为童话是儿童的梦，帮助孩子体会美好、幸福，宣泄不安、恐惧、仇恨等，舒缓内心的焦虑。我们每个人都做过梦，梦里有快乐，也有悲伤。如果父母以为给孩子讲的故事，没有坏人坏事，只有好人好事，这样孩子就可以长成善良的人，那就错了。心理学家布鲁诺·贝特莱姆说，不让孩子听野蛮和残酷的童话，他们就无从宣泄可怕的冲动。童话里的坏事让孩子感到，不是他一个人想干坏事，从而有一种解脱感。研究童话的学者也认为，没有了童话里的魔鬼、怪物之类的邪恶代表，孩子无法更好地懂得自身的邪恶，不知道怎么控制它。

当然，给越小的孩子看绘本或讲故事，故事里的坏人或魔鬼越应不明显，或不太坏，甚至故事里可以没有坏人或魔鬼。针对年龄大一些的孩子，故事里的坏人或魔鬼、妖怪之类的越厉害，本事越大，干的坏事也越大。但无论如何，故事结局要圆满，"善良"欲望应压倒或战胜内心的"魔鬼"，好人终有好报，坏人或魔鬼则被制伏。孩子从中能得到心理安慰，也觉得自身的邪恶冲动被清除了。

童话中的坏人或魔鬼，既可以是内心黑暗的象征，也可以是未来人生道路上遇到的阻力。故事不仅告诉孩子有这些坏人的存在，还告诉他应如何去面对。孩子在无意识中获得的教益将深埋心底，并指导他的行为。"而那些没有经历过童话的孩子，在现实生活中，面对强暴会毫无防备。"

虽然故事中的坏人坏事对孩子的心理成长是有益的，但家长也要考虑孩子的年龄、孩子的性格。有的孩子听后感到害怕，家长就不要再讲这个故事，等孩子大一些再给他讲。选择的绘本，家长可以先读一遍，确保内容和画面不会把孩子吓坏。

《木匠与鬼六》最后的结局是木匠猜出了鬼六的名字，鬼六就消失了。故事的结局是完满的，我觉得可以给孩子看。不过这本书比较适合大一些的孩子，至少4岁以上吧。

特别提醒

绘本买回家后，不要急着给孩子讲。理想的情况是先让孩子自己看，发挥他自己的想象，过一两周后，家长再给他讲。

　　我还想提醒家长，千万不要一次给孩子提供太多的绘本。在家里，供孩子随意翻阅的绘本不要太多，也许五六本就够了，过一段时间再换其他的。

　　在华德福幼儿园，一个故事重复讲二至三周。起初我不理解为什么，但最近越发感到一个故事反复讲述的深刻用意。孩子真的不需要太多的故事，就像太多的色彩让人目盲，太多的故事会让孩子思绪纷乱。现在的家庭，到了晚上家长有时不知和孩子玩些什么、做些什么，孩子喜欢听故事就一个接一个地讲。这还应适度把握。

　　台湾汉声出版社的林淑丽老师，给我讲过她的一段经历。女儿小的时候，她忙于工作，实在没有时间陪女儿。但汉声出版的童书，她是一本本买回家给女儿看。女儿长大成人，留学美国，她将女儿的这些绘本送给了一位朋友的小孩。万万没有想到，女儿得知后非常生气，一定要妈妈把那些绘本要回来。林老师万分尴尬："送给别人的东西怎么好意思要回来？"女儿说："那些绘本陪伴我度过童年，已经成为我生命的一部分。"

　　当我们准备掏钱买下绘本的时候，不妨想一下，这些绘本是否能够陪伴孩子成长，值得永久保存吗？

　　我不是研究绘本的专家、学者，只是出于对儿童教育的关心，浅浅涉足绘本领域。我看过的绘本极其有限，肯定还有许多我没有看到的精彩绘本。我的这篇文章免不了有局限，仅希望能够激发更多家长来讨论和分享儿童绘本。

我对胡萍老师十评华德福教育的回应

我很犹豫是否写这篇文章，写文章是很辛苦的一件事情，尤其要针对别人的看法而写。但想到胡萍老师出于对下一代教育的关心，花费时间和精力连写了十篇关注华德福教育的文章，我作为华德福教育的热爱者、学习者、实践者，实在应该做些回应，表达一下我的看法。胡萍老师在文章中，指出了华德福教育目前存在的一些问题，有的归因于老师或家长，有的归因于华德福教育理念。下面的讨论，我尽量引用胡老师的原话，用引号表示，以免断章取义。

关于儿童理性发展

在第一篇文章里，胡老师说自己的孩子"天生对数理逻辑感兴趣，喜欢搭建变幻莫测的积木，能把积木变出各种动物和建筑；喜欢思考，对自然科学充满了兴趣……"，但孩子所在的巴学园开始实施华德福教育后，"蒙氏工作教具以及与现实生活结合的工作区全部撤离教室，教室里原本丰富的工作区和工作材料变得少了许多，连积木都被撤离了，代之以羊毛、毛线、没有眼睛鼻子的布娃娃……老师们不是缝衣服就是织毛线"。胡老师在文中写道："我的儿子来到此时的巴学园，他的长处能够获得发展吗？答案是'不能够'。"

很抱歉，我看到的华德福幼儿园的教室不是这样的。教室里没有蒙式教具是真的，但与现实生活结合的工作区却是有的。比如国外的华德福幼儿园，配班老师的责任是准备上午的点心，做面包、饼干、糕点，看到老师在做，孩子也会主动参与。中国实践华德福教育的幼儿园，就我所知，自己做点心的不多，但老师会在教室分担厨房的工作，比如择菜、切菜、做包子馒头，孩子随时可以加入。在华德福幼儿园，孩子还参与餐前的准备和餐后的整理，包括洗碗、擦桌子等。我不知道胡老师说的工作区是什么意思，是专门划分一个模拟真实生活的区域吗？如果是这样的话，华德福幼儿园也有厨艺角，孩子在里面可以模仿做饭、做菜。如果说工作区是指让孩子参与真实生活，那华德福幼儿园做点心、做馒头、择菜、切菜、切水果、洗碗、收拾餐桌，都是真实的生活。

关于是否可以给孩子玩积木，华德福教育并没有统一的规定。我去实践华德福教育的幼儿园观摩时，常常建议除了天然的木头外，可以给孩子玩积木。我赞成给孩子玩积木的理由是，孩子可以搭建复杂一些的场景。当然有的资深华德福老师的确不主张给孩子玩积木。

胡老师在文章中得出结论，对于有理性天赋的孩子，华德福幼儿园不能满足他们，这样的孩子不适合上华德福幼儿园，因为"天赋的发展必然受挫"。我想说，华德福幼儿园一点也不排斥理性，尽管它很注重艺术氛围，但并不缺乏理性的教育。比如玩具一定要放回原处，最重的玩具理应放在最下面一层，轻的玩具放在玩具架的上层。要求物归原处，既是良好生活习惯的培养，也是一种生活逻辑的训练。做事情的秩序会慢慢促进孩子理性的思考。再比如，华德福幼儿园喜欢唱歌，我熟悉的歌有《五只小鸭子》和一首关于妈妈洗衣服的歌。《五只小鸭子》可以让孩子感受到数量的变化，洗衣歌则把搓衣服、拧衣服、晾衣服、叠衣服整个洗衣的过程唱了出来。孩子在学唱这样的歌曲时，也在培养逻辑思维。

幼儿园阶段的华德福教育，不会直接去对孩子进行逻辑思维的培养，但会在生活中处处留心引导。在德国留学的华德福老师王守茂说："华德福教育把孩子理性思维的发展、探索物质世界的兴趣，自然而然地融入孩子的生活和游戏中，而不是通过过多的成人干涉。比如，华德福幼儿园给孩子提供充足的室内及户外自由玩耍时间，他们可以长时间专注于玩沙、玩土、玩水。很多人都会认为孩子只是在玩罢了，其实并不了解孩子这些活动的真正意义。一个3岁的孩子可以不厌其烦地把桶里的水分到很多碗里，再把这些水倒回桶里，一遍又一遍，他是在做毫无意义的事情吗？其实他是在学习、在研究，也就是在建立和发展理性思维，而这些活动完全是他们主动去尝试的。我不认为源于孩子内在动力的类似活动会阻碍孩子天赋的发展，相反，挫伤孩子天赋发展的往往是来自于孩子之外的成人的不恰当行为。"

华德福教育提倡年幼的孩子通过故事和生活来学算术。在华德福幼儿园摆放碗筷时，老师会问值日的孩子：今天有多少孩子来园？需要多少个碗？多少双筷子？胡老师文中提到的那位美国华德福老师，曾经编了一个鸭妈妈带七只小鸭子去看鳄鱼的故事。这位老师说，利用这个故事，还可以进行简单的算术教学。

华德福的艺术教育

胡老师在第三篇文章里说，她去了一个实践华德福教育一年多的幼儿园，她请孩子们画人，"令我大跌眼镜的戏剧性的一幕出现了，孩子们画的全是花和草，20个孩子没有一个画了人"。"后来园长告诉我，这个班的老师崇尚华德福教育，参加过很多培训，她班上的孩子画画就画湿水彩，也只能够画湿水彩的花和草。再后来，我的直觉真的被其他人应验了，我得到的消息是：这些华德福孩子到了小学后，不会听老师的指令，小学老师和我的感觉一样——他们不会听人说话，梦游一般。"

我学习华德福教育11年了，从来没有听说过华德福幼儿园只能够画湿水彩，而且只能画花和草。看到胡老师的这段讲述，我感到非常不解。华德福教育不是这样的，孩子不仅可以用湿水彩画任何自己想画的东西，也可以用蜡块画画。我去英国一所华德福幼儿园，看到孩子在用一种我叫不出名的彩笔画画。这种彩笔很像粉笔，颜色比较重，粉末比较多，孩子可以用手涂抹。我参加过北京春之谷学校一年级孩子的入学测评，其中一项内容是画一所房子、一棵树、一个人。参加测评的有来自华德福幼儿园的孩子，我没有发现他们听不懂老师的话，没有发现他们不会画人。

王守茂老师在带小学一年级，他说："我的班级里有超过一半的孩子来自不同的华德福园（其中有六个来自北京花儿朵朵幼儿园）。一年来，我对来自华德福园和非华德福园的孩子做过一些观察和比较，发现从华德福园毕业的孩子，在专注能力（指听老师和同学讲以及独自工作时的表现）、复述故事的能力（记忆力和语言表达能力的体现）、与他人合作的意识、对待生命的态度等方面，不仅不比其他孩子差，反倒要好很多。"

即便我不认同胡老师的结论，我还是很感谢她把这个例子写出来。很多的家长热心华德福教育，在自己还没有完全理解和消化的情况下，就开办华德福幼儿园。严格说来，这不能算华德福幼儿园，但家长们认真的态度，常常让我感动。他们有很多不足，问题丛生，但他们真的不是为了赚钱或名声来做这件事情，至少我知道的幼儿园，家长们的初心都是好的，是无可非议的。

儿童的性教育

在第四篇文章中，胡萍老师认为如果 3 岁孩子问"我从哪里来"，就告诉孩子是从妈妈肚子里生出来的。"只要智力发展正常，3 岁孩子完全能够听懂和理解'从妈妈肚子里生出来'这句话，这个答案没有超出他的认知水平，为什么华德福不按照孩子的发展规律和认知水平来帮助这个年龄段的孩子完成对自己生命来源的认知呢？"

我想起张俐老师微博里的一段话，引用如下："如果一个大人对四五岁的孩子说，你是来自精子和卵子的结合，顺便再给孩子看看人体解剖图，而另一个大人则对孩子说，你曾在星星之间旅行，然后顺着彩虹桥来到大地，把最好的礼物带给人间，并给孩子准备王冠和金色斗篷，哪个孩子会心满意足地甜蜜微笑，感到安全和幸福，感到自己做人的尊严和高贵？孩子出生的时候，你所感受的爱和欣喜是不是真实的？孩子是不是你得到的最大礼物？心理学和医学不是矛盾的，第二个大人说的并不是谎言，都是真相。对幼儿来说，妈妈的爱和感激就是真相，是心灵的真相；看不见的精子和卵子是物质身体的真相，这对于幼儿来说反而很抽象，不容易理解，为什么不可以晚一点讲给他们呢？"

张俐老师说得很好，供胡老师参考。

是否过早唤醒

在第五篇文章中，胡老师提到"不能够看到房屋结构的棱角（所以华德福教室经常挂着染了色的纱来遮盖屋子的棱角）"。我第一次听说还有这样的事情，我不记得有任何一所华德福幼儿园为了遮盖墙上棱角而挂纱，我看到只有为了布置自然角，才在墙上挂纱或丝绸。当然，我没有看到不表示没有，我还需要进一步了解。

胡老师在文中写道：华德福教育提倡"儿童在7岁前不可以学知识，即使孩子对知识已经有了渴求也不能够给孩子讲解知识"。这里涉及如何理解"知识"。

知识来源于社会实践。华德福幼儿园注重给予孩子大量的实践机会，比如麦子丰收的时候，老师会带着孩子去捡麦穗，把麦穗带回幼儿园后脱粒，再磨成面粉，用面粉做馒头或包子、饺子，这些都是生活实践。春天，老师会带着孩子播种，照顾菜园，最后收获蔬菜。对于幼儿园的孩子来说，教他书本上的知识过早了。

胡老师说自己儿子5岁的时候，问怎么表示将苹果分成四等份，胡老师告诉他用"四分之一"，这种表示叫分数。胡老师并没有继续教儿子关于分数的知识。我觉得这种做法可以接受，没有必要"过早唤醒"孩子。我希望华德福教育能令孩子自由自在，而不是诚惶诚恐。

关于鲁道夫·斯坦纳理论的研究

胡老师认为"斯坦纳的理论完全违背了'顺应孩子的自然发展而给予孩子帮助'的原则"。从第五篇文章看，胡老师的一个依据是："儿童在7岁前不可以学知识，即使孩子对知识已经有了渴求也不能够给孩子讲解知识；7岁前不可以接触质地硬的东西，所以教室里不能够有蒙氏那样的教具，不可以有带棱角的积木等；7岁前孩子不可以接触尖锐的东西，所以不能够使用剪刀、针线，不能够看到房屋结构的棱角（所以华德福教室经常挂着染了色的纱来遮盖屋子的棱角）。"另一个依据是"不能提前唤醒"孩子智力。

但胡老师所截取的这些理论是道听途说，没有事实根据的。比如"7岁前不可以接触质地硬的东西"，几乎每个华德福幼儿园都给孩子提供石头，在胡老师看来，石头不属于质地硬的东西吗？华德福幼儿园还让孩子用刀来切水果和蔬菜，刀是金属做的，是否属于质地硬的东西？另外，"教室里不能够有蒙氏那样的教具"，原因并不是因为"7岁前不可以接触质地硬的东西"。

我原本是大学物理老师，研究科学最强调的是实事求是。在实践华德福幼儿教育的两年中，我觉得华德福教育对孩子的身心发展很有益，还没有发现有违背孩子身心健康的做法。我认可华德福教育，是出于我的实践。斯坦纳说过，不要轻易相信他说的话，而是要去身体力行。至今我对人智学还是一知半解，但这不妨碍我对华德福教育的热爱。我不能从我个人的实践推论出华德福是放之四海而皆准的真理，但至少可以反驳胡老师的结论——"一个没有经过实证研究的理论"。华德福教育已有九十多年的历史，难道历来的华德福老师都是傻瓜，没有经过实证研究就全盘接受了斯坦纳的理论？

胡老师质问："斯坦纳的理论是如何研究出来的？有没有调查数据？有没有对孩子的跟踪观察和记录？后来研究华德福的人们有没有在这一百年来用数据和跟踪观察不断修正人智学？"

这样的问题，犹如问柏拉图、康德、尼采的理论是怎么研究出来的，有没有调查数据？卢梭《爱弥尔》中的爱弥尔纯属幻想中的一个孩子，书中也没有实验、数据、证据，但这不影响它成为全世界最著名的教育学专著之一。

关于华德福毕业生

也许胡老师觉得这些人仅停留在理论层面，而他们却根据鲁道夫·斯坦纳的理论办了华德福学校。一所学校成功与否如何衡量？如果是根据学生考上名牌大学的比例的话，华德福学校不能算成功。一个人成功与否又如何衡量？用考试分数吗？用社会地位吗？华德福教育自豪的不是自己的毕业生在社会上担任了高级主管或专家，而是吸毒率和犯罪率最低。即便如此，华德福学校培育了不少"较知名的毕业生，像挪威总理斯托尔滕贝格（Jens Stoltenberg）、德国内务部部长奥托·席利（Otto Schily）、欧洲安全与合作组织（OSCE）的媒体自由代表弗赖穆特·杜韦（Freimut Duve）、美国运通公司的首席执行官肯尼思·谢诺尔特（Kenneth Chennault）、德国联邦银行前总裁卡尔·奥托·波尔（Karl Otto Pohl）、畅销的管理类书《团体核心：可以改变世界》和《乐于思考》的共同执笔人丹尼尔·琼斯（Daniel T. Jones）教授、《从未结束的故事》的作者米切尔·恩德（Michael Ende）、世界级电影导演斯蒂芬·斯皮尔伯格等等"。"孩子在学术上怎么样呢？这取决于老师的素质！德国和挪威已经对它们的华德福毕业生的学术水准做了研究。在这两个国家，全国统一考试结果显示：华德福学校的毕业生的得分比主流学校的毕业生的得分要高，而且在未来的生活中有更高的成就。常春藤联盟学校的教授表示希望有更多的华德福毕业生来入学，因为华德福的毕业生'谦逊而自信、学习热忱，有无穷的智慧'，留给他们的印象很深刻。"（引自香港文环老师的文章《华德福教育的介绍》）

胡老师在文章中说："华德福把孩子按回蒙昧状态，让孩子的探索精神受到压制，求知而得不到帮助损伤了孩子的热情，长此以往，孩子的知识水平和常识都落后于那些顺其自然发展并获得帮助的孩子。人智学把孩子当成低智能状态来控制其心智发展，我们看到的结果是导致孩子整个心智结构处于落后状态。"如果华德福教育真像胡老师说的那样，华德福的毕业生怎么可能有以上的成就？

如果说鲁道夫·斯坦纳的人智学作为一种世界观或哲学，无法直接进行验证，那么根据人智学发展出来的活力生态农业和医学，是可以验证的。我曾遇到过一位老人彼得，他年轻时在非洲接触了一种植物，身上痒得难受，找了无数医院都治不好，最后经一位朋友介绍去看了人智学医生，开了一些药膏，身上竟然不痒了。自此他便和人智学结了缘。如果说这只是个人经历，那么再看看活力生态农业品牌德米特。该品牌得到了国际认证，经得起检验。

一个人看见一千只天鹅是白色的，就下结论说："天下所有的天鹅是白色的。"但只要有人发现了一只黑色的天鹅，以上结论就不成立。胡老师根据自己看到的和听到的几个例子，就得出结论说斯坦纳的理论是"一个人的臆想"，胡老师，你的证据何在？

台湾一所大学的老师陈启明翻译了一本小书《学会如何学习：访谈华德福学校毕业生》。八年前他曾把书中部分内容发给我做参考，并嘱我不要公开。现在为了回应胡萍老师，我从中摘取几个例子以作说明。我想这些活生生的个体的叙述，其说服力一点也不亚于抽象数据的罗列。

华德福教育给我的主要信念，就是我能够做任何我真正想做的事情。回顾起来，我认为那是因为整个课程相当广泛，以至于在艺术或科学领域，学生能够充分去体验与创造。对我而言，这种对自己的信心，可说是华德福教育所给我的最重要的东西。

其次，华德福让我对学习产生浓厚的兴趣。尽管到大学后课业相当繁重，但我早先已经形成的学习习惯，让我能够很好地适应。而且，它也让我对历史、哲学以及与人类有关的一切广泛事物产生兴趣。

我想，无论事情看起来多么困难，只要你对人类的演化有清楚的了解，能够掌握整体鲜活的图像，这都会让你在目前或是未来充满信心。华德福教育就是提供了这样的基础，让孩子们对未来充满希望，这也是我们当前世界最重要的东西。

——克里斯托夫·舍费尔（Christopher Schaefer）

耶鲁大学学士，塔夫茨大学硕士、博士，

任职美国日侨学院（Sunbridge College）

　　我的父母为我寻找一所能够培养"完整的人"的学校。他们感觉到华德福学校能够为非裔美国黑人提供更开放的学习环境，同时也能教导学生形成一些价值观——这跟学识能力一样重要，能够造福与贡献整个人类。

　　第一，我认为华德福教育最终的成果就是提升了人类的意识。在我们的感觉里，有种意识带领着我们从所处的周遭世界里，从我们的情感里，以及人际相处的关系中，不断地向上提升。它教导我如何自我思考，为自己所做的决定负责。第二，它让我成为一个好的倾听者，能敏锐地了解他人的需要。第三，它协助孩子建立了各种有意义的信念。在所有的主要课程——历史、科学、哲学里，我们确实彻底探讨了价值与信念的重要性。面对众多复杂的争议与繁重的压力，如果没有核心的信念来加以平衡的话，人将会被耗尽生命并且最终失败。

　　　　——肯尼思·谢诺尔特　鲍登学院学士，哈佛法学院
　　　　　　博士，美国运通公司首席执行官，黑人

　　在我进入大学的第一周，我初次体会到华德福教育的优点。我身边的同学几乎都在抓狂，因为他们害怕写报告。在 Mowing 华德福学校（高中），我们每天晚上至少写十页以上。那是我们学校非常重要的学习活动，因此我变得对书写报告很有信心。每天晚上我们必须在

家里分析歌德《浮士德》戏剧的每一幕。我于是决定将每一幕画出来，然后写下我的分析。当我开始书写时，我能够扩展我的思考，并且形成自己的想法。这正是华德福教育令人赞叹的地方！你可以接触到各种不同的想法，而从来不会只被教导一种看法。你被当成一个独立的个体，被鼓励去进行思考。

——朱丽安娜·玛格丽丝（Julianna Margulies）

莎拉劳伦斯学院（Sarah Lawrence College）学士，演员

另一个华德福教育的特点，就是整个教学科目的安排彼此是相互关联的。这让我学会找出事物之间的关联，而且能够整合不同领域的数据。同时，我们也学习一些化学公式。我们从来不会只学公式，或为了考试而去背诵公式。我认为，它对我帮助极大。在伯克利我虽然主修建筑，但我在修读跨领域的科目时，我特别感受到它对我的帮助。在艺术与历史之间，或是古生物学、美国原住民的医药以及英语之间，我总是能够找出它们的相关之处。这都是直接得益于华德福教育。

——艾莎·伍兹（Aicha Woods）　加州大学伯克利分校学士，耶鲁大学建筑研究所建筑设计师

我现在的工作需要创意、弹性、流畅性，以及跨领域（从科学到艺术设计进而到市场营销）研究的能

力，而华德福的教育给了我极大的帮助。回顾起来，华德福的培育方式提供了创意的训练，我认为它也增长了想象力。

当我九年级时，我已经拥有自己的暗房。当我从华德福学校毕业时，我把家里的地下室做成一个化学实验室，我认为这部分是受到了老师的启发吧。我在做这些事情时，我感觉自己什么事情都可以做到。这确实让其他人感到惊讶。他们对我说，"那个你不会做，你没有受过那方面的训练"，但我感觉我能掌握它、了解它，而且我不会怕去做它。这要拜创意所赐。

我们当前遭遇的环境问题，主要是考虑不周所致。就本质而言，当前的科学并不是完整的，它没有想象力在背后支持，也看不到长期的后果，也没有考虑社会的层面，它只从单一的层面进行思考。除非你能看到完整的图像，否则你不可能解决这些问题，而这需要想象力。

——威尔·布林顿（Will Brinton）安东尼大学土壤与
植物学学士、硕士，环境科学博士，环境科学研究人员

我刚开始读小学时，有一些学习困难，对于课业也没什么兴趣。因为华德福的老师会照顾每个学生，针对每个学生的发展提供个别协助，所以我后来才有可能获致课业上的成就。老师会特别注意我最拿手的地方——我自己在音乐与美术方面很行。早期在艺术方面获得的

支持力量，也为后来比较抽象的课业提供了动力。

许多年之后，我发现华德福教育对我从事的建筑工作相当重要。我有相当广泛的知识基础来从事建筑设计。人们怎样生活？他们如何住在一起？他们的需要与生活的节奏又是如何？在帮人们设计住家或办公场所之前，你必须了解他们的实际生活或工作。华德福教育让我学会以极富有意义的方式去处理问题。

——迈克尔·沙夫（Michael Scharff）新泽西理工学院

（New Jersey Institute of Technology）毕业生，建筑师

老师也鼓励我们发问。这常促使我们想去学习一些新的事物。在这过程中，我们学到对事实真理的尊重与崇敬。我们被鼓励发问"为什么"，不是为了要批评别人，也不是找借口规避演练，而是发自内心真正想去了解事情。即使现在，身为律师，比起其他的律师，我还可能更常用"为什么"来问我的当事人："为什么你做这件事？""为什么你会认为他做了那件事？""为什么你会想走这条路？"……而这种发问方式，让我们更快、更清楚了解整个事情的原委。

——威廉·史密斯（William F. Smith）纽约大学学士，

布鲁克林法学院博士，律师

我拥有自己的公司，专门设计表演艺术。我一直都

想在台上表演，而我接受的华德福教育给我提供了极大的帮助。从一开始，我们玩各种乐器、跳舞、演戏——任何我曾经梦想过的，我都想要去做。它使我开放大方而且对于艺术感到安心。华德福的整个课程滋养了自信。你可以依你的速度去进行你的学习，即使你在某些事情上并不很在行也没有关系。老师们总会把你最好的部分引发出来。它也从来没有竞争，即使到了现在我也不跟别人竞争。对我们所有的人而言，这已经足够。

由于我没有上公立学校而是就读华德福学校，所以我能够享有更长的童年时光。我由衷感激能拥有一个情感被滋润、自我意志被开启却没有竞争的童年。

——温德拉·科斯伯姆（Vendela Kirsebom）

演员、模特儿、商人

玩具是否太少？

胡老师在第六篇文章里提到有的华德福幼儿园给予孩子的玩具太少，却美其名曰"发挥孩子想象力"。我个人很赞同胡老师的观点："想象力对孩子来说是有意义和有价值的。在幼儿的发展中，应为孩子提供丰富的工作材料，让孩子用这些工作材料来实现自己的想象。如果没有工作材料来呈现孩子的想象力，想象力就飘在风中，不知去向了，就成了幻想——带有幻觉的想象。"

但在我参观过的华德福幼儿园里，我并没有觉得玩具太少。有的老师问我是否玩具过多，需要拿走一些，我通常回答"不用"。我在瑞典的华德福幼儿园看到孩子也有丰富的玩具：全班12个孩子，玩具架上放着9辆木头汽车，大大小小的手工做的猫有12只，一模一样的木头酒杯有7个，还有其他各种玩具和材料。这些数据来自当年拍的照片。

究竟给孩子多少玩具算恰到好处？华德福没有这方面的标准。有的老师认为不要给孩子过多的玩具，有的老师认为可以给。

胡老师在文中说有位"华德福"老师竟然把水龙头说成是大象的鼻子，我觉得太不可思议了。这样来看华德福，真的是曲解了华德福。谢谢胡萍老师写出来！

关于"小精灵"

在第九篇文章里，胡老师给出了三个例子。一个是在华德福培训课上，有人提问，培训老师无法自圆其说，就告知她们晚上睡觉时闭上眼睛，想象着小精灵会来提供帮助，等第二天醒过来就会有答案。第二个例子是某个城市的华德福老师让8岁的男孩不要戴眼镜了，每天想象自己的眼睛不近视，有小精灵的帮助，这样眼睛就一定会好起来。第三个例子是每当家长对孩子教育有困惑的时候，华德福老师会说："晚上睡觉时，想象一下小精灵，她会来帮助你的，然后你就知道如何帮助你的孩子了。"

胡老师对这种"求助于小精灵"的做法表示了强烈的不

满："华德福把想象力发展到了极致！在孩子的世界里，有小精灵的故事很正常，也符合孩子的认知发展规律。然而，用儿童的认知方式来对待一个成年人，这是在羞辱成年人的智商！"

我只知道存在胡老师说的第三种情况：当老师无法解答孩子家长提出的问题时，让这个孩子家长入睡前冥想夜晚天使会来帮助，第二天早上起来也许会有答案。换种说法——入睡前冥想，早上也许会出现灵感，胡老师，你可以接受吗？有时我也会对老师说，如果你实在想不出解决的办法，不妨用上述方法试试。无论一个人是否相信有小精灵，都可以试试。

我从来没有听说过万能小精灵，我翻译过两本华德福的书，校对过一本，我还读了其他论述华德福教育的书，不记得有哪本书上提到过万能小精灵。如果有的老师借用小精灵来搪塞别人的问话，我觉得这位老师很不负责任。另一方面，由于不在现场，我不知道究竟提的是什么样的问题，老师是怎样回答的，很难轻易下结论说是老师不能自圆其说才借助小精灵。如果有的老师真的以为有小精灵的帮助，眼睛可以不近视，那也太荒唐了。我不会相信这种事情的。

胡老师质问："如果在华德福的培训系统中有万能的小精灵，那么，华德福是什么呢？是教育吗？当然不是。教育必须是科学而且严谨的一个系统，容不下这样的百变小精灵。华德福是魔术（或者魔法）吗？我们看过有魔法小精灵的电影，在魔法世界中小精灵是必不可少的，而且还能够帮助他人解决问题。华德福是一种迷信吗？难道小精灵是斯坦纳的灵魂，只要晚上睡觉时想象他，他就来帮助求助者了？华德福是一种功吗？"

就我所知，华德福师资培训课程里没有万能的小精灵，胡老师后面的结论"华德福不是教育"就不能成立。"华德福是魔术（或者魔法）吗？""华德福是一种迷信吗？""华德福是一种功吗？"这样的疑问也就不存在了。亲爱的胡老师，下次你再提出类似的疑问之前，最好先证实一下，不要仅凭三个例子就发挥一系列的超乎寻常的想象。

在写这篇文章时，我无意中读到一本书《四季的情趣：世界散文随笔精品文库（日本卷）》。该书的第162页和第164页举了这样两个例子。"苏格拉底从幼年时代起，就经常听到另外一个世界的声音，他对此一直不能反抗。这个精灵总是制止他的行为。""他在最后的申辩中说：'在我身上发生了一件令人吃惊的事情，平时那么熟悉的精灵的声音，在我最糟糕的时刻，它却沉默了。'"1932年法国著名哲学家柏格森在最后一本书的结尾上写道："诸位，发生了一件令人吃惊的事，我的精灵沉默了。"

虽然华德福培训课程里没有万能小精灵，但不排除华德福老师会提到小精灵，若就此质疑华德福是魔术、迷信或一种功，那么是否也可以同理质问苏格拉底、柏格森的哲学是不是魔术、迷信或一种功。胡老师该如何回答呢？

在资深的华德福老师那里，我不止一次听到过"天使"的表达。几年前汤老师来我们园指导，她说我们做的手工娃娃，不仅外面的材料要使用纯天然的，里面的填塞物也必须是纯天然的。"我们的肉眼看不见里面的填塞物，但天使会看见的。"我听了之后，很感动。这和中国人说的"头顶三尺有神明"是一样的道理。我们不能对孩子和家长弄虚作假！

是否"华德福"？

胡老师在第十篇文章里说，有个孩子想喝可乐，"华德福爸爸"不想让他喝，于是回答"可乐睡着了"。我困惑胡老师为什么说这位爸爸是"华德福爸爸"，难道因为他的儿子上了华德福幼儿园？因为他参加过几次华德福讲座或培训？胡老师的文章中好几次出现"华德福老师"一词，这些其实只是正在学习和实践华德福教育的人，而不能说都是华德福学校的老师。由于一些老师、家长和热心人士正处于学习过程中，难免对华德福教育一知半解，甚至对之曲解和误解，或把听到的内容当作教条来实行。这些人的行为误导了胡老师，让她以为这些就是华德福教育。

这也涉及如何判断一个幼儿园是不是华德福园。目前中国的现状是绝大部分的华德福园是家庭园，但家庭园还不能合法注册。某个园自称华德福园，没有一个权威机构可以有效制止。我在豆瓣网华德福实践小组上看到北京地区共有21所幼儿园和小学，博客名称自称华德福学校或幼儿园的有7所，占三分之一。胡老师批评得非常好："在中国，只要愿意，租一所民房，参加几次培训学点皮毛，就可以办华德福幼儿园，没有任何准入资格（传统园再不好，办园还要有资格啊）。这样的情形难免造成鱼龙混杂，出现'问题华德福'在所难免。"更准确地说，这些人办的所谓"华德福"不是真正的华德福园。我们不能因为别人自称华德福园，就不经过验证，轻易相信他们就是华德福园，并把他们的一切错误都指向华德福。

同理，自称华德福园的老师就是"华德福老师"吗？这样称呼他们合适吗？我问过瑞典的资深华德福老师爱迪特，她说一个老师至少需要四年的时间，才有可能成为合格的华德福老师。胡老师提到的那些"华德福老师"经过四年的培训和实践了吗？如果没有的话，怎么可以轻率地称之为"华德福老师"？他们亲口说自己是"华德福老师"了吗？即便如此，难道胡老师不经过验证就相信了？如果我说我是物理学教授，难道你真的就以为我是教授？如果不是他们亲口告知，而是别人告知的，不经过验证就更不能相信了。胡老师，或者你以为在实践华德福教育的幼儿园里，老师都可以称为"华德福老师"吗？

同样，上面提到的那位爸爸，胡老师为什么称之为"华德福爸爸"？"华德福"三个字是不能滥用的。在胡老师还没有弄清楚什么样的人才可以称为"华德福老师"或"华德福爸爸"之前，请慎用这三个字。胡老师评论华德福教育的文章里，列举的所有关于华德福的负面例子，用的都是"华德福老师"如何，但如果这些人不能被称为"华德福老师"，由此推论出的有关华德福的结论或评判，还能成立吗？

胡老师发问："当这些发生的事情都在华德福名下时，难道让我自己对自己宣布'这不是华德福做的事情'吗？！"请问，如果某个政党或宗派里有贪官污吏或犯罪分子，我们就能下结论说这个政党或这个宗派是腐败的、贪污的、犯罪的吗？我们就能因此全盘否定这个政党或宗派吗？更何况那些所谓"华德福老师"只是误解了华德福，并没有干坏事，就能据此全盘否定华德福吗？

关于不能对孩子说"不"的问题，华德福教育没有规定不能对孩子说"不"，但在具体问题上，会尽量避免简单地拒绝。比如孩子在教室里大声喊叫，老师通常不会说"不许喊叫"，而可能会说："你可以喊叫，但必须在户外活动时间。在教室里请小声说话。"孩子看到零食很想买，家长可以说："今天我带的钱只够买菜。"或者说："等爸爸出差回来给你买。"或者说："等到你生日那天给你买。"我觉得这样的回答比起简单的拒绝要好，让孩子更能接受，更能减少直接的冲突。有时遇到危险的情况，或孩子做出出格的行为，我们当然可以对孩子坚定地说："不！"

结语

最后，我还是很感谢胡萍老师写出这一系列对中国华德福教育的思考文章，文中举的例子，我相信都是真的。胡老师把它们写出来，是为了帮助华德福做得更好，让热爱教育的人深思究竟什么是华德福教育。

我想提醒不成熟的华德福园，最好不要公开说自己是华德福幼儿园，可以说正在实践或迈向华德福，以减少公众的误解和曲解。而那些把正在学习华德福教育的老师当作"华德福老师"的人，我也想提醒他们，如果有了疑问，可以问问成都华德福幼儿园的资深老师，可以自己去看看华德福的书。相信你们的质疑会帮助老师的成长。

胡萍老师若真诚地关心华德福，我建议不妨去成都华德福幼儿园观摩几天，看看真正的或比较正规的华德福幼儿园是什么样的。

我们都是凡人，即便是合格的华德福老师也会犯错误，华德福教育帮助我们不断地完善自己。我们前行的道路上，需要有胡萍老师这样大声说出事实真相的人，她让我们看见自己面临的挑战和困境。

我对华德福教育的理解还不够深入，还在不断地学习中。这篇文章中的观点想必也有不尽合理之处，恭请胡萍老师和各位读者指正，不胜感谢。

对《回应》一文读者留言的反馈

《我对胡萍老师十评华德福的回应》（以下简称《回应》）一文发表后，很多读者给我留言，我不能一一回复，在此统一做些反馈。

我从来不参与网上对华德福的讨论，我觉得没有一种理论或体系能够得到全世界人的赞同。常见的情况是，有的人赞同，有的人反对。因此，对于华德福教育来说，有反对的、批评的声音很正常。

符合逻辑吗？

我在回应胡萍老师的文章里，一点也不否认胡老师看到的例子是真实的，也不否认中国实践华德福教育的幼儿园存在很多问题。我不赞成的是根据几个例子——有的是亲眼所见，有的是道听途说，就急于得出一个结论。这样的推论方式，我不能接受。我觉得重点不在于如何认识华德福，这可以仁者见仁，智者见智，问题的关键是我们使用的概念是否清晰，所依据的事实是否充足，所进行的推论是否符合逻辑。

（1）概念

当我们根据所见所闻的实例来评判华德福幼儿园和华德福老师时，要弄清楚对方是不是真正的华德福幼儿园和华德福老师。如果发生问题的幼儿园和老师还只是在学习华德福的话，不能把他们的错误全部算在华德福头上。

当然，导致胡萍老师产生误解的原因之一，是中国华德福学校内部的管理存在一定的问题。即便这样，胡萍老师在写文章的时候，也需要慎重使用"华德福"，因为她的推论只是建立在这几个"华德福"园和老师基础之上的。

胡萍老师认为华德福教育提倡"儿童在 7 岁前不可以学知识"，如果我们对"知识"的理解不在一个层面，那就无法讨论了。我的看法是，若遇到有争议的概念，可以查字典。根据字典上对"知识"的定义和阐释，我们再来看看华德福幼儿园是否教知识。

当我们写批评文章时，一定要清楚自己所用概念是否清晰、明确。

（2）证据

即便是一位合格的华德福老师，也不可能不犯错误。但这些错误，一定是由于华德福教育导致的吗？

我想，所犯错误有三种情况。第一，这可能是所有老师都会犯的错误。比如一个人即便不学华德福，他也会争权夺利。学了华德福，并不表示人的劣根性一下就没有了，人的自我完善是一条漫长的道路。胡老师文章中的那位华德福园的家长，看见两个人在吵架，却说是两条狗在吵架。我想，即便她不把孩子送到华德福幼儿园，也可能会说同样的话。第二，老师误解了华德福教育，对别人的经验生搬硬套，没有深入理解教育的本质，没有根据本班孩子的情况做出适当的调整。第三，华德福教育本身存在一些问题。

胡萍老师没有区分这三种情况，而把一切错误的根源都归到华德福或其背后的人智学，这样下结论实在太轻率、太武断。我们不能简单地把看到的几个"华德福"园存在的问题都归结为一个原因。某个机构或组织里的人做了坏事，法院只会判决这个人有罪，而不会把这个人的罪归结到这个机构或组织吧，不会无端判决这个机构或组织有罪吧？

全世界有两千多家华德福幼儿园，中国有两百多家。如果要通过实例来论证"华德福不是教育""人智学把孩子当成低智能状态来控制其心智发展"，至少要调查半数的幼儿园吧？只根据几个幼儿园的例子，得出的结论是否可靠？

此外，若要论证华德福教育有问题，理应在熟悉现代儿童心理学等基础上，从理论上找出华德福的教育理念违背儿童身心发展的证据。非常遗憾，这些我在胡萍老师的文章中都没有看到。

（3）推理

胡老师写道："如果没有这些研究，我想，那些所谓世界大会（世界华德福教师研讨会）和亚太大会（亚洲华德福教师研讨会）除了宗教般的狂热，以及狂热带来的心动，还有什么呢？"

前提是没有研究，结论是亚太会宗教般的狂热，这样的说法符合事实吗，推理符合逻辑吗？我参加过亚太大会，没有感觉到有任何的狂热。成都的张俐老师也参加过，你也可以问问她。

重要的是什么样的人在做老师

我列举了几位华德福学校的毕业生，不是为了说明华德福教育有多么好——的确如读者反馈的，其他教育方式也可以培养出优秀的人，只是为了让胡萍老师看到华德福不是"把孩子按回蒙昧状态"，仅此而已。同样道理，我的文章也只是为了回应胡萍老师而写，不是为了宣传华德福。

我在文中写道："至少我知道的幼儿园，家长们的初心都是好的，是无可非议的。"我只想表示家长们的初心无可非议，而不是他们办的园存在的问题无可非议。我希望更多的人来非议"华德福"园具体存在的问题。我办园时，经常遇到家长的非议，我觉得非常好，给予我的帮助非常大。我写办园周记，相当一部分是回应他们提出的非议，有的我接受并改进，有的我不同意并进行解释。如果当初没有家长的非议，我恐怕不会写出现在这本书。我衷心感谢当年家长们的非议！

几年前我曾走访过一个园，创办人正在学习华德福小学课程，却一心想办华德福幼儿园。园里的老师没有参加过华德福幼儿师资培训。当时园里已经有 5 个孩子，我总不能勒令他们关闭吧，我能做的是尽可能帮助他们，而不是批评指责。现在园里的两位老师都在参加华德福幼儿师资培训。我想只要是人，总会有这样那样的缺点，总会犯这样那样的错误。我们应正视实践华德福教育的园里存在的问题，并尽量去提供帮助。

借回应胡萍老师之机，我澄清了一些对华德福教育的误解，比如教室里不许有坚硬的东西、不许教知识等等。我曾经遇到一位家长，她热心地把孩子送到附近一所实践华德福教育的幼儿园，并向老师提出陪园请求，但园内老师以华德福教育不支持家长陪园为由拒绝了她。就我所知，华德福教育并没有这方面的规定，这也是一种误解。

我曾在《瑞典华德福之旅》中写道："我想无论何种教育，都需要老师来付诸实践，你是什么样的人比你所选择的教育方式更加重要。"从这个角度来说，家长选择幼儿园，首先要看是什么样的老师在带孩子，而不是他们秉持什么样的教育理念。正如有读者说的，活生生的人比教育理念更重要。家长不要轻易听信办园的人说的，而要看他们做的。我很同意一些读者的观点："孩子不是试验品。"

华德福与儿童心理学

从实践的层面看，华德福教育主张有规律地、有节奏地安排孩子的生活，使之养成良好的行为习惯；幼儿阶段重点关注孩子的身体健康，平时主要让孩子自由游戏、做手工、参与劳动、唱歌、演偶戏、郊游、听故事、画画等，不主张看电视、玩电脑，不提前进行智力开发。我认为这是符合儿童身心发展的，如果这么做违背了儿童心理学，我很想请教为什么。

我不是研究人员，也不想做研究人员，只想做一名学习者、实践者。我很愿意学习儿童心理学，弥补自己的不足。我是半路"出家"做起了儿童教育，肯定在学识上、实践上存在先天不足。我把我所做的一切，尽量用文字写了出来，并公之于众，接受读者的批评。如果有谁发现我的做法违背了儿童的身心发展，恳请赐教。

瑞典老师爱迪特是一位资深的华德福老师，一辈子从事华德福幼儿园教育。她曾给予我许许多多的帮助，我还介绍她去李跃儿的巴学园观摩交流，李跃儿随后写了《和外国老师伊迪思在一起》一文，文中的伊迪思即爱迪特。文中写道：

这一天，伊迪思在家里和老师们沟通关于孩子工作和玩具的相关问题，我回来时已经快结束了。当天一共来了好几批老师，这是最后一批。我进去时只听伊迪思在讲：

"小孩的智能是手的智能，在小孩的智能还在手上时，如果成人对着小孩的大脑去开发他的智能，那么将来小孩的身体不会发育好，他的智能也不会由身体去实施。等到了一定的时候，小孩的手的智能从手转移到大脑中去时，再去针对小孩的大脑进行开发。"

天哪！听了这话，我无法形容我的感觉！这个关于感觉运动的理论，被这位瑞典的老奶奶用一种连山里的农民都听得懂的方式表达了出来。

我们再来试着用一种严谨的、科学的方式来说这段话，注意，我也用最大众的方式，而不是用皮亚杰的方式。

"婴儿时期，其大脑发育还没有完成，脑实体的成长只占成人的百分之四十，由于还没有与这个世界接触，婴儿的大脑中只有一些在子宫中的触觉留下的简单信息。婴儿出生后，不能使用这一点信息进行大脑的工作，又由于大脑像他们的手和腿一样还不能完成人所需要的工作，所以人类的第一个阶段的工作是感觉，他们是用他们的感觉器官来认识这个世界，而不是大脑的思考。在婴儿时期，如果他们要观察探索一个物品，甚至不用眼睛而是用嘴巴，用手用腿，他们的大脑完全与他们的肢体同步，肢体停止了活动，大脑也就停止了活动，这是自然规律。这个时期感觉的机会和丰富性如何，决定了他们日后大脑发展得如何。如果这一时期违反自然规律，不让他们使用口、手、脚，而是让他们做做不到的事，他们会加倍地付出心力，耗费过多的生命能量，这使他们的器官发育的能量不够。

"事物的发展都有人力不可改变的那一部分，人也一样，6岁前的儿童的发展规律就是人力最不可改变的。到了孩子自然发展到需要学习文化时，我们再顺应于这个自然给他们学习知识和文化的机会。"

不知大家看了这两种说法，觉得哪一种最方便一个思维单纯的妈妈明白，哪一种能对一个幼儿园老师最快最明了地了解孩子这一事实有帮助。

李跃儿举的例子，至少可以说明现代儿童心理学和华德福教育理念存在一致的地方，不是相互对立的。

华德福的名称

对于"华德福"的称号如何使用，有的读者感到困惑，比如正在实践华德福教育的园，不能说"华德福园"，必须说"实践华德福的园"吗？有些啰唆吧？我认为各园在正式场合不要用"华德福"自称，私下交谈中就没有那么严格了。胡萍老师把口语中用到的"华德福园""华德福老师"作为正式用语，以为这些就是真正的华德福园、华德福老师，并以此作为她文章立论的基础，就经不起推敲了。当然，正如胡萍老师已经指出的，没有准入证，任何人都可以办"华德福园"，这不给别人造成误解都难。

虽然华德福教育已有九十多年的历史，但在西方仍然是少数人的选择，属于小众。但这并不能说明华德福教育是错误的。我想社会进步的表现之一，就是能容许少数人的选择。

如果有人问"既然华德福教育这么好，为什么九十多年了，还是少数人的选择"，我通常的回答是："大家都明白有机农业有益身体健康和大自然，但实施有机农业、购买有机产品的还是少数，即便在国外也不是主流。"不知这样的回答是否合适？

不要因为某某人说华德福好或不好，就信以为真。无论作为读者，还是投身于华德福教育实践的人，都需要有自己的独立判断力。如果有的人学习了一点华德福，就变成了盲目的崇拜者、教条主义者，不顾常识和经验来做事情，那我觉得还不如不学为好。如果华德福教育真有"不许用剪刀"这样一条规定，老师觉得合理就遵守，认为不合理完全可以不遵守。我原来知道华德福小学是不让孩子踢足球的，但在瑞典一所历史悠久的华德福小学，课余时间亲眼看到孩子们在踢足球。华德福教育根据时代的发展也在做出调整，并不是一成不变的。

我开始实践华德福教育时，美国的资深华德福老师卡洛琳来园指导，当时我们错误百出，但卡洛琳并没有否定我们实践华德福教育的热忱。一天，她突然严肃地问我："你们真的想办华德福幼儿园吗？如果是，就不能'笼养动物'。"我听从了卡洛琳的意见，不是因为她是华德福老师，而是因为我完全认同她说的。后来我去别的园，也会表明我的态度，千万不要在园里"笼养动物"，需要的话可以在一个小范围里散养。

有些事情，我们还没有成熟到可以判断对错的地步，怎么办？比如华德福幼儿园建议一个故事重复讲述二至三周，一开始我很不理解，时间久了，尤其是后来接触到小学生，才明白了这么做的理由。

我将回应胡萍老师的文章发在我的博客后，点击量飙升，实在令我意外。这篇文章只是为回应而写，我不认为有太大的意义。我说的话太多了，自己也不是一个合格的华德福老师——我在英国只学习了 17 个月的华德福教育，由于英语不好，很多讲课内容没有听懂。回国后，我开始实践华德福幼儿教育。此文只是我个人的看法，仅供大家参考。

这篇回馈，我无法顾及每位读者的留言。但每条留言我都看了，谢谢大家。

实践华德福教育的幼儿园常见问题探讨

至今，我在全国各地大约观摩了三十多家实践华德福教育的幼儿园（以下简称"华德福园"），了解到一些幼儿老师和家长的困惑。我曾经写过几篇文章探讨华德福园存在的问题，并提出建议。目前，全国实践华德福教育的幼儿园已经有二百家以上，我想把一些共同的困惑和可能的回答写出来，供大家参考，也欢迎热心华德福幼儿教育的人提供宝贵的意见。

（1）是否可以提供积木？

积木指的是加工成长方形、正方形和圆形等的木头，可以是买来的，也可以是自己加工的。有的资深华德福老师不赞成给孩子玩加工成几何形状的木头，但有的资深老师认为可以。是否提供积木由你的园自己决定。

我的看法是可以，因为积木可以让孩子搭建房子等，而纯天然的木头搭建起来比较困难。当然，幼儿园应优先考虑用只进行了初级加工的木块——初级加工指的是仅把木头锯断，把扎手的地方打磨平整，不刻意去加工成几何形状。

（2）是否需要每天让孩子画画？

我曾去过一个幼儿园，看了孩子们摞得高高的一叠画，几乎每张画都在滥竽充数，寥寥几笔完成任务。这个园每天下午孩子起床后，都让孩子画画。每个月每个孩子画二十来张，一年下来，就是二百多张。于是，我产生了困惑：为什么要叫孩子每天画画？

2012年我在瑞典遇到资深的华德福老师若妮特，向她请教这个问题。她说，打个不好听的比喻，孩子需要画画，就像人需要上厕所。也就是说，除非出于自身的需要，不要刻意安排孩子去画画。

来自巴西的资深华德福老师西尔维娅说，她的园每周画一次蜡块画，平时如果某个孩子提出想画画，当然可以。

我们现在也在孩子午睡起床后，给他们提供画纸和蜡块，但孩子可以随意，想画就画。如果将画画变成每天必须完成的一项任务，在我看来，那就是浪费纸张，毫无意义。

（3）孩子画画时需要老师在一旁画吗？

通常不需要。老师在一旁画画，孩子看见了，可能会觉得自己画得不好，没有信心了。还有，他可能会模仿老师的画。

如果孩子刚来园，需要老师陪伴，或者孩子不会使用蜡块，老师可以示范。总之，没有统一规定，各园应根据情况来决定老师是否需要在一旁画画。

（4）房间里的墙壁必须是粉红色的吗？

华德福教育认为，幼儿园的墙壁涂成粉红色，最适宜幼儿。

西尔维娅说，她园内活动室的墙壁接近肉色。瑞典北部的一家华德福园，由于冬天时间长，房间里常年光线不足，教室的墙壁没有刷成粉红色。英国阿伯丁康复村的爱贝（Amber）幼儿园，墙上的颜色在我看来接近淡黄色。

我在瑞典的华德福园看到，过道、卫生间、换衣服的空间，墙壁有刷成淡绿色、淡黄色、淡橙色等的，不全都是粉红色的。

（5）娃娃屋用的布必须是粉红色的吗？

有次我去某个园，满屋都是粉红色，而且是极不好看的色调，我觉得这样刻意地去追求所谓适合幼儿的粉红色，实在太丑了。国外的华德福幼儿园不是这样的！

我见过很多国外的华德福幼儿园，有些是没有娃娃屋的，孩子需要可以随时组建。有些即便有，也很少是国内到处流行的那种式样：从屋顶悬挂一个圆形物或一根长棍，把粉红色布一边挂在上头，另一边垂下来围成一个帐篷式的娃娃屋。我在三十几家幼儿园看到，娃娃屋几乎都是一个模式。

娃娃屋用的布可以是粉红色的，也可以不是。如果墙上的粉红色已经很凸显，建议娃娃屋的布不用粉红色，改用淡雅的黄色、橙色、绿色等等，或者其他的红色，或者用两三种素净的颜色搭配。

西尔维娅的教室内，窗帘是两层，外面一层是透明的白纱，里面一层接近深红色。讲故事的时候，老师把窗帘拉起来，房间里非常温馨。到了冬天，西尔维娅会把里面一层换成蓝色。西尔维娅说，教室用什么颜色取决于你想营造什么样的氛围。

（6）自然角上的摆饰，孩子可以拿吗？

我在学习和实践华德福教育的过程中，国外老师告诉我，自然角的东西不能让孩子触碰。我很赞同，教室里应有一个地方是特别的，孩子不能动。后来遇到西尔维娅，她却不赞成。她说："有人认为四季桌上的东西是神圣的，孩子不能玩。我觉得如果说神圣，每块木头是神圣的，每块石头也是神圣的，难道都不能动吗？孩子是通过触摸来了解事物的。实在不能让孩子拿的东西，就把它放在柜子里。"

西尔维娅的这番话，我觉得挺有道理的。

（7）新入园的孩子，家长可否陪园？

我觉得是可以的。我问了其他资深的华德福老师，他们也说可以。至少，华德福没有规定新生的家长不能陪园。华德福教育的确认为班级成人太多对孩子有干扰，但新生需要慢慢适应，第一次入园的孩子和家长分离是很痛苦的。仅仅在户外活动时间让家长陪孩子来适应，还是不够的。

当然是否允许陪园，以及可以陪园多久，都是园里自己决定的，既要根据新生的情况，也要考虑到整个班级的情况。

（8）每天应保证多长的户外活动时间？

我在个别的华德福园见到，孩子只是上午外出玩一个小时，甚至不到一个小时，下午睡到3点甚至3点半，4点吃点心，然后就准备回家了。下午竟然没有户外活动时间！我国的幼儿园教育大纲要求每天保证两小时的户外活动，何况华德福教育非常重视孩子的户外活动，这实在太不应该。我在英国看到，即便是雨天，老师仍然带着孩子们外出。

我的观点是，无论如何，一年四季要保证孩子每日户外活动两小时。有的老师说，冬天天气冷，生病的孩子比较多，所以减少或取消了户外活动。我觉得如果遇到降温、大风、大雪、大雨、严重空气污染，可以取消外出，但不能因为天气冷或孩子生病就取消户外活动。我办幼儿园的时候，得到的经验是，越是让孩子在户外活动，孩子越不容易生病。当然，感冒、咳嗽或有其他不舒服的孩子可以少到户外去，但不能因为有孩子生病了，健康的孩子也不能出去玩了。

西尔维娅特别强调每天外出时要带孩子散步。我办家庭园时，看到孩子虽然在户外玩耍，但由于院子非常小，孩子只能在沙坑里玩沙，运动量远远不够。对于院子很小的家庭园，每次外出，老师可以带孩子走远一些，以增加孩子的活动量。

（9）老师在教室里的说话声音是否要小？

据我所知，华德福教育对此没有做统一的规定。通常在室内自由玩耍时，老师之间不要大声交谈，有事情的话，小声交流或通过眼神示意。如果老师要对某个孩子说什么，应小声些，以免打扰其他孩子的玩耍。

当老师唱歌召唤大家收拾玩具时，没有必要小声，就用平常说话的音量即可。当老师唱"快来加入我们的圆圈"以召唤孩子做晨圈时，也用平常的音量即可，完全没有必要压低声音。

老师说话、唱歌或讲故事，需要所有孩子听见时，我赞同用平时很自然的声音表达，确保每个人能够听见。有一次我观看一位老师表演偶戏，她的声音非常小，我竖起耳朵听都很费劲。事后我问这位老师为什么用这么小的声音讲故事，她说："这样孩子可以专心听讲。"

我问西尔维娅如何看待这个问题。她说，讲故事声音太小，孩子反倒容易分心，导致人与人之间失去连接。

可见，在此问题上，人们所持观点甚至可能完全相反。但有一点很明确，华德福没有规定唱歌、讲故事需要压低声音。究竟老师在什么场合用多大的声音来表现，还是取决于具体情况。

在我看来，唱歌、讲故事时刻意压低声音，听起来很不自然。当然，出于故事情节的需要等降低音量，我是完全赞同的。

（10）室内自由活动时间老师做些什么？

国外的华德福幼儿园大多数没有单独的厨房，一切和吃有关的活动都在教室进行，诸如做面包、麦片粥、饼干之类的。他们吃得很简单，而且不用提供午餐。

瑞典的某家华德福园（本文提到的国外华德福园都是成熟的园，有着几十年的历史）需要提供午餐，专门有一个厨房、一位厨师。园内有三个班级，一个班级 11 个孩子，只有一位老师。

相比之下，中国的家庭园基本都有单独的厨房、专门的厨师，一个班级配三位老师。我们的三位老师不需要做饭，在室内活动时间，可以做些什么呢？第一，可以尽量把厨房的事情拿到教室里来做，比如择菜、切菜、和面等。第二，可以擦玩具架子、桌子、椅子等。第三，可以清洗布娃娃、各种布料等。我看到有的玩具已经很脏了，但没有及时清洗。第四，为节日做准备，比如做些节日需要的手工、装饰品，做些表演偶戏需要的道具等。第五，给孩子做玩具。第六，修补玩具。

还有哪些可以做呢？大家一起来想吧！

（11）教室里准备多少玩具合适？

2012 年 12 月我去温哥华的幼儿园参观，发现班上的玩具不多。我问主班老师提供多少玩具合适，她说要通过观察来确定。首先，如果有些玩具孩子很久不玩，可能是多余的，老师可以拿走；如果有些玩具孩子玩要时常常发生争抢，说明数量需要添加。其次，还要看收拾玩具的时候，在老师的带领下，孩子是否能够胜任。玩具太多，孩子没有耐心收拾。最后，要看老師是否有足够的精力照顾好所有的玩具。玩具太多，老师照顾不过来也不行。老师要每周检查玩具，进行必要的修补和清洗。

（12）午睡前是否需要讲睡前故事？

我开办幼儿园后，发现一天下来，最困难的事是哄孩子午睡。有的孩子精力旺盛，怎么也睡不着。为了让孩子尽快安静下来，我们通常会讲一个简单的故事。一年后，汤老师来园指导，建议一个故事也不讲，睡觉就是睡觉。我很赞同她的意见，于是我们再也不讲睡前故事，孩子也能睡着。

如果遇到特殊情况，比如陪同午睡的老师临时换人了，为了让孩子安静入睡，可以讲故事。如果老师没有经验，哄孩子午睡实在困难，也可以讲故事。但一个故事足已。

一次，我去一个幼儿园观摩，发现午睡前老师讲了三个故事。我问为什么，这位老师说他们一开始是讲一个，可是孩子不满足，还要听故事，就又加一个，一段时间后，孩子又不满足了，听了两个故事还要听，以致现在睡前要讲三个故事。

孩子难以午睡，原因有多种。可能晚上睡晚了，早上家长叫晚了。可能上午的户外活动时间和活动量不够，孩子的精力没有释放完。可能卧室的环境不是很舒适。我看到有的园卧室的窗帘非常厚，拉上后房间里黑咕隆咚的，以致有的孩子感到害怕。我觉得房间没有必要太黑。

另外，老师是否准备好让孩子进入睡觉状态，卧室是否保持整洁等因素也会有影响。

（13）晨圈时，孩子围不成一个圈怎么办？

很多华德福园在做晨圈时会遇到不少问题，最常见的是很难让孩子围成一个圈，有的孩子突然跑出圈外，有的孩子东倒西歪，有的孩子故意发出怪声，主班老师要继续带领做晨圈，配班老师则顾了管这个孩子，顾不了管那个孩子。

晨圈在华德福园里是个很重要的环节。参加培训的时候，学员们很容易被晨圈活动时优美的歌声、优雅的动作所吸引，可是将之带到自己的幼儿园时，却发现效果不佳，怎么回事？

对此我深有体会。有个园的老师们唱的歌简直是天籁之声，动作也非常优美，我被感动得泪眼蒙蒙，可是孩子们却没有被打动，调皮的调皮，打闹的打闹。我感到我们有些晨圈可能没有考虑到孩子的感受，只是从成人角度来判定是否优美、悠扬、动听、抒情。

我常喜欢在晨圈里带孩子念童谣："园里的番茄圆又大，躺着睡觉不说话，忽然来了条大狼狗，对准番茄咬一口。"也许按照常规的观点，晨圈应该有条线索贯穿始终，不该前后没有关联地加进这样一首童谣。但我的经验是，这样的童谣深受孩子们喜爱，他们一遍遍说，一遍遍做，从不会擅自跑开。

在我看来，要想自始至终吸引住孩子，要注意以下几点。第一，老师精神要饱满，音量要适量，让每个孩子沉浸在歌声里。第二，晨圈的内容和音乐要适应孩子的感受能力，而不是成人的。第三，老师对晨圈的内容要做到胸有成竹，如果边做边想，孩子很快就能够感觉到。第四，晨圈里说的不要太多，要多些歌曲和动作。第五，动作既要有重复又要丰富多变。

西尔维娅说，要想吸引住孩子，最重要的是晨圈内容。我有机会看她带的一次晨圈，大概内容是："大海上波涛阵阵，我站在沙滩上，脚底踩到一个贝壳，捡起来放在耳边听听它的声音。海边有海鸥飞翔，它们上下飞舞，突然冲向海面，抓到一条鱼，啊呜啊呜吃下去。（海鸥的飞翔和抓鱼动作重复三次。）有一根长长的竹竿，我拿它当钓鱼竿，我把鱼线扔进海里，不要说话，安静！鱼竿动了，我拿起鱼竿。哎，鱼太小了，放回大海吧。（钓鱼、放鱼动作重复两次。）"晨圈结尾是"月亮升上来了，我进入梦乡"，所有人都躺在地上，西尔维娅接着唱一首摇篮曲。

她的晨圈活力四射，生动、活泼，自始至终，每句歌词都伴随一个动作。虽然听不懂，但围观的孩子们都被吸引进去了。

西尔维娅说现在的孩子受到的刺激太多，所以她会安排三至五分钟保持安静。西尔维娅非常喜欢摇篮曲，她说她会唱很多国家的摇篮曲，比如印度的、英国的、新西兰的、巴西的等。我们很想教她一首中国的摇篮曲，可惜在场的几位中国老师想了半天，会唱的还是一首外国的摇篮曲。

（14）是否可以用剪刀？

国外有的资深华德福老师认为不能用剪刀，有的认为可以用剪刀。至于你的园里是否让孩子用剪刀，由你自己决定。

我的看法是，需要的时候可以使用剪刀，比如剪线头、剪纸等。

如果给孩子用剪刀，老师一定要密切关注，以免发生意外。平时，剪刀要放在孩子拿不到的地方。

（15）故事时间是否一定要在上午？

很多家庭园把讲故事环节放在午饭之前。西尔维娅说，在中国的华德福园，孩子在园的时间将近九个小时，完全可以把故事放在下午讲述。上午的安排不必太紧张。在西方的华德福园，孩子通常只有四五个小时的在园时间，故事只能在上午讲。情况不同，做法可以不同。

这个建议供大家参考。

（16）每周必须画一次湿水彩吗？

华德福园每周画一次湿水彩，以前我认为这是理所当然的，遇到西尔维娅后，才知道还有其他的做法。西尔维娅是巴西华德福幼教联盟代表，她的话是有一定代表性的。她说她的园一年才画六次湿水彩。我以为自己听错了，请她再说一次，一年六次，没错！

西尔维娅的班只有她一位老师，有 16 个 3 岁至 7 岁的孩子，每天上午她亲自给孩子们做点心。她说画一次湿水彩要做大量的准备工作，一年她只能带孩子画六次，当然能够多几次更好。她反对幼儿园小学化的倾向，认为每天要有固定的主题活动。我问："华德福园不是每周一画湿水彩、每周二捏蜂蜡、每周三烹饪吗？"她说她的每日主题是食物，吃什么、怎么吃才是最重要的。其他的主题内容是次要的，可做可不做。

我在瑞典参观的一所华德福园，每个班级配一位老师，其中一个班级因为老师忙不过来就不画湿水彩，但会让6岁以上的孩子到邻近的班级去上湿水彩课。英国的爱贝华德福幼儿园，周三轮流画湿水彩和蜡块画，也就是两周画一次湿水彩。

其实，每周画一次湿水彩是对的，两周画一次甚至一年画六次也没错，关键在于你自己怎么决定。

西尔维娅说，虽然她的班每日主题活动没有按照常规的华德福幼儿园那样实施，但她非常重视围绕节日开展的活动，比如母亲节送给妈妈的礼物，她会带着孩子提前四周开始准备，每天做一点手工。为了迎接圣诞节的到来，她也会提前三四周开始准备。

（17）能打断孩子的游戏吗？

有的老师很困惑，当孩子正投入地玩耍时，请他画画或做手工，他很不情愿，这时该怎么办？有的资深华德福老师认为，该画画了，就要让孩子放下手中的玩具。我曾经觉得年龄较小的孩子，比如三四岁的孩子，玩得很投入，不愿参与画画或手工，就算了。对于5岁以上的孩子，应该有所要求，不能随他的心愿了。

西尔维娅说：当孩子全神贯注游戏时，那是人生最美好的时刻，我们为什么要打断？难道还有比游戏更重要的事情吗？在游戏中，孩子学习人际交流，他们怎么商量、怎么邀请别人参与、怎么拒绝别人的请求、怎么妥协，都事关未来的人际交往。如果说有什么神圣的时刻，孩子专注游戏时就是神圣的时刻。

看到孩子们沉浸在游戏中，为了不打断他们的游戏，西尔维娅会延长游戏时间。收拾玩具时间不够了，就吃完点心后收拾。晨圈时间不够了，就临时换一个时间短的晨圈。当然，如果这天孩子的游戏状况不佳，也可以提前结束玩耍的时间。西尔维娅强调，一定要观察孩子，根据孩子的状况调整原来的安排，但点心时间原则上不变。

我的妹妹在美国的华德福园工作四年多了。她班上最初的主班老师非常遵守时间，几点到了该做什么从来都不变。但是后来的一位主班老师，则常常根据孩子的状况来决定下个环节何时开始，而不是根据钟表。

（18）最难忘的记忆是什么？

西尔维娅做华德福幼儿老师有二十多年了，从她幼儿园毕业的孩子已经长大成人。她曾问一个15岁的孩子："你对幼儿园记忆最深的是什么？"孩子说："西尔维娅，你做的面包太好吃了！"一位学者研究童年的最早记忆，发现是味觉和嗅觉带来了记忆。西尔维娅已经坚持吃素25年，但每当闻到某种炖肉的香味，她马上会想起她的奶奶——"那是奶奶做过的"。

每天西尔维娅在教室里为孩子们做各种面点，当食物的香味弥漫整个教室时，孩子会问："西尔维娅，你在做什么好吃的？真香啊。"西尔维娅一再强调食物对孩子的重要性，认为中国的烹饪不能放在教室里进行，实在太遗憾了。

（19）安全与自由如何平衡？

在中国办家庭园，老师大都担心孩子的安全问题，生怕有个闪失。况且，中国的家庭园还不能合法注册。在国外，华德福园都是合法注册的，社会保障体系也比较完善，遇到意外事故，基本上幼儿园不用承担法律责任。

无论如何，孩子的人身安全头等重要！如果基本的安全保障都没有，千万不要办园！老师要经常排除园里和户外的安全隐患。有位妈妈对我说，她原来很热心华德福教育，一心想把孩子送进附近的华德福园，但在一次观园后，她犹豫了。她看到户外活动场地上放着一把耙子，尖尖的齿朝上立着，她向老师提出后，老师满不在乎，没有及时收起来。

另一种情况是，为了避免发生任何意外事故，幼儿园对孩子严加限制，这里不能去，那里不能爬，保护过度。西尔维娅说，那还不如把孩子关在家里。她的园搬到一个新址，由于位于山坡上，没有汽车通行的道路，一时无法注册。一位父亲说："如果我的孩子发生意外，我要起诉你。"第二天，这位父亲送孩子来园，西尔维娅发现孩子手臂上绑了绷带。爸爸不好意思地说："昨晚在家里摔的。"说话的时候，这位爸爸的眼睛一直躲闪着西尔维娅。西尔维娅暗自庆幸上天给了这位爸爸一个启示：家长在家里带孩子都难免发生意外，如果在园内有些磕磕碰碰，家长应该多多体谅。

如果孩子被过度限制和保护，他怎么建立对自我的信心？将来长大成人，怎么能有良好的心理素质？这种对自身和生活的自信要从小培养。家长应对孩子说"你可以去试试"或"你可以去做"，而不是"不行，你会摔下来的"或"不行，你不能做"。

（20）如何保持环境的清洁卫生、整洁美观？

在我参加过的华德福师资培训和讲座中，没有一位国外华德福老师告诉我们如何保持幼儿园的清洁卫生，也许他们觉得这是理所当然的，不需要再讲了。而保持幼儿园干净整洁的确是件很繁重的工作。

我知道有的老师很不赞成使用消毒剂、清洁剂来做清洁，但我们不能因为反感使用消毒剂而取消清洁卫生工作。我参观的一个园，饭前没有擦桌子就摆上碗筷。我说那可不行，即便不用消毒剂，至少也要用清水擦擦。这是最起码的！孩子用过的擦嘴毛巾也要每天消毒，消毒的方式可以有很多种，放在阳光下晒两个小时也可以，用沸水煮十多分钟也行。为了保护环境，我也不赞成使用化学消毒的方式，但必须想出许多同样有效的替代方式。

在南方比较潮湿的环境里，是否每周晒晒孩子的被子？北方天气干燥，是否可以两周晒一次？每天放学后，如果不用消毒水拖地的话，可以放些醋来拖地。每天还要保证室内的空气流通，按时开窗透气。

建议华德福园的老师们参考公立园对卫生的要求。

（21）孩子来园总是迟到怎么办？

我在南方看到一家蒙氏幼儿园，早上 8 点入园，9 点关门，如果家长 9 点以后送孩子来园，对不起，不接收了。

西尔维娅的幼儿园，每天早上 7 点半开园，8 点 45 分关上大门。如果关门时，老师正好看到家长送孩子来，会等一下。如果这天早上，孩子家里或路上的确遇到了麻烦，也可以通融。如果是因为家长缺乏时间观念，对孩子生活规律不做要求，那就明天再见吧。西尔维娅说："我已经等了 1 个小时 15 分钟的时间，如果再晚到，我不断地停下手中的工作去接待孩子，对我的工作很干扰，也影响孩子们的玩耍。"

北京有个华德福园，8 点半开门，9 点关门。如果家长晚于 9 点到达，就带孩子在外面玩一会儿，等到室内自由游戏结束再把孩子送进去。这也是一种办法。

我们中国人常常不好意思开口拒绝。西尔维娅建议在新生入园前就把按时到园作为家长须知写进去，请家长当面签字，确保他们知晓。

（22）闭园时家长、孩子不愿离开怎么办？

说好下午 5 点闭园，家长来园后，见到老师总想问问孩子在园里的情况，或者想聊聊天，有时孩子玩得起劲，不肯回家，家长之间又开始聊天。这样老师就得陪同，往往到了5点半也无法结束一天的工作。

西尔维娅说，家长来接孩子回家，如果想知道孩子在园里的情况，另外再约时间。园里也可以挂个小铃铛，用铃声来提醒家长带孩子离园。

每周一早上，西尔维娅会把一周的安排张贴出来告诉家长，这样可以免去许多的口舌。有的家长建议给每个家庭发一份每周安排，西尔维娅回答："为了节约纸张，保护环境，麻烦你自己看通告栏吧。"

老师是普通人，需要学会保护自己，如果太劳累了，会影响照顾孩子的效果。

（23）如何满足不同年龄孩子的需求？

在英国爱贝幼儿园，主班老师克劳迪娅用华德福的教育方式来达到当地政府的办园要求。按照政府的要求，她每天要给每个孩子写报告，还要制定每周的计划、每学期的计划，期末要给每个孩子写评语。合法注册的幼儿园要接受政府的要求，哪里都一样。

我在她的园观摩了半天。晚上我去她家拜访，问她："班上孩子的年龄不同，你怎么满足他们不同的需要？"她说："在某些事情上我会征求孩子们的意见。'下周一的烹饪活动，你们想做什么？'孩子们说想做柠檬饼干。我会问需要哪些原料。今天戏剧扮演，我问孩子们：'你们想在户外还是在室内？'他们想在室内。'好的。怎么分配戏剧服装？'一个孩子建议，可以把服装放在箱子里，盖上盖子，每个人伸手去摸，摸到哪件就穿哪件。这个主意非常棒。我采纳了。这样的方式可以培养孩子的自信、自尊。大孩子能看到自己的一个想法得到实现，小孩子学习怎样说出自己的想法。在园里，大孩子还可以帮助小孩子穿衣、脱衣、脱鞋等。老师可以给大孩子多一些做事情的机会，比如摆放碗筷、收拾桌子、搬运东西等。我们在树林散步时，我会告诉大孩子这是什么树。在班上我会问今天多少孩子，多少成人，总共多少人。"

（24）如何满足男孩子的需要？

男孩子通常力气大，精力旺盛。4岁之前，男孩和女孩的差异还不是很明显，到了5岁左右，男孩明显比女孩好动。华德福园里的娃娃、动物、小木块等，不足以挑战他们的力气。我在英国的华德福园看到，上午室内游戏时，老师就让几个精力太旺盛的男孩在户外活动。

美国的卡洛琳老师来园指导，她建议我们做大沙袋，我们便做了四个。孩子们玩得很好，背着沙袋在地上爬。我曾在一个华德福园看到十个大沙袋。男孩们将沙袋搬来搬去，垒起来，站上去，玩法百出。我感到十个沙袋和四个沙袋的效果完全不同。此后，我去别的园会强烈建议给孩子做十个大沙袋，还可以做一些不同尺寸的沙袋。沙袋里面装了沙子，非常重，但很安全。老师做的时候要用三层布，确保沙子不会流出来。

小时候，我需要帮助家里搬运煤球，住在农村的孩子需要帮助家里干很多的农活，比如捡柴。现在我们的生活太舒适了，想找点力气活给孩子干，还得绞尽脑汁。

此外，我想到幼儿园订购的米面、蔬菜，可否请大男孩们把它们从校门口送到厨房？其他能够满足男孩的活动，请大家一起来想。

（25）如何平衡自由和规则？

在中国，家长和老师多是由于不满幼儿园对孩子管制太多，才起意办起了华德福园。在带班时，老师不知道何时该对孩子有所约束，生怕伤害到孩子。个别园内，室内自由游戏时间，孩子们四处奔跑，高声喊叫，老师熟视无睹或者管了这个管不了那个。他们很困惑：究竟应给予孩子怎样的管制，边界在哪里？

我通常建议，首先，国内华德福园的老师先考虑一下教室的布局，如果空间太大，本身就在诱惑孩子四处奔跑。我写的《浅谈华德福幼儿园的空间布局》，就是对此有感而发。其次，老师要对自己的行为有所约束，日常生活要比较有规律。最后，孩子在教室里的哪些行为是被容许的，班上的老师要达成共识，比如不伤害他人和自己，不损坏玩具和物品等。

教室里是否可以大声喊叫？我认为原则上不可以，如果孩子是在游戏中喊叫，可以容许。如果孩子持续不断地喊叫，老师还是需要提醒、制止。

教室里是否可以奔跑？我认为原则上不可以，如果孩子是因为游戏的需要而奔跑，可以容许。如果没完没了地跑来跑去，即便是游戏，也需要老师转移他们的注意力。转移注意力的方式有很多，比如孩子正假装是一匹马四处奔跑，老师可以说："跑累了，我这里有清凉的水，快来喝一口。"特殊情况下，老师可以用严厉的声音来制止孩子的某个行为，比如很有可能遇到危险。

孩子说脏话怎么办？可以请他在一旁坐一会儿，或者带他去另一个房间，让他说个够。反正老师要做出反应，教室里原则上不许说脏话。细分起来，脏话有不同的程度，孩子的年龄也不同，老师处理时要灵活，不要一味批评说教。

（26）老师要以身作则吗？

一位园长对我说："园里的一位老师，接受过好几次华德福幼师培训，可是在班上，还当着孩子的面剪指甲、接听手机，是怎么回事？"我听了心里很不安。身为一名老师，怎么连基本的职业规范都没有？是华德福的幼师培训中缺失了什么，还是这位老师太特殊？

华德福教育认为，老师走进班里，就好比演员站在舞台上，其一举一动，孩子看在眼里，记在心里。孩子还没有分辨是非的能力，会全盘接收周围环境带给他的一切。你不希望孩子做的事情，自己就不能做。你不希望孩子说的话，自己就不能说。要成为一名称职的老师，首先要自我教育，要不断地自我反省。

如果我们缺乏把理论落实到行动的能力，是否需要制定一个教师行为守则？

（27）华德福教育的本质是什么？

以上涉及的二十几个问题，绝大多数没有现成的答案。可见，华德福教育是没有条条框框的，它是鲜活的、流动的、富有创造性的。如果把不许用剪刀、每周画一次湿水彩等作为华德福教育的标准来执行，势必把华德福教育带入一条死胡同。可是，一位资深的老师这么说，另一位资深的老师又那么说，我们该怎么办，究竟听谁的？我认为关键在于我们要把握住华德福教育的本质。

北美华德福幼教联盟主席苏珊·霍华德列举了华德福教育的九个特征：

爱与温暖，

对环境的关注与对感觉的培养，

具有创造性与艺术性的体验，

值得儿童模仿的有意义的成年人行为，

自由的、充满想象力的玩耍，

对童年的成长力的保护，

感恩、敬畏与好奇心，

快乐、幽默和幸福，

成年人也在内在发展的道路上。

建议大家对照以上九个方面，审视自己的园有哪些需要改进的地方，"依法不依人"。我们的目的是唯一的，即促进孩子的身心健康。